Freedom of Speech,
Judicial Review and
Democracy

# 表現規制と
違憲審査の法理

橋本基弘

Hashimoto Motohiro

中央経済社

# はしがき

　本書は，この数年間に書いた論文の中から，表現の自由に関するものをまとめたものである。今からちょうど40年前，研究の出発点となる修士論文で営利的言論の自由を取り上げた。それ以来，表現の自由の研究が私のライフワークの一つになった。合衆国でも，またわが国でも，表現の自由は憲法の論点の中心に位置している。この位置は，40年間些かも変わることはなかった。しかし，生成系 AI の普及やプラットフォーム企業の存在は，これから未来における表現の自由を決定的に変えてしまう可能性もある。表現の自由は激動期にあるといってよい。

　合衆国における表現の自由の大家，Lee Bolinger と Geoffrey R.Stone が，Social Media, Freedom of Speech and the Future of Our Democracy（2022）と題する論文集を編集している。表現の自由のありようは，民主主義のあり方を方向づけ，民主主義に対する考え方が表現の自由のあり方を決定する。表現の自由を考えることは，民主主義とは何か，どうあるべきかを考えることに他ならない。Offline で作られてきた法理論が Online でも通用するのかどうか，今後10年が試金石となるのではないだろうか。

　このような状況の下で，本書を公にする意味はどこにあるのだろうか。ここに集めた論文は，主として Offline で生じた問題に対応するものであった。しかし，未来を展望するにも，これまでの歩みを振り返っておくことには意義があるのではないか。次の山に登るためには，一度山を下りて，歩んできた登山道を振り返っておくことにも意味はあるだろう。本書をまとめることで，次に登る山を考えることもできる。

　本書第1部に収めた論稿は，表現規制に対する違憲審査の姿勢に関するものである。第1章「表現の自由と違憲審査」は，中央大学通信教育部の教材『白門』に寄稿したものをベースにしている。ここでは，アメリカ的な違憲審査基準論とわが国の最高裁がとっている利益衡量的考え方の違いを論じ，表現規制に対してどのような姿勢で臨むのがよいのかを論じた。また，第2章「見解に基づく差別禁止法理」は，第1章と並行して執筆した。近時，合衆国最高裁判所が表現規制に対して厳しい姿勢で臨んでいることの背景を探ろうとしたもの

である。これに関して，補論「内容規制と内容中立規制の交錯」は，「アメリカ法」に寄稿したものをもとにしている。第2章の趣旨と密接に結びついているため，ここに収めた。

第2部では，政治過程における表現の自由のありようを論じている。第3章「政治資金規制と司法審査の役割」は，企業や団体献金あるいは個人献金に対する制約が相次いで憲法違反とされた状況を整理し，わが国における政治資金規制のあり方を考えてみたいとの視点で執筆した。巨額の政治献金が政治を支配する現状を批判する手がかりを得ようとしたものである。

議員活動とSNSは密接に結びついている。議員は自らのSNSを通じて，有権者に直接語りかける。一方，旧来の議員活動に固執する議員との間で，表現活動に対するイメージの齟齬も生じている。新しい道具や新しい環境に警戒する気持ちも理解できるが，その警戒心が議員の表現活動を制約することは許されないであろう。第4章「地方議員の表現活動と議会懲罰権」は，埼玉県日高市で起きた事件に関して，最高裁判所に提出した意見書を基にしたものである。

第5章「事前運動規制の違憲性」も最高裁判所に提出した意見書を基にしている。日本維新の会所属の衆議院議員であった，前川清成氏の公選法違反事件は，わが国における選挙運動規制のあり方について再考を求めるものであった。公選法が定める選挙運動規制は，他国にはない厳しさをもって，候補者を拘束している。この前近代的な制約は，政治家になろうとする者に対して一種の参入規制を課すものである。実害の惹起にかかわらず，一律に事前運動を禁止する姿勢は，自由な選挙に対する過剰な介入であって，憲法上維持し得ない旨を論じている。

第3部では，強制言論に対する違憲審査を検討した。第6章では，これまで憲法19条の問題として扱われてきた「沈黙の自由」を憲法21条1項の「表現しない自由」として考え直してはどうかと提言している。君が代裁判で採用された，「行動に対する間接的制約」理論のような，一般市民の思考を寄せ付けない考え方ではなく，端的に「特定表現を強制すること」は，「表現しない自由」を制約するものであるととらえた方が明快ではないのか。つまり，「表現する自由」に対する制約と同じ姿勢で「表現しない自由」を審査すべきだというのが，本章の結論である。第7章「大阪市入れ墨調査事件」は，その具体的適用例といえる。

第4部では，会社が関わる表現活動とその制約の可否について論じている。

第 8 章は,「会社の言論」を考える上での基本的視点を提供しようと試みたものである。とくに,八幡製鉄事件最高裁判決がいう「会社の実在性」の問題を手がかりにして,その制約の可能性について論じている。第 9 章「営利広告規制と情報パターナリズム」は,営利活動において使用される各種情報の利用は,いかなる憲法上の保障と制約を受けるのかを論じている。ここで用いた「情報パターナリズム」は,私の造語ではないが,データの利用や収集規制を考える上で,ある程度有益な視点を提要できるのではないかと考えている。

第 5 部では,公共施設における集会規制について論じている。第10章「都市公園利用権と集会規制」では,都市公園法が定める公園における集会規制の問題点について論じた。第11章「公用財産と集会規制」では,金沢市役所前広場事件を素材にして,公共財産に対する使用許可や司法審査の問題をより広い視点から論じたものである。

今から10年前,『表現の自由　理論と解釈』(中央大学出版部・2014年)を公にした。その後の判例や理論の発展はめざましく,絶えず研究をアップデートする必要性に迫られてきた。しかし,本書に収めた論稿は,現段階におけるアップデートの状況を反映したものであって,さしあたり今は「こう考えてはどうか」ということを確認したものに過ぎない。普遍的な理論というものがあるならば,それを解明するには,まだ時間を必要とする。


ここにまとめた論文を執筆している過程で,恩師や大先輩を失う悲しみも味わった。外間寛先生,長尾一紘先生,柳澤弘毅先生,畑尻剛先生が相次いで亡くなられた。中央大学の公法学を背負って立ってこられた先生方を失い,路頭に迷うようであった。先生方からいただいた学恩に報いるため,本書を 4 人の先生方に捧げたいと思う。

他方で,私の下には,優秀な大学院生諸君が集ってくれる。将来ある若手研究者に囲まれることで,刺激を受け,研究に向かう勇気を与えてくれる。また,学部学生とりわけゼミ生の諸君からは,思いもよらなかった新鮮な視点を提供されることもある。目からうろことはこのことで,膝を叩く経験を何度もしてきた。あらためて感謝申し上げたい。

司馬遼太郎の有名な随筆「洪庵の松明」にあるように,学問とは先の世代から受け継いだ火を後の世代に受け継いでいく営みかもしれない。恩師や先輩から受け継いだ火を次の世代にどう受け渡していくか。本書がそのささやかな烘

であることを願うばかりである。

　本書が公になるに際しては，これまでと同様，中央経済社の露本敦氏のお力をお借りした。あらためて感謝申し上げたい。

2025年1月5日

中央大学法学部　橋本基弘

# 目　　次

## 第1部　表現規制と違憲審査

### 第1章　表現の自由と違憲審査 ―表現規制の類型論と利益衡量― ………3

はじめに　3

1　表現規制の類型論　4
　⑴　表現内容規制と内容中立規制　4
　⑵　規制類型論の受容　8

2　最高裁判例における表現規制の考え方　11
　⑴　利益衡量論　11
　⑵　利益衡量とカテゴリー　14

3　カテゴリーアプローチと利益衡量アプローチ　16
　⑴　メリットとデメリット　16
　⑵　どう考えたらよいのだろうか　18

おわりに　21

### 第2章　見解に基づく差別禁止法理 ……………………………23
　　　　　―合衆国最高裁判所における展開と問題―

はじめに　23

1　表現規制の法理と違憲審査　24
　⑴　表現内容規制‐内容中立的規制二元論の形成　24

2　合衆国最高裁判所における見解規制の現状　32
　⑴　マータル対タム判決の概要　32
　⑵　イアンク対ブルネッティ判決　36

2

　　　(3)　小括——二元論の織物　42

　　3　見解に基づく差別禁止法理と違憲審査　43

　　　(1)　見解に基づく差別の形態　43

　　　(2)　見解に基づく差別をどう定義づけるか　44

　　　(3)　見解に基づく差別禁止法理の限界　50

　　　(4)　見解に基づく差別と違憲審査の水準　55

　おわりに　57


補論　内容規制と内容中立規制の交錯　59

　　1　事実　59

　　2　ロバーツ首席裁判官法廷意見　60

　　3　スカリア裁判官同意意見　62

　　4　解説　63


## 第2部　政治過程と表現の自由

### 第3章　政治資金規制と司法審査の役割……………………………………69

　はじめに　69

　　1　合衆国最高裁判所における政治資金規制の展開　70

　　　(1)　前史的考察　70

　　　(2)　Citizens United 判決　74

　　　(3)　McCutcheon vs FEC, 134 US 1434 (2014).　81

　　2　政治資金規制と司法審査の役割　91

　　　(1)　Citizens United 判決と McCutcheon 判決の意味　91

　　　(2)　政治資金規制と民主主義　93

　　　(3)　政治資金規制と司法審査の役割　98

　おわりに　102

目　次　3

第4章　地方議員の表現活動と議会懲罰権 ……………………………105

　はじめに　105

　　1　議会自律権とその限界　106

　　　⑴　議会自律権　106

　　　⑵　令和2年11月25日最高裁大法廷判決　112

　　　⑶　議会自律権に基づく議員懲罰権と国家賠償請求　116

　　2　議会自律権と議員活動に対する制限　120

　　　⑴　議員活動　120

　　　⑵　審査にあたっての姿勢　125

　　結論　128

第5章　事前運動規制の違憲性 ……………………………………………129

　はじめに　129

　　1　選挙運動規制と違憲審査の姿勢　130

　　　⑴　最判昭和44年4月23日判決　130

　　2　事前運動の禁止とその違憲性について　135

　　　⑴　制約の目的は何か　135

　　　⑵　選挙運動の自由の性格　137

　　　⑶　選挙運動規制の性質と内容　139

　　　⑷　制約によってもたらされる効果　141

　　結論　146

## 第3部　強制言論と違憲審査

第6章　強制言論の法理 ……………………………………………………149

　はじめに　149

　　1　合衆国最高裁判所における強制言論法理の展開　151

　　　⑴　合衆国最高裁判所における強制言論の展開　151

(2)　NIFLA 判決　165

　2　強制言論の法理　172

　　　(1)　強制言論をどうとらえるか　172

　　　(2)　強制言論への対応　180

　　　(3)　強制言論としての君が代伴奏，起立斉唱の強制　186

　結論　191


第7章　**大阪市入れ墨調査事件**　―自己決定と情報調査拒否権―…………193

　はじめに　193

　1　大阪市入れ墨調査判決　194

　　　(1)　事実と争点　194

　　　(2)　第一審大阪地裁判決の概要　196

　2　地裁判決の意義と疑問点　201

　　　(1)　上位規範たる憲法と個人情報保護条例の関係　201

　　　(2)　本判決の疑問点　202

　3　控訴審判決　205

　　　(1)　判決の概要　205

　　　(2)　控訴審判決の特徴と問題点　208

　4　入れ墨調査を拒むことはできないのか　210

　　　(1)　職員に対する自治体の調査権限　210

　　　(2)　入れ墨調査の構造　212

　　　(3)　調査拒否権の正当化　213

　おわりに　217


# 第4部　会社の言論と営利的言論


第8章　**会社の言論**　―社会的実在性について考える―……………………221

　はじめに　221

目　次　5

1　八幡製鉄事件最高裁大法廷判決における「社会的実在」論
　　と人権論　222
　　(1)　憲法判例としての八幡製鉄事件　222
　　(2)　大法廷判決における「社会的実在論」　227
2　会社の言論に対する制約について　231
　　(1)　合衆国最高裁における Corporate Speech のあゆみ　231
　　(2)　会社の言論──ひとつの考え方　236
おわりに　243

## 第9章　営利広告規制と情報パターナリズム………………………245

はじめに　245
1　広告をめぐる二つの事件　246
　　(1)　ディオバン事件における学術論文と広告　246
　　(2)　クロレラ広告事件と医薬品・健康食品情報の規制　248
2　合衆国最高裁判所における医薬品広告の自由　255
　　(1)　アメリカ合衆国における営利的言論法理の展開と
　　医薬品広告　255
3　営利的表現に対する憲法保障のあり方　266
　　(1)　営利的言論保障の構造　266
おわりに　273

## 第5部　表現の自由と公共施設

## 第10章　都市公園利用権と集会規制………………………277

1　はじめに──最近の状況から　277
2　都市公園管理権と利用権　278
　　(1)　都市公園法における公園管理権と地方自治法　278
　　(2)　公園管理権と公園利用権の法的性格　279

3　公園管理権と集会規制　280

　　　　⑴　公園管理権と裁量　280

　　　　⑵　都市公園における集会規制の問題　282

　　4　現代社会における集会の自由の位置づけ　283

　　　　⑴　集会の自由はなぜ今日においても重要か　283

　　　　⑵　都市公園管理権と集会規制　285

　　5　おわりに──その他の問題　286

　　　　⑴　集会の自由との対立利益─利益衡量に当たって─　286

　　　　⑵　都市公園における集会拒否処分と救済の問題　287

　　　　⑶　結語　287


## 第11章　公用財産と集会規制
### ─金沢市庁舎前広場事件を素材にして─ ..............................289

　はじめに　289

　　1　公共用財産・公用財産二分論と集会規制に対する判断の
　　　枠組み　289

　　　　⑴　公共用財産（公の施設）と公用財産の区別　289

　　2　金沢市庁舎前広場事件最高裁判決　297

　　　　⑴　判決の分析　297

　　　　⑵　最高裁判決の特徴と問題点　305

　むすび　307


　索引　309

# 初出一覧

## 第1部　表現規制と違憲審査
第1章　「表現の自由と違憲審査―表現の自由の類型論と利益衡量―」白門2024年春号（2024年）

第2章　「見解に基づく差別禁止法理―合衆国最高裁判所における展開と問題―」比較法雑誌58巻1号（2024年）

補　論　「McCullen v. Coakley, 1134 S.Ct.2518（2014）―中絶医療機関周辺での表現規制は内容規制か―」アメリカ法2015―1（2015年）

## 第2部　政治過程と表現の自由
第3章　「政治資金規制と司法審査の役割―McCutcheon判決を読む―」比較法雑誌49巻1号（2015年）

第4章　「地方議員の表現活動と議会懲罰権―日高市議会事件を素材にして―」法学新報130巻7・8号（2024年）

第5章　「事前運動規制の違憲性」法学新報130巻11・12号（2024年）

## 第3部　強制言論と違憲審査
第6章　「強制言論の法理―合衆国最高裁判所におけるcompelled speech theory―」比較法雑誌55巻3号（2021年）

第7章　「大阪市入れ墨調査事件―自己決定と情報調査拒否権［大阪高裁平成27.10.15判決］―」法学新報122巻11・12号（2016年）

## 第4部　会社の言論と営利的言論
第8章　「会社の言論―社会的実在性について考える―」法学新報127巻11号（2021年）

第9章　「営利広告規制と情報パターナリズム」法学新報124巻7・8号（2017年）

## 第5部　表現の自由と公共施設
第10章　「都市公園利用権と集会規制」都市問題107巻12号（2016年）

第11章　「公用財産の管理権と集会の自由―金沢市庁舎前広場事件を素材として―」法学新報130巻9・10号（2024年）

## 第 1 部

# 表現規制と違憲審査

# 表現の自由と違憲審査
## ―表現規制の類型論と利益衡量―

第 1 章

**はじめに**

　講義やゼミで表現の自由を扱っていると，学生から「審査基準論をどう使えばいいのでしょうか」という質問を受ける。憲法が得意な学生でも，表現の自由には苦労しているケースも多い。内容規制－内容中立的規制を区別して書くと紋切り型になり，迫力に欠ける。最高裁のような利益衡量を用いると，結局，結論先取り的な解答になってしまう。

　実際，最高裁の判断も結論先にありきではある。法律家として専門的な訓練を受けると，独特な嗅覚が得られるのかもしれない。私もまた，学生には，まず直感で判断してみることを勧めている。直感的に出てきた結論を正当化する作業が憲法解釈に他ならない。しかし，学生は納得しない。「それって学問なのですか」とあきれられてしまう。

　条文が少ない割には，事例のバリエーションが多いのが憲法という科目である。とくに，憲法21条1項がカバーする問題には限りはない。さらに，AIが表現の自由の問題を無限に拡大しつつもある。

　その中で，コアとなる考え方はないのだろうか。中央大学の建学の理念（正式には学生募集広告のキャッチコピー）「実地応用の素を養ふ」は，知識ではなく，考え方，視点を教えるということであった。そこで，この原稿では，表現規制と違憲審査について，応用の素を提供することを試みたい。表現規制に対して，どのような視点で臨んだらよいのか。一つの考え方を示してみようと思う。

# 1　表現規制の類型論

## (1)　表現内容規制と内容中立規制

### ①　規制類型論の登場

　合衆国最高裁判所における規制類型論については，すでに多くの業績があり[1]，また私自身もいくどとなく言及してきた。そこで，ここではそのアウトラインだけを述べ，わが国との比較のきっかけとしたい。

　表現規制を類型化して，合憲性の審査水準を決める姿勢（審査基準論）は，1970年代半ば，アメリカ合衆国最高裁判所で編み出された[2]。それまでは，明白かつ現在の危険テストやそのバージョンアップされた形であるブランデンバーグテスト[3]によって，単なる危険，あるいは危惧感によって表現が規制されてはならないことが確立された判例法理にはなっていた。また，徴兵カードの焼却行為を禁止した法律が表現の自由を侵害するかが争われたケースでは，表現規制を目的としてはいないものの，結果として一定の表現行為に規制効果が生じるケースにつき，規制の目的と方法の整合性を審査することもあった[4]。

　しかし，規制の性質と審査の水準を結びつけ，普遍的な方法にまで昇華させたのは，1972年のモズレイ判決[5]であったといえる。この判決では，小学校または中学校の校舎から40フィート以内の公道でピケやデモを行うことを禁止しながら，学校に勤務する労働者が行うものを除外する，シカゴ市条例の合憲性

---

1）この問題に関する最新の研究として，木下智史「表現内容規制・表現内容中立規制二分論の現在」立命館法学393・394号（2021年）255頁がある。なお，合衆国最高裁判所における規制類型論については，私自身いくどとなく考え，公にしてきた。その中で，とくに見解に基づく差別禁止法理については，拙稿「見解に基づく差別禁止法理」比較法雑誌55巻1号（2024年）〔本書・第2章所収〕で詳論する。本稿では，わが国の憲法学説の状況について扱っている。

2）松井茂記『アメリカ憲法入門〔第8版〕』（2018年・有斐閣）250頁以下参照。また拙稿『表現の自由　理論と解釈』（2014年・中央大学出版部）169頁。

3）Brandenburg v. Ohio, 395 U.S. 444 (1969). 「唱導が差し迫った違法行為を扇動し，若しくは生ぜしめることに向けられ，かつ，かかる行為を扇動し，若しくは生ぜしめる蓋然性がある場合を除き，唱導を禁止できない」という審査姿勢といえる。

4）United States v. O'Brien, 391 U.S. 367 (1968).

5）Police Dept. of City of Chicago v. Mosley, 408 U.S. 92 (1972).

が問題となった。

　法廷意見を述べたサーグッド・マーシャル（Thurgood Marshall）裁判官[6]は，表現内容を理由とした規制は憲法上許されないとの前提から審査するとの姿勢を明らかにし，次のように述べた。

　　「とりわけ，合衆国憲法第1修正が意味するものは，政府がそのメッセージ，思想，主題およびその内容を理由として表現を規制する権限をもたないということである」[7]

　これは，ちょうど平等権訴訟で用いられてきた，人種を理由にした差別を厳格に審査する手法と似ている。裁判官は，アフリカ系アメリカ人初の最高裁判事として，ジョンソン大統領によって任命された人であるが，NAACP（全米有色人種地位向上向上協会）の弁護士として，ブラウン判決[8] などを通じて，平等権の実現に力を尽くした経歴をもっている。

　モズレイ判決での合憲性審査は，平等権訴訟で用いられた審査基準と似ている。ある類型（人種・表現内容規制）に属する規制は，合憲性が否定される。したがって，厳格審査に服するというのである。厳格審査とは，表現規制の目的がやむにやまれぬ（compelling）ものであって，その目的を実現するために採用される方法が必要最小限度（the least drastic means）であることが必要となる。通常，この立証は相当難しい。

　表現内容とはかかわらない規制については，厳格さを落とした審査で対応する。ただし，表現規制であることに変わりはないから，単純な合理性の審査というわけにはいかない。そこで考案されたのが，中間段階の審査であった。中間段階の審査は，規制目的が実質的な利益（substantial）の実現に係るものでなければならない。また，そのために用いられる方法はより制約度が低いもの（less drastic means）でなければならない[9]。substantial をどう訳すかは難しいが，「まあそれは必要だろう」というようなレベルでは足りない。「規制するし

---

6）britannica.com/biography/Thurgood-Marshall

7）408 U.S. 95.

8）Brown v. Board of Education of Topeka, 347 U.S. 483（1954）.

9）日本の憲法学では，LRA（less restrictive alternatives）として語られる基準と同じである。筆者の見た限りでは，アメリカで LRA の用語を使うケースは少ない。

6　第1部　表現規制と違憲審査

か仕方ない（compelling）」とまではいかないものの，ある程度重要度が高いものであることを必要としている。

### ②　各類型の中身

　表現内容を参照する規制には，特定の主題（subject matter）に網掛けするものと特定の見解（viewpoint）を狙い撃ちするものがある。前者を「主題規制」，後者を「見解規制（観点規制と訳す者もいる）」と呼んでいる。見解規制は，主題規制より危険度が高いとして，ただちに違憲と考える学説もあれば，厳格審査の中でもより厳しい水準を適用すべきだとするものもある。いずれにせよ，見解規制と判断された表現規制に生き残る余地は残されていない。憲法改正について発言することを禁止するような場合がこれに当てはまる[10]。

　「主題規制」は，特定の主題を取り上げることを制約するものであるから，見解に対しては中立的である。しかし，一般公衆にとってみれば，特定の話題に関する情報が遮断されることになるため，検閲に近い効果をもつものもある。したがって，違憲の推定を受けると考えなければならない。憲法改正の論点には触れてはいけないというような規制が典型例である。ただ，公立学校において，人種差別に関する話題に触れてはいけないというような規制はどうか。議論が始まると学校の秩序に影響が生じるおそれもある。宗教についても同じである。これらは見解規制とは異なる対応が必要なのではないか。表現の場所がもつ特性も加味する必要があるとの考え方もある。

　内容中立的規制には，内容を参考にしないで，表現の時間や場所，方法に制約を課すもの，すなわち「時間・場所・方法の規制」が分類される。また，表現の規制を目的とはしていないが，結果として表現規制の効果を生じるような規制（付随的規制）もあり，さらに，主たる目的は，表現を規制するものではないが，表現規制をも含むような規制（副次的効果）にもある。たとえば，徴兵カード焼却行為の禁止は，徴兵業務の適正な運用を目的とするが，反戦のための象徴的な表現行為にもその効果は及ぶ。

　一方，良好な住環境を実現するため，成人向け営業の禁止を目的とするような用地規制（ゾーニング規制）は，同時に成人映画館設置を規制することになる[11]。付随的規制と副次的効果に関する規制の区別は，実際には微妙なとこ

---

　10）　拙稿・前掲注1）「見解に基づく差別禁止法理」参照。

　11）　Renton v. Playtime Theatres, Inc., 475 U.S. 41 (1986).

ろがあるが，概念上は区別される。これらの規制に対しては，中間段階の審査が適用される。

### ③ 価値の低い言論のカテゴリー

ただ，表現内容規制には厳格審査をといっても，わいせつや名誉棄損などに対する制約も厳格審査に付すべきなのか。そうなると，重要な対立利益（善良な性風俗の維持や人格権・人格的利益）が十分に保護されなくなる危険性もある。そこで，アメリカの憲法学説は，伝統的に価値の低い言論（law value speech）と考えられてきた表現には，この二分論は適用されないと解釈してきたのである。たとえば，名誉棄損には現実の悪意の証明を求め，わいせつ表現規制にはコミュニティスタンダードに適合しているかどうかを問い，営利的広告規制には，虚偽広告の規制にとどまっているかどうかなど，それぞれの領域で展開されてきた審査の姿勢を維持することにしたのである。

**図1　審査のトラック**

**厳格審査のトラック**

| |
|---|
| 内容規制　政治・思想表現に対する規制<br>　　見解規制（viewpoint discrmination）＝ただちに違憲 or 高度な厳格審査<br>　　主題規制（subject matter ristrictions）＝厳格審査<br>　　　　　　　　　　　　　　ただし，場所の特性を考慮することもある<br>　　表現主体の規制（speaker discrimination）＝厳格審査 |

**中間段階審査のトラック**

| 表現内容中立規制<br>　時間・場所・方法の規制＝中間段階の<br>　審査<br>　付随的規制（表現規制を意図していない）<br>　副次的効果の規制（風俗営業規制） | 価値の低い言論への規制<br>①　営利広告規制＝中間段階の審査以上のレベル（セントラルハドソンテスト）<br>②　名誉棄損＝現実の悪意，公人理論，公的事柄理論<br>③　プライバシー侵害<br>④　けんか言葉・戦闘的な言辞（fighting words）<br>⑤　ヘイトスピーチ　実害惹起の蓋然性ただし，これらは見解規制としての側面もあるので，見極めが必要。 |

## (2)　規制類型論の受容

### ①　芦部憲法学による紹介と導入

　このような類型論を日本国憲法の解釈論に適用したのは，芦部信喜教授であった。芦部教授は，抽象的な公共の福祉論と生の利益衡量論を克服する方策として，二重の基準論を提唱したことでも有名であるが，表現規制の領域でも規制類型に応じた審査のあり方を指し示した点でも功績は大きい。芦部憲法学の集大成ともいえるテキストブック，『憲法』は，おそらくわが国の憲法体系書で最初に「表現内容規制－内容中立的規制」の二分論をベースに審査基準を定式化したものといえよう[12]。

　芦部憲法の試みは，たちまちにしてわが国の憲法学における標準的な思考枠組みになっていった。芦部『憲法』以降に出版されたテキストの多くは，この二分論を採用している。それほどに，この二分論は明快で，説得力のある思考枠組みであったといえるだろう。試みに，手元にある憲法のテキストブックを紐解いてみても，長谷部恭男教授[13]，毛利透教授[14]，市川正人教授[15]など，東西を問わず，この類型論を採用する有力学説が目につく。

### ②　なぜ二分論なのか

　表現規制を二つに分類する思考方法は，どのような理由で正当化されるのだろうか。アメリカの憲法学説を見てみよう。まず，あらゆる表現には聞かれるべき機会が与えられなければならないという理由が挙げられる。これには，ホームズ（Oliver Wendell Holmes Jr.）裁判官のいう「思想の自由市場論」から説明する方法もあれば，話者の尊厳から説明する方法もある。前者は帰結主義

---

12)　芦部信喜『憲法判例を読む』（岩波書店・1987年），同（高橋和之補訂）『憲法〔第8版〕』（岩波書店・2023年）211頁以下など参照。後者によると，「表現の内容規制とは，伝達するメッセージを理由に制限する規制（たとえば，政府転覆の文書による扇動の禁止，国の秘密情報の公表の禁止，政府の暴力的転覆を唱道する言論の禁止など）を言う」と定義づけられている。ここでは，伝達的メッセージと非伝達的メッセージの区別を指標とした類型化が行われている。これは，John Hart Ely や Laurence H.Tribe の考え方に影響を受けたものといえよう。前出『憲法判例を読む』103頁以下。

13)　長谷部恭男『憲法〔第8版〕』（新世社・2022年）。

14)　毛利透・小泉良幸・淺野博宣・松本哲治『憲法Ⅱ人権〔第3版〕』（有斐閣・2022年）。

15)　市川正人『憲法〔第2版〕』（新世社・2022年）。

的な立場からの立論である。つまり，あらゆる表現に機会を与えることによって，真理が発見され，あるいは合意されという結論の適切さから説明する。後者は義務論的な立場に立つ。つまり，あらゆる話者には聴かれるべき地位が否定されてはならないというプロセスの適切さを強調する考え方である。

　これ以外にも，表現の自由と民主主義の結びつきから，政治的な議論の大切さを強調するものもある。また公論（public discourse）の意義を重く見るものもある。さらには，民主的な意思決定は，その決定の影響が及ぶ者を排除して行われてはならないという，民主国家の正当性から説明するものもあり，百花繚乱の様相を呈している。中には，およそ政府には表現規制を行う権限はないと考えるような極論もあるが，いずれも民主制における表現の自由の重要さと表現規制の深刻さに力点を置いて説明する点では共通の点から出発している[16]。

### ③　二分論の必要性　カテゴリー思考の意味

　法的にものを考えていく上で，カテゴリーは必要不可欠な道具となる。法的な思考は，その思考過程を当事者と第三者（裁判所や一般国民）に示すことができなければ，「そうだ京都行こう」の判断と変わらなくなる。「そうだ京都行こう」にしても理由はあるはずで，これが言語化され，可視化されることによって，説明が果たされる（納得されるかどうかは別として）。

　裁判所が行う判断も同じで，「なぜそうなのか」が明示されないことには，国民として納得が得られることにはならない。とくに，違憲審査制度が明文で定められておらず，判例の中から生み出されてきたアメリカ合衆国では，説明による正当化をことさらに強調する傾向がある。憲法判断は，法的な理性（judicial reason）によって初めて認められる。また，法の支配が貫かれるためには，法の適用が平等に，偏りなく行われる必要もある。行き当たりばったりの（アドホックな）判断は，それだけで裁判所の信頼を失うことになりかねない。表現を類型化し，規制を類型化し，判断過程を明らかにすることは，このような要請に応えようとするものであった。

　人は，ものを考えるとき，似ているものの性格を抽出して類別する。似ていないものをその類型から排除し，抽象化を図る。法的なものの考え方は，この類型に規範を結びつけることでできている。「表現内容を理由とする規制」が

---

16）拙稿・前掲注１）「見解に基づく差別禁止法理」参照。

10　第1部　表現規制と違憲審査

あれば,「厳格審査を適用する」という具合に。また,法律学における類型は,長い歴史や経験の積み重ねの中からできあがってきて,今後も展開を続けていく。その意味では,表現内容規制−内容中立的規制の区別は,いかにもコモンロー的な特質をもっている。

### ④　カテゴリーの役割

　法の世界においては,カテゴリーを設定することは避けられない。第一に,それは,法律用語や法制度,法概念がどこまで及ぶのかを画定する作用がある。憲法21条2項の検閲を例にとれば,検閲をどう定義するかによって,この言葉の適用範囲が確定される。「行政権が主体となつて,思想内容等の表現物を対象とし,その全部又は一部の発表の禁止を目的として,対象とされる一定の表現物につき網羅的一般的に,発表前にその内容を審査したうえ,不適当と認めるものの発表を禁止することを,その特質として備えるものを指すと解すべきである。」という最高裁（最大判昭和59年12月12日民集38巻12号1308頁）の定義は,「検閲」がどのような行為を指すのかを画定する意味がある。

　法の世界でのカテゴリーは,「あるカテゴリーに属する」という判断と「ならばこうすべし」という規範的な意味が結びつくところに特質がある。その際,必ず一つの答えが示されているもの（ルール的思考）もあれば,答えにたどり着くための手順を意味するもの（基準的思考）もある。検閲の禁止はルール的思考に（検閲に該当すれば必ず違憲となる）,表現内容規制−内容中立的規制の区別は基準的思考に（合憲か否かは審査項目に照らして判断される）分類される。法的な者の考え方においては,カテゴリー思考は避けられない。

　かつて,私は,芦部信喜教授に「表現規制を二つに分けることには限界があるのではないでしょうか」と尋ねたことがあった。まだ30歳を少し越えたくらいの研究者の稚拙な問いかけに,「私の関心は,人権が裁判の中で勝ち残っていくことにあるのです」と穏やかに答えてくれたことを思い出す。芦部憲法学におけるカテゴリーは,それまでの純朴な公共の福祉論に引導を渡し,生の利益衡量論を克服することを目的としていた。

## 2　最高裁判例における表現規制の考え方

### (1)　利益衡量論

#### ①　猿払事件とカテゴリー

　このような憲法学説の傾向に対して，最高裁の判例はどのような姿勢をとってきたのだろうか。公務員の政治活動禁止（ここでは北海道の小さな町で，郵便局員が政党のポスターを貼っていた行為が国公法の禁止する政治的行為に該当するかどうかが争われた）に関する，猿払事件最高裁判決は，次のように述べている。

　　　「しかしながら，公務員の政治的中立性を損うおそれのある行動類型に属する政治的行為を，これに内包される意見表明そのものの制約をねらいとしてではなく，その行動のもたらす弊害の防止をねらいとして禁止するときは，同時にそれにより意見表明の自由が制約されることにはなるが，それは，単に行動の禁止に伴う限度での間接的，付随的な制約に過ぎず，かつ，国公法102条1項及び規則の定める行動類型以外の行為により意見を表明する自由までをも制約するものではなく，他面，禁止により得られる利益は，公務員の政治的中立性を維持し，行政の中立的運営とこれに対する国民の信頼を確保するという国民全体の共同利益なのであるから，得られる利益は，失われる利益に比してさらに重要なものというべきであり，その禁止は利益の均衡を失するものではない。」

　ここでは，「意見表明そのものの制約」と「その行動のもたらす弊害」が区別され，「単に行動の禁止に伴う限度での間接的，付随的な制約」は，「行政の政治的中立性を維持する」という国民全体の共同利益の前では道を譲らなければならない，との判断が示されている[17]。この説示には，アメリカ的な規制類型論の影響が見てとれる。

---

17)　最大判昭和49年11月6日刑集28巻9号393頁。この判決に関する研究はおびただしい数に上る。おそらく最高裁判例の中でも最もよく研究されたものの内の一つである。その中で簡潔に判旨を紹介し，明快な解説を行っているものとして，青井未帆「公務員の『政治的行為』と刑罰」憲法判例百選I〔第7版〕28頁がある。

12 第1部 表現規制と違憲審査

　しかし，合衆国最高裁判所においては，「意見表明そのもの」と「行動」は明確に線引きできないとの評価が（最高裁判決の時点でも）固まっていた。「政党のポスターを掲示板に貼り付ける『行動』が問題なのであって，ポスターの中身は関係ない」と言いたかったのだろうが，郵便局員にしてみれば，自分が支持する政党のポスターを貼っているのであって，それは意見表明そのものなのではないか。

　また，付随的規制とは，表現規制以外の目的（たとえば徴兵実務の円滑な遂行）から課される制約が表現行為にも結果として（incidental に）及ぶケースを指しているから，公務員政治活動自体を制約する国公法102条 1 項は，これに当たらない。当時の最高裁が，アメリカ憲法学の知見に学ぼうとした姿勢は尊いものといえよう。しかし，他国のものを自国に輸入することの難しさをあらためて知るケースであった。

### ② 直接－間接二元論

　自由に対する制約を直接的なものと間接的なものに分けるアプローチは，表現の自由に固有の思考法ではない。たとえば，君が代斉唱事件最高裁判決[18]は，以下のように述べている。

　　　「自らの歴史観ないし世界観との関係で否定的な評価の対象となる『日の丸』や『君が代』に対して敬意を表明することには応じ難いと考える者が，これらに対する敬意の表明の要素を含む行為を求められることは，その行為が個人の歴史観ないし世界観に反する特定の思想の表明に係る行為そのものではないとはいえ，個人の歴史観ないし世界観に由来する行動（敬意の表明の拒否）と異なる外部的行為（敬意の表明の要素を含む行為）を求められることとなり，その限りにおいて，その者の思想及び良心の自由についての間接的な制約となる面があることは否定し難い。」

　この判決で最高裁がいう「間接的な制約」とは，猿払事件における「間接的」制約とは少しニュアンスを異にしている。猿払事件における間接性は，規制目的と規制効果関係を指すが，君が代斉唱拒否事件における「間接的」とは規制される行為へのインパクトを意味している。むしろ，間接的影響とでも呼

---

18) 最判平成23年 5 月30日民集65巻 4 号1780頁。

ぶ方がいいかもしれない。

**図2　間接的制約**

> **猿払事件における「間接的」制約**
> 　　公務員の政治的中立性の確保　　　　　政党のポスター貼りの規制
> 　　　　　　　　　　　　　　　　　　　　　　　↓　間接的
> 　　　　　　　　　　　　　　　　　　　　公務員の表現の自由への制約
>
> **君が代聖書拒否事件における「間接的」影響**
> 　　君が代斉唱の強制　　　　　　　　　　教員の外部行為への制約
> 　　　　　　　　　　　　　　　　　　　　　　　↓　間接的
> 　　　　　　　　　　　　　　　　　　　　思想良心への制約

　猿払事件最高裁判決に対する学説の評価は，当然高くない。何より，一般国民には難しすぎて理解できない。この判決から38年後，最高裁は，実質的に猿払事件の判断を改めることになった。自宅からは離れた東京の真ん中で，政党の機関誌を配布していた行為が国公法102条1項に違反するとして，起訴された公務員が無罪を主張したケースである。最高裁は，次のように述べて，この公務員を無罪とした[19]。

　　「国民は，憲法上，表現の自由（21条1項）としての政治活動の自由を保障されており，この精神的自由は立憲民主政の政治過程にとって不可欠の基本的人権であって，民主主義社会を基礎付ける重要な権利であることに鑑みると，上記の目的に基づく法令による公務員に対する政治的行為の禁止は，国民としての政治活動の自由に対する必要やむを得ない限度にその範囲が画されるべきものである。このような本法102条1項の文言，趣旨，目的や規制される政治活動の自由の重要性に加え，同項の規定が刑罰法規の構成要件となることを考慮すると，同項にいう『政治的行為』とは，公務員の職務の遂行の政治的中立性を損なうおそれが，観念的なものにとどまらず，現実的に起こり得るものとして実質的に認められるものを指し，同項はそのような行為の類型の具体的な定めを人事院規則に委任したもの

---

19)　最判平成24年12月7日刑集66巻12号1337頁（堀越事件）。

14　第1部　表現規制と違憲審査

と解するのが相当である。そして，その委任に基づいて定められた本規則も，このような同項の委任の範囲内において，公務員の職務の遂行の政治的中立性を損なうおそれが実質的に認められる行為の類型を規定したものと解すべきである。上記のような本法の委任の趣旨及び本規則の性格に照らすと，本件罰則規定に係る本規則6項7号，13号（5項3号）については，それぞれが定める行為類型に文言上該当する行為であって，公務員の職務の遂行の政治的中立性を損なうおそれが実質的に認められるものを当該各号の禁止の対象となる政治的行為と規定したものと解するのが相当である。」

　これは，憲法が保障する表現の自由の趣旨から国公法102条1項を限定解釈したともとれる。また，そもそも本件のような事例は，社会相当性を損なうような行為ではないので，犯罪構成要件に該当しないと判断したようにも読める。いずれにせよ，猿払事件が採用した「行動に関する付随的制約」論が一顧だにされていないことが重要である。

## ⑵　利益衡量とカテゴリー

　堀越事件最高裁判決では，千葉勝美裁判官の補足意見が注目を引く。少し長くなるが，正確を期すために引用する。

　　「近年の最高裁大法廷の判例においては，基本的人権を規制する規定等の合憲性を審査するに当たっては，多くの場合，それを明示するかどうかは別にして，一定の利益を確保しようとする目的のために制限が必要とされる程度と，制限される自由の内容及び性質，これに加えられる具体的制限の態様及び程度等を具体的に比較衡量するという『利益較量』の判断手法を採ってきており，その際の判断指標として，事案に応じて一定の厳格な基準（明白かつ現在の危険の原則，不明確ゆえに無効の原則，必要最小限度の原則，ＬＲＡの原則，目的・手段における必要かつ合理性の原則など）ないしはその精神を併せ考慮したものがみられる。もっとも，厳格な基準の活用については，アプリオリに，表現の自由の規制措置の合憲性の審査基準としてこれらの全部ないし一部が適用される旨を一般的に宣言するようなことをしないのはもちろん，例えば，『ＬＲＡ』の原則などと

いった講学上の用語をそのまま用いることも少ない。また，これらの厳格な基準のどれを採用するかについては，規制される人権の性質，規制措置の内容及び態様等の具体的な事案に応じて，その処理に必要なものを適宜選択して適用するという態度を採っており，さらに，適用された厳格な基準の内容についても，事案に応じて，その内容を変容させあるいはその精神を反映させる限度にとどめるなどしており（例えば，最高裁昭和58年6月22日大法廷判決・民集37巻5号793頁（『よど号乗っ取り事件』新聞記事抹消事件）は，『明白かつ現在の危険』の原則そのものではなく，その基本精神を考慮して，障害発生につき『相当の蓋然性』の限度でこれを要求する判示をしている。），基準を定立して自らこれに縛られることなく，柔軟に対処しているのである（この点の詳細については，最高裁平成4年7月1日大法廷判決・民集46巻5号437頁（いわゆる成田新法事件）についての当職［当時は最高裁調査官］の最高裁判例解説民事篇・平成4年度235頁以下参照）」。

　千葉補足意見がここで語っていることは重要である。最高裁では，表現の自由（に限定されてはいないが）規制の合憲性審査において，「一定の利益を確保しようとする目的のために制限が必要とされる程度と，制限される自由の内容及び性質，これに加えられる具体的制限の態様及び程度等を具体的に比較衡量するという『利益較量』の判断手法を採って」いることが再確認されているからである。

　そうすると，最高裁は，合衆国最高裁判所のように，まず審査の方向性や厳格さ，審査に当たっての姿勢を決めて事案に臨むのではなく，「基準を定立して自らこれに縛られることなく，柔軟に対処している」ことになる。自分に課せられた制約を取り払い，自在に，柔軟に事案と向き合っているとでもいえようか。

　もっとも，最高裁判例にも合衆国最高裁判所における規制類型論を思い起こさせるような判断もある。自衛隊立川宿舎に侵入し，「自衛隊のイラク派遣反対」のビラを配布したとして，住居侵入罪に問われた事件で，最高裁は以下のような言い回しを用いている[20]。

　　「本件では，表現そのものを処罰することの憲法適合性が問われている

16　第1部　表現規制と違憲審査

のではなく，表現の手段すなわちビラの配布のために『人の看守する邸宅』に管理権者の承諾なく立ち入ったことを処罰することの憲法適合性が問われているところ，本件で被告人らが立ち入った場所は，防衛庁の職員及びその家族が私的生活を営む場所である集合住宅の共用部分及びその敷地であり，自衛隊・防衛庁当局がそのような場所として管理していたもので，一般に人が自由に出入りすることのできる場所ではない。たとえ表現の自由の行使のためとはいっても，このような場所に管理権者の意思に反して立ち入ることは，管理権者の管理権を侵害するのみならず，そこで私的生活を営む者の私生活の平穏を侵害するものといわざるを得ない。したがって，本件被告人らの行為をもって刑法130条前段の罪に問うことは，憲法21条1項に違反するものではない。」

　ただし，この説示に先立って，最高裁は，「しかしながら，憲法21条1項も，表現の自由を絶対無制限に保障したものではなく，公共の福祉のため必要かつ合理的な制限を是認するものであって，たとえ思想を外部に発表するための手段であっても，その手段が他人の権利を不当に害するようなものは許されないというべきである（最高裁昭和59年(あ)第206号同年12月18日第三小法廷判決・刑集38巻12号3026頁参照）。」と述べているところからすると，合衆国最高裁判所のような類型論ではなく，利益衡量の中で「表現そのものの処罰」と「表現の手段」の制約を区別するという論理がとられていると考えてよい。その点でも利益衡量アプローチが貫かれているといえるであろう。


## 3　カテゴリーアプローチと利益衡量アプローチ

### (1)　メリットとデメリット
#### ①　審査基準論の功罪
　先に述べたように，芦部教授によって導入された表現規制の類型論には，純朴な公共の福祉論と，手がかりのない利益衡量論を克服する意味があった。明

---

20)　最判平成20年4月11日刑集62巻5号1217頁。この点について，拙稿「集合住宅へのビラ配布と憲法21条」ジュリスト重要判例解説平成20年20頁など参照。

快で客観性（他者が検証できること）が担保されるという利点をもっていた。しかし，この利点は限界とも表裏の関係にある。

明快な二分論は例外に弱い。ヘイトスピーチ規制は表現内容規制（しかも見解規制）であるから，厳格審査に付されなければならないのであろうか。誹謗的表現の多くには差別的な視点が入り込むが，これは見解に基づく差別禁止法理に違反するのであろうか。これらを規制できるとするならば，二分論を修正しなければならない。わかりやすい論理には，おびただしい例外的説明が付け加えられなければならない。

### ②　アメリカでの議論

アメリカにも表現規制を類型化して，審査基準を決定するアプローチには批判がある。すでに退官したステファン・ブライア（Stephen Breyer）裁判官は，繰り返し反対意見や補足意見を述べ，カテゴリカルな審査方法を批判してきた[21]。

リベラル派（ここでは中絶を容認し，アファーマティブアクションの合憲性を認める立場）に属していたブライア裁判官が保守派裁判官たちが先導するカテゴリカルなアプローチを痛烈に批判していることである。保守派裁判官は，表現の自由絶対主義とでもいえるような姿勢をとり続けている。これに対して，リベラル派裁判官は，平等を実現するために表現の自由が後退させられる場合があると力説する。平等や構成を実現するためには，一定の政府介入が認められなければならない。規制利益と表現の自由の対立は，利益衡量（ここでは比例原則〔proportionality〕）で決めるべきであるというのである。

ブライアとしばしば立場を同じくしてきたスティーブンス裁判官も，保守派裁判官の頑なな類型論を批判している。とりわけ，政治献金規制の合憲性が争われる事例では，政治腐敗を防止するとの政府利益を強調し，これを違憲とする保守派裁判官との間で激しい論争を繰り広げてきた[22]。

さらに，表現内容規制－内容中立的規制の区分論は，審査基準というより，決まった結論を説明するレトリック以上の意味をもたなくなりつつある。「審

---

21)　この点について，拙稿「政治資金規制と司法審査の役割―McCutcheon判決を読む―」比較法雑誌49巻1号1頁（2015年）〔本書第3章所収〕参照。なお，Breyerの考え方については，Stephen Breyer, Making Our Democracy Work（2010）; Stephen Breyer, Active Liberty（2005）に集約されている。

22)　拙稿・前掲注21)「政治資金規制と司法審査の役割」13頁以下参照。

18　第1部　表現規制と違憲審査

査（review）」や「精査（scritny）」とはいいつつ，実際には，項目を立てて検証していく作業（examination）とはいえなくなっている[23]。

　このように，合衆国最高裁判所における規制類型論は，わが国における判例と学説との関係とは鋭い対象をなしている。

## ⑵　どう考えたらよいのだろうか
### ①　憲法の規定と裁判所の立場

　合衆国最高裁判所が表現規制に対してカテゴリカルな姿勢をとっていることには条文の定め方も影響を与えているように思う。合衆国憲法第1修正は次のように定めている。

　　　Congress shall make no law respecting an establishment of religion, or prohibiting the free exercise thereof; or abridging the freedom of speech, or of the press; or the right of the people peaceably to assemble, and to petition the Government for a redress of grievances.
　　　（連邦議会は，国教を樹立し，もしくは信教上の自由な行為を禁止する法律を制定してはならない。また，言論もしくは出版の自由，又は人民が平穏に集会し，また苦痛の救済を求めるため政府に請願する権利を侵す法律を制定してはならない。）

　合衆国憲法第1修正は，連邦議会（その後州議会あるいは連邦政府や州政府にまで拡大されている）が表現の自由を侵害することを禁止している。条文の名宛て人は議会（政府）であって，人民ではない。人民には生まれながらに留保されている自由があるはずだから，日本国憲法のように「自由を保障する」と定める必要はない。そうすると問題は，言論の自由（the freedom of speech）を侵害する（abridge）するとはどういうことなのかに集約される。「言論の自

---

　23)　Kenji Yoshino, The New Equal Protection, 124 Harv.L.Rev.747, 756 (2011). 合衆国最高裁判所が用いている審査手法は，かつて芦部教授がもち込んだ「審査基準」ではなくなっている。たとえば，見解に基づく差別は，厳格審査に付されるといいながら，実際にはただちに違憲という結論が導き出されることが多い。この点で，検閲禁止法理に近づいている。すなわち，すでに「基準」（ものさし）ではなく，「ルール」（定義に当てはまるとただちに答えが出る）になりつつある。

由」が画定されれば，「侵害する」とは何かを検討すればよい。

　日常的に行われる商談やコンビニでの注文（最近はセルフレジが普及してきているので肉まんを注文することくらいしかないが）は，「発話行為」かもしれないが「言論の自由」の対象には入らない[24]。政府や政策を批判し，人間とは何かを語り，真理を探究し，美を表現することが保護の対象とされる。わいせつや名誉棄損も場合によっては，この範囲からはじき出される。

　では，表現を「侵害する」とはどういうことなのか。そこで，侵害の態様や性質，程度などが検討される。その過程で当然，これらを類型化しておくと便利でもあり，理屈としてもすっきりしている。とりわけ，判例に先例拘束力を認める（憲法判例の場合その力は強くはないものの）合衆国では，一定のパターンを用意しておくことが望ましい。法適用の平等という，法の支配の要請が個々に拍車をかける。

　一方，日本国憲法の書きぶりはアメリカとは大きく異なっている。

　　　21条1項　集会，結社及び言論，出版その他一切の表現の自由は，これを保障する。
　　　　　2項　検閲は，これをしてはならない。通信の秘密は，これを侵してはならない。

　日本国憲法の人権が人類普遍の原理であり，自然権思想を背景にもっているとしても，「この憲法が国民に保障する自由及び権利は，国民の不断の努力によつて，これを保持しなければならない。又，国民は，これを濫用してはならないのであつて，常に公共の福祉のためにこれを利用する責任を負ふ」（12条）。日本国憲法における表現の自由は，その形態を問わず，濫用が禁止され，公共の福祉の制約が前提となっている。最初から利益衡量が前提とされている。日本の最高裁が利益衡量から出発するのも無理はない。

　合衆国最高裁判所の場合，司法部が利益衡量を行うことへ疑念をもっていることもあげられる。利益の衡量は立法府の仕事であり，裁判所の仕事は憲法原理に基づく判断をすることにある。この司法哲学がカテゴリカルな（規制類

---

24) Frederick Schauer, Categories and the First Amendment: A Play in Three Acts, 34 Vand. Rev.265（1981）

型論を重視する）姿勢を裏付けている。一方，わが国の最高裁には，この種の疑念はないことも大きな意味がある。

また，アメリカ合衆国の知的雰囲気も反映している。アメリカでは，表現を規制することに対する嫌悪ともいうべき感情が共有されている。特定内容の表現を規制する権限は政府にはない。わいせつや名誉棄損のような例外に当たらない限り，表現の内容を理由とした規制は民主主義の理念に反するとの信念が（少なくともここ40年ほどの間）共有されている。

## ② 法的な熟議と判例の役割

日本国憲法が定める違憲審査制度はアメリカ流だといわれる。通常の司法裁判所が違憲審査を行うから，それは「個別的審査制」であり，また「付随的審査制」であると考えられてきた。この理解が正しいのかどうかは，ここでは論じない。とにかく，アメリカと日本の違憲審査制度は同じ性質をもっていると考えられてきたことが重要である。

憲法裁判所にはいろいろな形があって，一様には論じられない。しかし，司法裁判所が違憲審査を行う場合には共通の性質がある。まずは，司法権の仕事に属する案件でなければ裁判所は事件を処理しない。民事事件（行政事件を含む）であるか，刑事事件でなければ，原則として裁判所は審理をしない。言い換えると，個人の権利や利益が争点となっていない限り，裁判所は裁判も，憲法判断も行わない。

しかし，この制度は，権利や利益が侵害されたと主張すれば，誰でも憲法上の争点を持ち出して争うことができる。マーク・タシュネットは，これを憲法判断の「引き金（trigger）」と呼んでいる[25]。権利を侵害された者は，誰でもこの引き金を引くことができる。司法裁判所が違憲審査を行うということは，憲法理念の実現を一般の市民が担うことも意味している[26]。

自分の権利が侵害されたと主張する者は，誰でも裁判所に憲法問題を提起できる。司法裁判所は，当該権利や利益に関する判断を行う（その意味では憲法

---

25) Mark Tushnet, Advanced Introduction to Comparative Constitutional Law (Second Ed. 2018) at 63.

26) 英国の憲法学者 TRS Allan は，法の支配と権力分立の関係を「議会は抽象的な規範を作り，これを政府が具体化する。この具体化に当たって権利を侵害された者が裁判所で規範の内容を確認することが権力の分立を意味する」ととらえている。TRS Alla, Constitutional Justice（2001）at 31.

判断の効力は個別的であるが）。しかし，当該裁判の結論や判決理由は国民によって検証される必要がある。「この憲法が国民に保障する自由及び権利は，国民の不断の努力によつて，これを保持しなければならない」（12条）と定めているのは，このような意味で理解する必要がある。

とりわけ，表現の自由は，民主主義に直結した権利であるため，違憲審査の結果のみならず，過程についても主権者国民につまびらかにされなければならない。また，憲法判例は国民の目で検証される必要がある。裁判所も国民的な批判から逃れられない。そのためには，何をよりどころとして判断を下したのかを国民に明らかにする必要がある。

C.H. メンデス（Conrado Hübner Mendes）は，「憲法判例とは，それを通じて，裁判所が国民との間で行う対話の道具だ」と述べている[27]。「最高裁判所は，一切の法律，命令，規則又は処分が憲法に適合するかしないかを決定する権限を有する終審裁判所である」（81条）ならば，その判断過程は，もう少し国民と共有されてもいいのではなかろうか。

### おわりに

以上の議論は，決め手のないボクシングに似ている。スタイルの違うボクサーがリングの上で一所懸命パンチを繰り出すものの，クリティカルヒットまでには至らない。そうすると，選択肢は，利益衡量から出発して，その欠点を補正するため，類型的な枠組みを取り入れるか，類型論から出発して，その欠点を柔軟な利益衡量で克服するか，のいずれかになりそうである。あるいは，表現規制に対しては，中間段階の審査をデフォルトとして設定して，内容を参照するものには水準を上げ，内容にはかかわるが付随的規制や副次的効果に関わる規制には，中間段階の審査を維持することにする方法もある。内容を参照していても，それが価値の低い言論のカテゴリーに属する場合には，それぞれの領域で積み重ねられてきた法理を適用する[28]。

要するに，表現規制に対する自分の審査スタンスを客観化すること（他者に見えるようにしておくこと）ができていればそれでよい。最高裁判決のように，

---

[27] Conrado Hübner Mendes, Constitutional Courts and Deliberative Democracy, 173 （2013）.

[28] 髙橋和之『体系憲法訴訟』（岩波書店・2017年）231頁以下にいう「標準審査」もそのような発想方法に立つともいえる。

半ば「秘すれば花」のような秘技としての審査ではなく，読者（答案の場合には採点者，判決の場合には当事者とその背景にいる国民）にきちんと説明できているかどうかがポイントである。

第2章　見解に基づく差別禁止法理
―合衆国最高裁判所における展開と問題―

## はじめに

　表現規制を内容規制と内容中立規制に分け，内容規制に対して厳しく対処する姿勢は，合衆国最高裁判所および憲法学説においてすでに確立された判例法理となっている。この考え方は「いかなる表現が保障に値し，いかなる表現が値しないのか」ではなく，「いかなる表現規制が許され，許されないのか」に問題を移行させる。それによって，表現の自由理論は根本から変革を遂げることになった。

　合衆国憲法第1修正は，「連邦議会は，国教を定めまたは自由な宗教活動を禁止する法律，言論または出版の自由を制限する法律，ならびに国民が平穏に集会する権利および苦痛の救済を求めて政府に請願する権利を制限する法律は，これを制定してはならない。(Congress shall make no law respecting an establishment of religion, or prohibiting the free exercise thereof; or abridging the freedom of speech, or of the press; or the right of the people peaceably to assemble, and to petition the Government for a redress of grievances.)」と定めている。表現の側（人々の自由）から，表現規制の側（国家の義務）に問題を移行させるのは，この条文の書きぶりからしても自然であった。

　わが国においても，有力な憲法学説の多くは，この枠組みを利用しながら表現規制に対処すべきであるとする傾向が見てとれる[1]。しかし，判決の中にこの趣旨を示唆するものもあるが，最高裁は，おおむね消極的な姿勢をとってきたといえよう。

　私もまた，この枠組みをベースにして表現の自由を考えてきた。これまでも何回かにわたり，この枠組みについて考える機会があった[2]。本稿は，この延

---

1) 代表的な体系書として，長谷部恭男『憲法〔第8版〕』（新世社・2022年）212頁，毛利透・小泉良幸・淺野博宣・松本哲治『憲法Ⅱ人権〔第3版〕』（有斐閣・2022年）223頁，市川正人『憲法〔第2版〕』（新世社・2022年）135頁などがある。

長線上にあり，とくに新たな知見を付け加えるものではない。ただ，ここで扱う Viewpoint Discrimination（viewpoint を「見解」と訳す例もあれば，「観点」もしくは「視点」と訳す例もある。本稿では，Viewpoint Discrimination を「見解に基づく差別禁止法理」と呼ぶことにしたい。）は，表現規制に対する違憲審査の枠組み論を超えて，わが国における表現関連判例のあり方を見つめ直す意味がある[3]。

　そこで，この論稿では，まず Viewpoint Discrimination の法理の使われ方を最近の判例を素材にして描き出す。この法理の現状を祖述し，学説の対応を整理することが第一の目的である。とりわけ，2017年に判示されたマータル対タム判決と2019年に判示されたイアンク対ブルネッティ判決とは，合衆国最高裁判所における表現の自由理論の到達点を示すものとして，注目する必要がある。両判決には，アメリカにおける表現の自由法理のほぼすべてが集約されているといっても言い過ぎにはならない。

　次いで，見解に基づく差別禁止法理に対する評価や批判を合衆国の憲法学説を整理しながら解明する。この法理の意義と限界を見極めることが最終目的である。

# 1　表現規制の法理と違憲審査

## ⑴　表現内容規制－内容中立的規制二元論の形成

### ①　内容規制に対する司法審査

　表現内容を理由とした規制権限を政府に対して否定する考え方は，1972年のモズレイ（Mosley）判決[4]で明確化された。この経緯については，他稿で詳論したので，ここでは省く[5]。

　同判決以降，合衆国最高裁判所は，表現規制のカテゴリーを意識した判断を行うようになった。ただ，政府が特定の思想を強制することを否定した1943年

---

2）拙稿『表現の自由　理論と解釈』（中央大学出版部・2014年）。

3）わが国における動向を整理した論稿として，木下智史「表現内容規制・表現内容中立規制二分論の現在」立命館法学393・394号（2021年）255頁以下参照。

4）Police Dept. of City of Chicago v. Mosley, 408 U.S. 92（1972）.

5）拙稿・前掲注2）参照。

のバーネット（Barnette）判決[6]や，エホバの証人関連の事件でも，表現内容を理由とした規制に対する警戒感は示されてきた。また，営利広告規制の文脈でも，表現の内容（政治的な意見・情報か営利的な広告か）によって，規制の可否が分かれることも，ほぼ確立された法理となっていた。

　さらに，表現場所にかかわる制約についても，その許容性が継続的に確認されてきた経緯もある。規制を類型化することで審査水準を明確化し，表現内容規制には厳格審査を適用するとの姿勢は，モズレイ判決で結晶化されたといえる。

　モズレイ判決マーシャル裁判官法廷意見は，「とりわけ修正1条が意味するものは，政府はそのメッセージ，思想，主題およびその内容を理由として表現を規制する権限をもたないということである」と断言した。だだ，マーシャル裁判官自身，この判決の意味をどのように理解していたのかははっきりしない。むしろ，この判決は，合衆国の憲法学説が規制類型論を軸にした違憲審査理論を編み出すきっかけを作ったというべきかもしれない。ある表現規制のカテゴリーが審査の水準を決定するという視点は，従来の表現規制の領域では見られなかった。

### ②　平等保護と表現の自由

　カテゴリーが法的効果を決定するという思考方法は，平等保護領域における審査方法を借用したものであるともいわれている。規制類型論に理論的な裏付けを与えた，ケネス・カースト（Kenneth Karst）の歴史的論文が，Equality as a Central Principle in the First Amendment[7]と題されていることが象徴的である。この論文の中で，カーストは，「政府はすべての見解に対して聞かれる機会を与えなければならない義務を負っていること」と「パブリックフォーラムから，話者を選別するような時間・場所・方法の規制に対しては，重要な政府利益を実現するための必要最小限度の規制かどうかで合憲性審査を行うべきこと」を明らかにした[8]。

　違憲審査においては基準が求められる。これはわが国でも合衆国でも変わらない。合衆国最高裁判所における判例上，モズレイ判決以前には，明確な基準

---

6 ) West Virginia State Board of Education vs Bernette, 319 U.S. 624 (1943).

7 ) Kenneth Karst, Equality as a Central Principle in the First Amendment, 43U>Chi. L.Rev.20 (1975).

8 ) Id.at 28.

26　第1部　表現規制と違憲審査

を定式化したものは少なかった。「明白かつ現在の危険」は審査の姿勢ではあり得ても，基準ではない。基準である以上は，どのようなケースに対して，どのような項目を，どの程度審査するかの指針が与えられていなければならない。

　そもそも，違憲審査には厳格さの違いがあることを明らかにしたのは，1958年のパターソン対アラバマ（Patterson）判決[9]が初めてであったといわれている[10]。NAACP（全米有色人種地位向上協会）構成員氏名の開示命令が第1修正上許されないと判断した事例において，合衆国最高裁判所は，初めて厳格審査を意識した判断を行った。その後，公民権運動に関わる1964年のサリヴァン判決（New York Times vs Sullivan）等を経て，政府批判を保護する重要性が確認される。このような流れが，モズレイ判決において集約された[11]。

### ③　表現内容にかかわらない規制

　一方で，合衆国最高裁判所においては，表現行為の外形（方法など）に着目した規制が許されることも早くから認識されてきた。拡声器使用規制の合憲性が争われた，1948年のサイア（Saia）[12]判決，翌年のコバックス（Kovacs）判決[13]がその典型例である。この判決の中で，ジャクソン（Jackson）裁判官とフランクファーター（Frankfurter）裁判官は，特定の内容や見解を狙い撃ちしている規制でなければ，第1修正上許容されるとの意見を表明している点に注目しておきたい。見解規制に対する警戒は，第二次世界大戦直後から意識されていたのである[14]。

　表現の外形に着目した規制は，その後「時間・場所・方法に関する規制（Time, Place and Manner Restrictions（TPM）」として定式化される。これらの規制に対する審査水準は，内容規制と同等である必要はない。モズレイ判決と同日に判示されたロックフォード（Rockford）判決[15]では，モズレイ判決と同様に学校付近でのピケッティング規制が争われたが，合衆国最高裁判所は，

---

9 ）NAACP v. Alabama ex rel. Patterson, 357 U.S.449, 451-454（1958）.

10）Stephen A.Siegel.The Origin of the Compelling State Interest Test and Strict Scritiny,48 Am.J.Legal Hist.355（2006）.

11）Mosley 判決法廷意見は，NAACP で弁護士を務めた Thurgood Marshall 裁判官が執筆したことも象徴的である。

12）Saia v. New York, 334 U.S. 558（1948）.

13）Kovacs v. Cooper, 336 U.S. 77（1949）.

14）この点について，拙稿・前掲注2）174頁参照。

15）Grayned vs City of Rockford, 498 U.S. 104（1972）.

両事件は事案を異にするとして，場所の規制を認めている。

　また，徴兵カードの焼却が表現の自由として認められるかが争われた，1968年のオブライエン（O'Brien）判決では，徴兵カードの棄損を処罰する法令が徴兵システムの維持を目的とするものであって，表現の自由に対する制約としては付随的なものにとどまるとの判断が示されている[16]。さらに，1984年に判示されたレントン（Renton）判決では，成人映画館の設置に関するゾーニング規制の合憲性が判断された。この種の規制は，成人映画の上映に一定の制約効果をもたらすが，その効果は付随的・副次的なものにとどまるとした多数意見が明らかにされている[17]。これらはいずれも，表現の内容を理由とした規制ではないとの理解が前提となっている。

　表現内容規制と内容にかかわらない規制の区別は，はじめから明確な二元論として示されていたわけではない。むしろ，蓄積されてきた判例や法理がモズレイ判決によって言語化され，同判決の射程を画定する作業を経て，現在のような形になったということもできよう。この二元論は，先例と目の前の事案を試行錯誤しながらつないでいく，common law method の一種であったともいえるであろう。

#### ④　保護される言論と価値の低い言論のカテゴリー

　上に述べたように，1970年代半ば，営利的言論に表現の自由の保護を与えて以来，合衆国最高裁判所は，表現の自由をそれまで以上に手厚く保護する姿勢を鮮明にしてきた。この過程において，「保護される言論（protected speech）」と「価値の低い言論（law value speech, less protected speech）」のカテゴリーが重要な役割を演じている[18]。この区別によって，保護される言論には，厳格審査の適用によって，絶対的ともいえる保障が与えられるようになった。今日，政治・思想的表現を規制することは，不可能な段階にある。価値の低い言論のカテゴリーにおいても，営利的言論への保障は，すでに上位の言論に匹敵する

---

16) United Statea vs O'Brien,391 U.S. 367（1968）.

17) City of Renton v. Playtime Theatres, Inc., 475 U.S. 41（1986）.

18) おそらく，表現内容規制－内容中立的規制の二分論が定式化されることによって，内容規制の適用が排除される「価値の低い言論」がカテゴリー化されたというべきではなかろうか。Genevieve Lakier, The Invention of Low-Value Speech, https://chicagounbound.uchicago.edu/cgi/viewcontent.cgi?article=1948&context=public_law_and_legal_theory

レベルにあることは，すでに述べたとおりである。

　ある表現が保護される言論のカテゴリーに分類されるならば，表現の内容を制約することは困難となる。後に見るように，内容規制のうち，特定の見解ゆえに制約を課す規制が「ただちに違憲となる」のか，「相当程度に高い厳格審査」に付されるのか，あるいは通常の厳格審査が適用されるのかについては，意見の一致を見ていない。しかし，保護される言論に分類される表現を，その内容ゆえに規制することは，困難に近い。

　一方で，価値の低い言論のカテゴリーに分類される表現類型には，名誉棄損，プライバシー侵害，わいせつ，品位を欠く表現，戦闘的な言辞，そして営利的言論が含まれる。これらの言論には，それぞれの分野で展開されてきた判例法理が適用される。名誉毀損における現実の悪意やわいせつにおけるコミュニティースタンダード，戦闘的な言辞におけるブランデンバーグテストなどは，一種の利益衡量の指針としての役割を果たしてきた。

　その中でも，営利的言論をめぐる判例の展開には，注目すべき要素が含まれている。合衆国最高裁判所は，1980年にセントラルハドソンテストを定式化して以来，このテストの適用を原則として，営利広告規制の合憲性を審査してきた。その審査項目は，①問題となる表現が虚偽でもなく，誤解を招くものでなければ，②規制利益が本質的で，③規制がその利益を直接的に促進し，④必要以上に強力でなければ，営利広告規制の合憲性を認めるものであった[19]。

　当初このテストは，内容中立規制に適用される TPM テストやオブライエンテストと同水準にあるものと考えられていた。しかし，適用とともにその水準は高くなり，今日では，他の表現との差は，①虚偽の広告規制の可能性のみに限定されている[20]。そして，その過程で大きな役割を演じたのが，クラレンス・トーマス（Clarence Thomas）裁判官であった。同裁判官は，「真実の情報は，たとえそれが営利的なものであっても抑圧することはできない」と断言する[21]。ここには，表現の自由への固い信念と表現規制への強い嫌悪感が表明されている。そして，近時の合衆国最高裁判所における営利的言論への処遇は，

---

19) Central Hudson Gas & Elec. v. Public Svc. Comm'n, 447 U.S. 557 (1980).

20) 営利的言論規制以外の場面で，虚偽の表現規制が憲法上許されるのかについては，United States v. Alvarez, 567 U.S. 709 (2012) が興味深い論点を提示している。この問題に関する周到な論稿として，松井茂記『表現の自由に守る価値はあるか』（有斐閣・2020年）281頁以下参照。

マータル判決とイアンク判決において，さらに高められたといえるであろう。

### ⑤ 表現内容規制と見解に基づく差別

#### (a) バーネット判決

表現内容を理由とする規制には，特定の主題（トピック）全体を規制する「主題規制（subject-matter restriction）」と特定のものの見方（見解，視点，世界観など）を狙い撃ちする「見解規制あるいは見解に基づく差別（viewpoint discrimination）」[22]があることは，比較的早くから認識されていた[23]。また，合衆国最高裁判所も，第二次世界大戦中から，政府が特定の見解を抑圧することへの警戒心を明らかにしていた。その嚆矢ともいうべき判決が，1943年のバーネット判決であった[24]。

公立学校における国旗への敬礼強制が問題となった本事件において，法廷意見を述べたジャクソン裁判官は，「憲法の星座の中に不動の星があるとするならば，それは，いかなる公務員も政治やナショナリズム，宗教やその他の体験に関して，正当なるものを定めることができないということである」，との有名な説示を残している[25]。見解規制の歴史に関して，包括的な研究を著しているL.ブルーム（Lockland H.Bloom）は，この説示が見解差別に対する厳しい姿勢の出発点であると述べている[26]。

#### (b) 検閲禁止法理との関係

モズレイ判決では，学校付近での労働条件を主題とするピケッティング規制

---

21) Thomas 裁判官より遡ること30年以上前に，同様な主張を奥野裁判官が展開していたことが興味深い。最大判昭和36年2月15日刑集15巻2号347頁。拙稿「営利的な広告の自由の制限」憲法判例百選Ⅰ〔第6版〕127頁参照。

22) Viewpoint をどう訳すかは1つの課題である。本稿では，これを「見解」と訳しているが，むしろ「観点」と訳す方が適切であるかもしれない。Viewpoint とは，ものの見方全般を指すものとして，意見や発想，世界観などを包括する用語としてとらえていることを前提にして，本書の他の論稿との調和を考え，「見解」と訳することにした。

23) Geoffrey R.Stone, Restrictions of Speech because of its Content：Peculiar Case of Subject-matter Restrictions, 46 U.Chi.L.Rev.81 at 83 (1978).

24) West Virginia State Board of Education v. Barnette, 319 U.S. 624 (1943).

25) 319 U.S. 642.

26) Lockland H.Bloom Jr.The Rise of the Viewpoint-Discrimination Principle,72 SMU L.Rev.20 (2019)．なお，本稿もこの Bloom 論文の整理を参考にして，見解に基づく差別の法理の形成過程をスケッチしている。

30 第1部 表現規制と違憲審査

の合憲性が争われていた。その点で，主題規制が争点となった事例であった。
この判決と同様に，ピケッティング規制が争われた1980年のケアリィ（Carey）
判決では，この規制から一定の主題（労働条件に関するピケッティング）を除
外する条例の合憲性が争われたが，ブレナン（Brennan）裁判官法廷意見は，
住宅地の平穏という規制利益は，主題を選別することによっては実現すること
ができないとして，条例の合憲性を否定している[27]。

　一方，優先的な団体交渉権を獲得した教員組合だけに学校のメールボックス
を使用させることが許されるかが争われた1983年のペリー（Perry）判決[28]で
は，合衆国最高裁判所の意見は分かれている。これを一種の政府施設と見る多
数意見に対して，ブレナン裁判官反対意見は，組合の立場を差別するもので
あって，viewpoint discrimination に他ならないと批判している[29]。

　ブレナン裁判官反対意見は，"This sort of discrimination amounts to censorship
and infringes the First Amendment rights of the respondents." と述べている。
ここにおいて，見解に基づく差別と検閲禁止法理との結びつきが露わになる。
見解に基づく差別は，政府が表現の内容を選り分けることと同義であり，長い
時間をかけて形成されてきた検閲禁止法理に源をもつ（あるいは同じルーツを
もつ）との理解が示された。

　1986年に判示されたパシフィックガス（Pacific Gas）社判決[30]では，電力事
業者が毎月の料金請求書にニューズレターを挿入し，そこで自社のエネルギー
事業について述べていたことが問題となった。市民団体から公益事業委員会に
対して，電力会社は，ニューズレターの発行費用を契約者の負担に回すことは
できないのではないかとの疑義が提起された。同委員会がこの苦情に沿う中止
命令を出したところ，これが会社の表現の自由を侵害するかが争点となった。

　パウエル（Powell）裁判官法廷意見は，「まず，当審の先例は，州が他者の
言論に負担を負わせることによって，特定の視点を助長することはできないと
の立場を確立している（Our cases establish that the State cannot advance some
points of view by burdening the expression of others.）」と述べる。そして，本件

---

27) Carey v. Brown, 447 U.S. 455 (1980).
28) PERRY EDUCATION ASSN., Appellant v. PERRY LOCAL EDUCATORS'
　　ASSN., et al. 460 U.S. 37 (1983).
29) 460 U.S. 43.
30) PG&E v. Public Utilities Comm'n, 475 U.S. 1 (1986).

命令は「特定の話者の視点を理由にして差別を行う（it discriminates on the basis of the viewpoints of the selected speakers.）」ものに他ならないと断定している[31]。

　国旗（星条旗）の焼却行為に対する処罰が問題となった二つの判決でも，同様な姿勢が見られる。1989年に判示されたジョンソン（Johonson）判決[32]と翌年に判示されたエイクマン（Eichman）[33]判決は，特定の見解を狙い撃ちしたものではなかった。しかし，両判決で法廷意見を書くブレナン（Brennan）裁判官は，星条旗を焼却する行為がもつ「思想伝達的」機能を重く見た。国旗を毀損する行為を禁止することは，この機能に対するインパクトを及ぼすことになる。ここでは，行動のもつ思想性（expressive elements in conduct）が重視されている。

　同時期には，ヘイトスピーチ規制との関係で重要な判決が下された。まず，1992年には，人種的偏見に動機づけられたヘイト行為を禁止するセントポール市条例の合憲性が問題となった。スカリア（Scalia）裁判官法廷意見は，この規制が見解に基づく差別であるとして，合憲性を否定している[34]。また，キリスト教徒からなる学生団体が，印刷物の配布に際して，大学からの助成金を申請したところ，これが拒絶されたことが争われた事例[35]において，これが見解に基づく差別であって，憲法に違反するとの主張に対して，これを認める判断を下している。大学側が主張した政教分離，国境樹立禁止条項の主張を退けた形になっている。

　見解に基づく差別禁止法理が適用された事例は，以上にとどまらない。表現の自由が問題となる事例では，必ず表現への制約がどのような形態をとっているのかが問われるようになっている。合衆国最高裁判所においては，見解に基づく差別禁止法理が相当程度強力な審査方法として確立されてきたいうことができる。

　次に見る二つの判決は，この傾向に拍車をかけ，見解に基づく差別禁止法理が検閲禁止法理に近づいていることを裏書きしている。以下，最近の2判例に

---

31）475 U.S. 12.
32）Texas vs Johnson, 491 U.S. 397（1989）.
33）United States vs Eichman, 496 U.S. 310（1990）.
34）R.A.V. v. City of St. Paul, 505 U.S. 377（1992）.
35）Rosenberger v. Rector and Visitors of University of Virginia, 515 U.S. 819（1995）.

32　第1部　表現規制と違憲審査

ついて分析してみよう。


## 2　合衆国最高裁判所における見解規制の現状

### ⑴　マータル対タム判決の概要
#### ①　事実と争点[36]
　ロックバンド「スランツ（The Slants）」のリードボーカリスト，サイモン・タム（Simon Tam）は，バンド名に，アジア人種一般に対して用いられる蔑称「スランツ」をあえて用いてきた。タムは，バンド名「スランツ」を商標として登録すべく，特許・商標局（The Patent and Trademark Office）に対して申請をしたところ，商標法（Lanham Act）が「生存の有無にかかわらず，何人をも侮辱するような商標登録を禁止する（侮辱禁止条項〔desparagement clause〕）」（15USC§1052⒜）を根拠に，商標登録を拒否されたことに端を発する。

#### ②　アリート（Alito）裁判官法廷意見
　合衆国最高裁判所では，アリート裁判官が法廷意見（一部分は相対多数意見）を述べている。同裁判官は，侮辱禁止条項が見解を理由に表現を禁止するものであって，第1修正に違反するとの結論を明らかにした。同裁判所は，まず連邦政府側から出された，「商標法は一種の政府言論である」との主張を退ける。「スランツ」という語は，バンドのメッセージを伝えるための適切なフレーズであって，「見解」に相当するというのである。以下，詳しく見てみよう。

#### ⒜　登録商標制度と見解の差別

　「ある商標が侮辱的であるかどうかを判断する際，連邦商標局（Patent and Trademark Office：PTO）は，二段階の審査を用いてきた。まず，問題となる事項について考えられる意味を検討する。そのとき，単に辞書的な意味だけでなく，当該商標の他の要素との関係や当該商品や役務の性質，およびその商標が当該商品や役務との関係で用いられている様式も検討することになっている。もし，その意味が特定人や組織，思想や国家の象徴

---

36）Matal vs Tam, 137 S Ct.1744（2017）.

に触れていると判断されたなら，第二の段階に進み，その意味が当該グループのかなりの部分（substantioal composite）を侮辱するものであるかどうかを検討する。仮に，審査官が当該グループかなりの部分（必ずしも多数であることを要しない）が，申請された商標を現在の状況に鑑みて，侮辱的であると判断する場合には，その侮辱性が推定され，申請者が，当該商標が侮辱的ではないとの挙証責任を負うことになる。」(at1763)

「侮辱禁止条項が，ある人種やエスニックグループの構成員を侮辱するような商標に適用されるため，当審は，当該条項が第1修正言論の自由条項を侵害するかどうかを決定しなければならない。まず，当審は，きわめてゆるやかな合理性の審査を適用して，第1修正の保障を否定するような三つの主張を検討する必要がある。とくに，連邦政府は，⑴商標とは政府言論であること，⑵商標は政府の援助の形態をとっていること，⑶侮辱禁止条項の合憲性は，新たな『政府プログラムの原理（a new governmental program doctrine）』の下で審査されるべき事を主張しているので，これらを検討する。」(at 1763)

「本件における争点は，PTO によって登録される証票の内容が連邦政府の手段（arm）かどうかである。連邦政府は，そのような商標を思いつくことはないし，商標登録のため，それらを編集することもない。本件における法律によって要求される場合以外は，審査官は，外形上に表現されている視点に基づいて商標を拒むことはない。かくして，同条が適用されると考えられる限り，審査官は，当該商標が連邦政府の政策に合致しているかどうかや何らかの見解が主登録簿上他の商標によって表現されているものに適合するかどうかを（申請者に）求めることはない。逆に，もし当該商標がランハム法の見解中立性の要求に合致しているとき，登録は義務となる。そして，もし審査官が当該商標を登録するに値するとみなしたときは，それが第三者からの異議申し立てを受けない限り，上級庁からの審査を受けることもない。このような点から考えると，登録商標の内容が政府言論だということはありそうもない。もし，連邦登録商標制度によって，商標が政府言論となるのなら，連邦政府は驚異的かつ支離滅裂なものとなってしまう。」(Id.)

34　第1部　表現規制と違憲審査

(b)　見解の差別とは何か

　「当審の先例は，『見解』差別という語を広く用いてきた。侮辱禁止条項
は，視点に基づいて差別を行うものである。おそらく，同条項は，全ての
グループに対する侮辱を平等に禁止するものであろう。同条項は，民主党
の意見も共和党意見も黙らせるし，資本主義者も社会主義者も黙らせる，
いずれの意見にも適用される。同条項は，いかなるグループの構成員に対
しても同じように有害ないかなる商標に対しても適用される。しかし，こ
こで問題となる意味では，同条項は見解による差別である。他者を不快に
させることは，一つの見解である。」(Id.)

　「当審は，繰り返し，単に思想それ自体が聞く者に対して不快感を与え
るというとを理由にしては，思想を公にすることを禁止できないと述べて
きた……このことから，侮辱禁止条項は，内容や話者に基づく差別にも許
されるものもあるとするような，ある種の政府プログラムと同様に考える
ことはできないのである。」(Id.)

　なお，同法廷意見は，本件規制を営利的言論規制として正当化できないかに
ついては，争点として取り上げていない。しかし，本法がセントラルハドソン
テストを充足しない点については，確認がなされている。

③　個別意見

(a)　ケネディ（Kennedy）裁判官，ギンズバーグ（Ginsburg），ソトマイ
　　ヨール（Sotomayor），ケイガン（Kagan）裁判官同調補足意見

　ケネディ裁判官補足意見（ギンズバーグ，ソトマイヨール，ケイガン裁判官
同調）は，アリート裁判官法廷意見中，本件条項が見解規制である点について，
以下のような補足を述べている。

　「たとえば，詐欺や名誉毀損，犯罪の唱導のような政府が規制もしくは
禁圧できるいくつかの言論カテゴリーがあることは，われわれの憲法の伝
統の中で確立されてきた。このようないくつかの例外を除いて，政府は言
論が伝える思想やものの見方（perspectives）への不同意を理由にして言
論を禁じたり，抑圧することができないというのが，第1修正の基本原理
である。第1修正は，特定の主題を標的にするような言論の抑圧形態を内

容に基づく規制として，これらから保障してきたのである。このカテゴリーは，サブカテゴリーの法律を含んでおり，それはさらに，特定の見解，あるいは主体を標的にするものである。その最も基礎において，見解差別への審査は，関連する主題のカテゴリーの中で，政府がその表明された見解に賛成しないということを理由に，一連のメッセージを選り分けているかどうかに向けられる。政府が第1修正に違反するのは，対象となる主題に対して話者が表明している視点を抑圧するだけの目的で，その話者のアクセスを拒否する場合である。連邦政府が実施しようとする，侮辱禁止条項は，生存の有無にかかわらず，人や制度，思想や国家の象徴を主題としている。同法は，連邦政府が有害であると考えているような一連のメッセージに同意しないということを反映しているのであって，見解による差別の要素を含んでいる。」(at 1765-6)

「連邦政府は，まず，本件法律が内容中立的規制であると主張する。その根拠は，品位を汚し，人を侮辱する商標について等しく適用されることにあるという。これは論点を誤っている。まず内容によって規定され，次いで一種類のコメントだけを強制すべく規制し，検閲するような法律は見解中立的なものではない。すべての立場に対して，その対立側の意見を批判する機会を禁止することは，その法律が見解に基づいていることをはっきりとさせる。」(at 1766)

「第1修正の見解中立原則は，特定の見解に立つことを保障することにとどまらない。それは，話者が選んだ特定の方法で，特定の立場を表明したり，主張する権利を保障している。物事に対して肯定的であること（positivity）を強制することで，本件法律は，少数意見を黙らせ，思想の自由市場を歪曲する。」(at 1766)

「次に，連邦政府は，本件法律が見解中立的であることの理由として，商標を用いる視点や理由を問わず適用されることを主張する。だが，商標登録は，申請者の見解を受け止める側にどのような反応が起きるかを理由にして拒否されている。連邦政府は，特定のものの見方に対する敵意をもって行動していたとはいえない，と主張する。被上告人の商標登録申請が拒絶された理由は，連邦政府がその表現内容が，少なくともアジア人種を侮辱することがあり得ると考えたからであった。」(at 1766)

「連邦政府は，話者が受け手と想定している者の反応を検閲する

36 第1部 表現規制と違憲審査

（censorship）ことによって，法が見解の差別を行っているとの非難を回避することはできない。当審は，見解規制が行われるのは，政府が話者の思想を抑圧しようとしているときである，と述べてきた。しかし，見解の差別は常にそのような形態を取るわけではない。見解による差別の危険性は，政府が特定の思想やものの見方をより広い議論から遠ざけようとするところにある。この危険性は，少なくとも最初聞いたときに，その思想やものの見方を特定のものが不快だと感じるだろうと思われるときに顕著となる。最初の反応は，より慎重に考えてみようとの姿勢を生み出すこともあるし，より理にかなった，肝要な姿勢を生み出すこともある。」（at 1767）

(b) トーマス（Thomas）裁判官補足意見

「私もまた補足意見を述べるが，それは，表現が伝えようとする思想を抑圧するために，真実の言論を制約使用とする場合，たとえその言論が営利的であろうとなかろうと，厳格審査に服すべきだとずっと信じてきたことによる。」（at 1769）

つぎに，イアンク対ブルネッティ判決を分析してみよう。

## (2) イアンク対ブルネッティ判決
### ① 事実と争点

2019年には，同じく連邦商標法の合憲性が争われた，イアンク対ブルネッティ判決が下されている[37]。

本件では，マータル判決とは異なり，「不道徳またはスキャンダラスな（immoral or scandalous）」マークを禁止する連邦商標法の規定が争点となった。合衆国最高裁判所は，この規定は視点による差別を容認するものであり，また実質的に広範すぎるものであるの判断を下している。

本件は，アーティストであり起業家でもあるエリック・ブルネッティがFriends U Can'tTrust の略として，「FUCT」という商標をもつ衣料品ラインを設立した。その後，正式な登録を求め商標討論の申請を行ったところ。特許

---

[37] Oancu vs Brunetti, 139 S.Ct.2294（2019）.

商標庁は，提案されたマークは「まったく下品」であり，「明らかに否定的な性的意味合い」を含んでいると判断し，この登録申請を退けた。同氏は，特許や商標の訴訟を頻繁に審理する連邦巡回区控訴裁判所で，同条項の合憲性に異議を申し立てた。控訴裁判所では，ブルネッティ側が勝訴し，この条項は合衆国憲法修正第1条に違反すると判断した。合衆国最高裁判所は，以下のような理由により，原審を支持している。

### ② ケイガン（Kagan）裁判官法廷意見

ケイガン裁判官法廷意見は，まず，「不道徳またはスキャンダラス」の語に関して，辞書的な意味を探る。たとえば，Webster International Dictionaryでは，「良心や道徳的な感覚あるいは礼節を害すること。すなわち，恥ずべき表現（disgraceful），侮辱的表現，いかがわしい表現」との定義がある。この辞書的定義を踏まえて，以下のように述べる。

> 「したがって，ランハム法は，商標登録に当たり，そのメッセージが社会の品位や礼節に適合しているかどうか，それらに反していないかどうかを判断することを許している。これら二つの重なり合う用語を一緒にすることで，同法は，二つの対立する考え方を区別している。ひとつは，慣習的な道徳規準と一致するものであり，もうひとつはこれらと敵対するものである。つまり，これらには，社会的な承認と侮辱や非難を生じさせるものが含まれているのである。」(at 2300)
>
> 「（このような）法文上における見解のバイアスは，結果として見解差別をもたらすことになる。連邦商標・特許局自体が上記のような辞書を引いて『不道徳・スキャンダラス』の用語を定義づけようとしていることを想起するとよい（この語，いくつかの例を引きながら，商標とメッセージの関係が述べられている）。」(id.)
>
> 「申請が拒絶された商標は，少なくとも，多くのアメリカ人にとっては不快な意見を表明している。しかし，当審がタム判決で述べたように，不快な思想に不利益を与える法律は，見解に基づく差別であって，第1修正に違反する。」(id.)
>
> 「では，連邦政府は，この不道徳あるいはスキャンダラスな表現規制をどのようにして内容中立的規制と主張するのであろうか。連邦特許商標局は，上記のような，同局の審査官が犯した誤りのように，登録拒絶の判断

を行うよう求めている。この議論において，連邦政府は，当該法律の文言，あるいはその定義が上記のような効果をもつと主張している。もし，ショックを与えるとか，不快な思いにさせるという語を表面上見ただけで，通常の意味を与えるのであれば，社会のほとんどの構成員が拒否反応を起こすような，過激な視点を表現していることを理由に，ショッキングで，不快な内容を伝えていると理解するのは簡単である」(at 2321)

「しかし，当審は，この提案を受け入れない。なぜなら同法は，全く異なることを述べているからである。もちろん，当審は，あいまいな法文が重大な憲法上の疑義を回避できるように解釈することはできるだろう。しかし，そのような解釈原則は，あいまいさだけがあるような場合には適用できるに過ぎない。われわれは，憲法上の要請に合わせるように法を書き直すことはできない。したがって，連邦政府がいうように，同法を第1修正の問題が生じないように解釈することができたとしても，それは，あいまいさが法文の中にあるときにだけ採用できるに過ぎない。そして，それは（本件では）できない。『不道徳・スキャンダラス』規制は，連邦政府の解釈案を越えて拡張される。その境界線は，下品な表現や性表現，神を冒涜するような表現にまで及ぶ。また，それは，見解を問わず，表現の様式がとりわけ侮辱的な場合にのみかかわるとすることもできない。これは，不道徳・スキャンダラスなすべての領域にまで及ぶ。」(id.)

### ③ 個別意見

#### (a) アリート（Alito）裁判官補足意見

「われわれの判断は，道徳的相対主義に基づくものではない。それは，政府公務員が『不道徳・スキャンダラス』と判断した表現を規制することが容易に不当な（illegitimate）目的のために活用されるとの認識に基づいている。本件のような商標登録は，われわれの大衆文化を低下させることにしか役に立たない。」(at 2302-3)

#### (b) ロバーツ（Roberts）首席裁判官一部同意・一部反対意見

ロバーツ首席裁判官は，「不道徳・スキャンダラス」条項における両者を区別して解釈すべきであるとの立場に立ち，連邦特許商標局がこの解釈を採って

こなかったことを批判する。その上で，裁判所が負う憲法適合解釈の義務から，両者を区別して解釈適用すべき事を主張する。その上で，「不道徳」に関しては，これを見解規制とならないように合憲限定解釈する余地はないとしつつ，「スキャンダラス」については，合憲限定謝意尺の余地はあると述べる。そこには視点の要素が少ないからである。そして，「スキャンダラス」をわいせつ表現や，品性を欠く（vulgar）表現，あるいは神聖冒涜的表現に限定して解釈することは許されると述べている。

(c) ブライア（Breyer）裁判官一部同意・一部反対意見

ブライア裁判官もまた，ロバーツ首席裁判官と同様に，「不道徳・スキャンダラス」条項における両者を区別して解釈することができる点を指摘する。その上で，この解釈を登録商標制度の目的とのかかわりで正当化する。

ブライア裁判官は，この正当化にあたり，合衆国最高裁判所が採用するカテゴリーに基づく審査方法を批判している。この点に，同意見の面目躍如たるところがある。

> 「私には，カテゴリーに基づく審査方法は，本件におけるような問題をうまく解決できないように思う。私は，むしろ，問題となる法律が，たとえば『見解差別』や『内容差別』あるいは『営利的言論』や『政府言論』のようなカテゴリーに該当するかどうかに重きを置かない方がよいと思う。むしろ，以前に書いたように，言論のカテゴリーを結論を決定づけるようなルール（as outcome-determinative rules）としてではなく，審査基準（as rules of thumb）として用いるべきだと考えている。いずれにしても，これらのルールは絶対的なものではない。実際，たとえば，ある規制が明らかな見解差別であり，また厳格審査に服するとした場合でも，そのような規制を利益衡量の結果合憲としてきたこともあったではないか……残念ながら，当審は，これらのルール，とりわけ『内容規制』のカテゴリーを極めて厳格にも用いてきた。当審は，多くの事例において，私自身は，普通の有効な規制であって，第1修正が保障する言論にほとんど脅威を与えないような規制だと思うようなものをも違憲と判断してきた（ソレル判決などをあげる）。」

> 「本裁判所が行っているように，第1修正の審査水準をカテゴリーから演繹するのよりも，第1修正が保障しようとする価値に対してどれほど，

あるいはどの程度貢献するのかという点に訴えかける方が私は好きだ。すでに述べたとおり，私は，問題となっている規制がその正当化との関係で釣り合いがとれているかどうかを問うことにしたいと思う（リード判決をあげる）。」

このように述べながら，同裁判官は，本件規制が見解規制や内容規制といった，どのカテゴリーにもぴったりと当てはまらないと述べている（at 2305）

「登録商標制度は，その権利者に一定の利益を与えるべく制度設計されている。たしかに，これは伝統的なパブリックフォーラムなどとは異なっている。しかし，登録商標制度は，一種の限定されたパブリックフォーラムに類似している。また，この制度は，政府の助成制度とも類縁性がある。」（Id.）

「内容差別と見解差別の間の境界線はあいまいである点については，ソトマイヨール裁判官に同意をしたい（at 2306）。ただ，たとえそうであるとしても，著しく品位を欠くような表現の規制を見解に基づく差別としてみることは困難である……それ以上に，百歩譲って，この規制が著しく品位を欠く表現に対して内容の差別を課すものだとしても，その表示を結論先取り的なものと見ることは難しい。というのも，登録商標を規制するならば，内容を差別することは避けられないからである。いずれにせよ，登録商標は，既存の結論を決めるようなカテゴリーにぴったり当てはまらない。」（at 2306-7）

「比例原則による分析についていうと，本件法律は，ソトマイヨール裁判官が述べるように，第1修正に違反していない。品位を欠くことが顕著な言論やわいせつを制約することが，第1修正の利益に対して，いかほどに有害なのであろうか。そんなことはほとんどない。同法は，商品に対して，著しく品位を欠いたり，わいせつ的な言葉を用いることを事業者に許している。また，他者と類似の商標を用いることも許している。それ以上に，本件のような商標法の分野は，特定の使命により高度に規制されている分野である。その使命とは，消費者が購入しようとし，または避けたいと思う商品やサービスが何であるのかを明確にさせること（identify）を助けることにある。すでに述べたように，この使命は，その性質上，連邦政

府が言論に制約を課すことを要求しているのである。この観点から考えると，商標登録を出願する者には，自分が望むことを語る完全な自由があるわけではない。むしろ，言葉の使用に関わる規制を予想すべきである。」

「もうひとついえば，顕著に品位を害する表現の中には，他の言葉を使った場合に比べて，心理的・情緒的な影響を与えるという科学的なエビデンスもある……連邦政府は，登録商標制度の利益を否定することによって，これらの語を営業活動に用いることを思いとどまらせる利益をもっている。」（at 2707）

この後，ブライア裁判官反対意見は，著しく下品な言葉の使用から子どもを守る利益を協調している。そして，「スキャンダラスな商標の登録を禁止することは，第 1 修正の利益を何ら害することなく，当該規制目的にとって不釣り合いである（disproportionate）こともない」と結論づけている。

(d) ソトマイヨール（Sotomayor）裁判官一部同意・一部反対意見

ソトマイヨール裁判官は，「不道徳」と「スキャンダラス」を分けて解釈することが可能であって，「不道徳」については，法廷意見に同意するものの「スキャンダラス」については，合憲限定解釈する余地があると述べる（at 2309）。もちろん，限定解釈は「まず，常に合理的でなければならず，限定解釈する文脈においては，他の解釈より適切なものでなければならない」（at 2311）。そして，「第二に，先例との整合性がとれていなければならない」と述べている。「スキャンダラス」との語は，広く読めば見解に対する差別とも考えられるものの，これがわいせつや神聖冒涜的な表現のみを規制していると読めば，違憲性の疑いを回避することができるとする。そして，適切な限定解釈を施せば，本件規制は，「連邦政府の裁量権や登録商標制度に代表される，限定されたパブリックフォーラムにおける，許される内容規制であって，見解規制を免れている」との認識が示されている（at 2313）。

ソトマイヨール裁判官は，見解規制とは何かについても詳しい議論を行っている。まず，ローゼンバーガー判決を引用しながら，「見解に基づく差別は，内容規制の中で最も厳しい形態であって，主題ではなく，主題に対する話者の特定の見方を狙い撃ちするもの」であるとの解釈を示している。そして，表現規制が副次的効果に向けられている（に過ぎない）場合は，これを見解規制から除外する。また，ファイティングワード規制も見解規制には当たらないとす

る（at 2314）。さらに，価値の低い言論のカテゴリーに属するものに対する規制も見解に基づく差別には該当しないと述べている。

　これらに加えて，同裁判官は，表現規制に採用される制裁にも目を向ける。たとえば，「内容には基づいているものの，見解に基づく差別はないような規制であったとしても，それが刑事制裁を伴うものであれば，厳格審査に服するべきだと」述べている。しかし，本件では，商標登録ができないにとどまるのであるから，このケースには当たらないとする。

　制限されたパブリックフォーラムであるとの認定については，登録商標制度が「他者の表現を規制することなく，ある者の表現を支援するというイニシアティブを確立するものであり，話者の中には利益を享受するものもあるが，さりとて，他者の表現が冷遇されるというものでもない」と述べている（at 2316）。

## (3)　小括——二元論の織物

　マータル対タム判決とイアンク対ブルネッティ判決は，合衆国最高裁判所における表現の自由法理の到達点を示している。そこには，内容規制・内容中立的規制の区別，見解規制と主題規制の区別，価値の高い言論と低い言論の区別，そして，カテゴリカルな判断方法と利益衡量の違いが，まるでパノラマを見るように展開されている。かつて，ステーヴンス裁判官は，「合衆国最高裁判所における表現の自由法理は，モザイクのようだ」と語ったことがある[38]。これになぞらえると，合衆国最高裁判所における表現の自由理論は，複数の二元論からなる織物のようでもある。

　複数の二元論が織りなすパノラマをわれわれはどのように見るべきなのだろうか。そこから学ぶものがあるなら，それは何か。学ぶべきではないものがあるなら，それはどのような姿勢なのか。以下，これらの課題を考えてみたい。

---

38) John Paul Stevens,The Freedom of Speech,102 Yale.L.J.1293 (1993). ステーブンス裁判官による講演のメインテーマがRAV判決と内容規制の問題であったことも興味深い。

## 3　見解に基づく差別禁止法理と違憲審査

### (1)　見解に基づく差別の形態
#### ①　見解とは何か

Viewpoint とは何か。辞書的な意味では，「何かを考え評価する際の立場や見方（a position or perspective from which something is considered or evaluated)と定義づけられている。point of view, standpoint と同義であるとされる[39]。このように定義すると，見解は一切の精神活動にまで及びそうである。「スランツ（slants)」に侮辱的意味合いを見いだすか，侮辱的意味合いを込めることで，人種差別に対する広義の意味を付け加えるかも，「何かを考え評価する際の立場や見方」といえるであろう。

ただし，法概念は，記述的のみならず，規範的に定義づけられなければならない。記述的意味で満足することはできない。そして，これは，「見解に基づく差別」とは何か，さらには「見解に基づく差別には，どのような姿勢で臨むべきか」とも密接に結びつく問題でもある。そこで，次には見解に基づく差別とはどのような差別なのかを検討する。

#### ②　見解に基づく差別とは何か
##### (a)　禁止

特定の見解の発表を禁止することは，明らかに見解に基づく差別である。検閲を事前の規制に限定しない合衆国の憲法理論では，この種の禁止は検閲禁止法理に抵触する。この種の露骨な表現禁止は，ただちに違憲との判断が導かれそうである。見解に基づく差別がそれ自体違憲であるとの解釈には，検閲禁止法理が影響を及ぼしている[40]。イアンク判決における「不道徳・スキャンダラス」表現の禁止は，この点から理解する必要がある。

##### (b)　排除

見解に基づく差別の典型例は，争いのあるテーマについて，一方の立場だけを取り上げ，あるいは禁止し，一方を他方に対して優遇することである。憲法

---

39)　https://www.merriam-webster.com/dictionary/viewpoint
40)　Maura Douglas,Comments,Finding Viewpoint Neutrarity Our Constitutional Constellation,20 J.Const.L.727 (2018) at 730. 検閲とはタイミングの問題ではない。それは，特定のイデオロギーを抑圧しようとする規制の性質による。

44　第1部　表現規制と違憲審査

改正の議論において，憲法改正賛成の立場のみを取り上げ，反対論に主張の余地を与えないような事例を想像すればよい。パブリックフォーラム（伝統的であるか，指定されたものであるかは問わない）において，特定の見解を排除することは，見解に基づく差別禁止原則に違反する。

(c)　押しつけ

しかし，憲法改正賛成派の集会において，改正反対の立場に発言の機会を与えるような強制はどうであろうか。LGBTQ の権利拡大を求める集会に，反ゲイ・レズビアンの主張にも機会を与えよというのも同じである。敵対する見解に発言の機会を与えるような強制は，それ自体が見解の強制につながり，許されないと考えるべきである。これらは，パブリックフォーラムで行われる私的言論だからである。

では，多様性の保障を政策として採用する組織は，多様性を否定する団体（同性愛や同性婚の禁止を主張する団体）の見解を排除できるだろうか。平等の実現のために，平等を否定する見解を許容すべきか[41]。多様性を否定する見解を多様性の名の下に排除できるか。これは難問に属する。そして，この文脈でマータル対タム判決とイアンク対ブルネッティ判決が争われたと見ることができる。

## (2)　見解に基づく差別をどう定義づけるか

### ①　見解に基づく差別とは何か

特定のものの見方や考え方を露骨に禁止し，排除し，あるいは強制するような表現規制はそれ自体違憲となるか，厳格審査に付されることに異論はない。ただ，表現規制の多くは，厳しい審査を回避するため，表面上は見解中立的な体裁をとり，あるいは直接的な表現規制ととらえられないような工夫が施される。たとえば，次のようなケースはどのように考えればよいのだろうか。

(a)　中絶手術を実施する認定医療機関前で，患者に話しかける行為を禁止す

---

41）もっとも，この問題は，平等とは何かをめぐる問題に帰着する。平等とは多様性を確保し，一人ひとりの尊厳が侵害されない社会を目指す理念であるとするならば，これを否定する見解を許す必要はない。一方で，平等とは均質な価値や理念から独自であることを保障するものだととらえるなら，平等に背を向ける見解に発言の余地を与えることが求められる。Kenji Yoshino,The New Equal Protection,124 Harv.L.Rev.747 (2011) が多元主義の苦悩（Pluralism anxiety）と呼んだ事態である。

ること[42]。

(b) 中絶容認派の集会に対して，中絶反対派が攻撃を仕掛けるとの理由で，この集会を不許可にすること。

(c) 中絶容認派と反対派が激しい抗争を繰り広げてきたところで，中絶をテーマにした集会に公共の施設の使用申請を不許可にすること。

このうち(a)では，特定の見解ではなく，また主題でもなく，場所に焦点を合わせた規制が問題となっている。その点で，外形上は内容中立的な場所規制であるともいえる。しかし，実際上，その規制効果は中絶反対派の言論活動にしか及ばない。医療機関前で患者にアプローチするのは，中絶を思いとどまるよう説得する者しかいなからである。外形上見解，主題に対して中立的な規制が特定見解に差別的効果を与える例といえる。

(b)では，中絶容認派の見解を理由に施設利用が拒まれている。しかし，その理由は，中絶反対派の攻撃による混乱の回避に置かれている。中絶容認派の見解それ自体を理由とした不許可処分とはいえない。さらに，(c)では，中絶容認派，反対派いずれの見解に加担することなく，双方の見解を平等に扱った結果，主題そのものへの制約が課されることになっている。

では，これら例のうち，見解に基づく差別として退けられるのはどれか。表現規制を分析するには，規制目的と効果に着目することが有益とされる。まず，目的から考えてみよう。(a)における規制目的は，医療機関の静穏あるいは患者のプライバシーなどが挙げられるであろう。(b)の場合は，対立する見解の間で生じる（蓋然性のある）抗争を防止することが目的であると考えられる。(c)も(b)と同様に考えることができるであろう。

他方，規制効果から考えると，(a)では，実質的に中絶反対派の表現活動が制約され，(b)では，中絶容認派の見解に対して施設の利用が拒まれている。(c)では，中絶容認派の見解，反対派双方の見解が制約されている。つまり，目的から見ると，いずれのケースも見解に基づく差別には当たらないが，効果から見ると特定の見解（あるいは双方の見解）が制約されている[43]。

しかし，これでは見解に基づく差別を洗い出す手がかりは得られない。先に述べたように，見解に基づく差別を目的とした規制は，現実的には考えにくく，

---

42) 最近の判例 McCullen vs Coakley, 1134 S.Ct.2518 (2014). 拙稿「内容規制と内容中立規制の交錯」〔本書第1部補論〕アメリカ法2015-1 134頁。

46　第1部　表現規制と違憲審査

規制効果を問題にするならば，あらゆる可能性を考慮しなくてはならず，規制の設計自体が難しくなるという問題もある。

　結局，見解に基づく差別とは何かは，見解に基づく差別禁止原則がなぜ求められるのかという問題と切り離すことができなくなる。そこで，次にこの原則の根拠をめぐる議論に触れることにしたい。

### ②　見解に基づく差別禁止原則の根拠

#### (a)　思想の自由市場論

　政府が特定の見解の発表を禁止し，あるいは排除すると，見解同士が相争う土俵がゆがめられる。あらゆる見解は聞かれるべき資格をもっているのであって，この資格を奪うことで思想の自由市場が十分な機能を果たせなくなる。おそらく，見解に基づく差別禁止原則を最もシンプルに正当化する論理は，このようなものではなかろうか。マータル対タム判決ケネディ裁判官法廷意見がこの立場を代表している。この立場からは，特定の見解（ものの見方や考え方）を思想の自由市場に参入できなくしているかどうかが問題となるといえよう。

　名誉毀損やわいせつなど「保護されない言論」カテゴリーに入る表現でも，なにがしかの見解は表明している。イアンク対ブルネッティ判決における「侮辱禁止条項」が見解に基づく差別に当たると判断された背景には，このような事情があった。そうなると，「保護されない言論」カテゴリーの廃棄は目の前に迫っているのではないか。思想の自由市場論によって，見解に基づく差別禁止法理を説明しようとするならば，既存の表現規制そのものにも問題は波及する。見解を表明しているわいせつ表現は厳格審査に服するのだろうか。

　さすがに，この解釈は現実離れしている。それゆえ，レディッシュ（Redish）のように，「表明された見解のみを理由として刑罰に処する」規制が見解規制に該当すると限定解釈するものもある[44]。レディッシュは，表現を評価する権限が国家ではなく個人にある考えている[45]。思想の自由市場への国家介入

---

43) Douglas supra at734によると，表現内容規制（CB）と見解規制（VPD）の組み合わせは，以下の3とおりが考えられるという。
　①　CN(Content Neutral Regulation)+VPN(Vewpoint Newtral Regulation)
　②　CB(Content Based Regulation)+VPN
　③　CB+VPD(Viewpoint Discrimination)
　内容規制から見解規制を引くと主題規制が残る。したがって，Douglasがいう内容規制とは主題規制ととらえることができる。内容規制であっても見解差別ではない事例とは，主題一般を制約する場合と考えてよいであろう。

は最大限避けられなければならない。しかし，「保護されない言論」という，すでに確立された法理を無視するわけにはいかない。「表明された見解のみを理由として刑罰に処する」規制との定義づけは，この難問に対する巧妙な答えといえるであろう。

ただし，商品の市場と同様に，政府介入がなければ市場がうまく機能するとも限らない。思想の自由市場にも市場の失敗は考えられるからである。特定のテレビチャネルの広告スペースを買い占め，特定政党のキャンペーンを流し続けることは，思想の自由市場論から容認できるであろうか。また，営利的関心に支配された表現が，私的利益から距離を置くべき公論を支配することの是非も問題となる。

思想の自由市場論は，その性格上帰結主義的な考え方から免れない。市場がうまく機能することで，公論が形成され，主権者が適切な判断を行うことができる。思想の自由市場論は，この効果を重視する。マイクルジョン（Aleander Mikeljohn）がいうように，すべての見解に聞かれるべき資格を認める必要はない[46]。聞かれるべきは聞かれるに値する見解なのではないか。

(b) 政府の正当性理論

政治には正当性が必要である。政府行為に適法性が認められるのは，それが正当性（legitimacy）によって裏付けられているからである。この正当性は，政治的決定の影響を受ける者が政治決定プロセスに何らかの形で関与していることによって保たれる。

ある見解が政治決定のプロセスから排除されるならば，この正当性が損なわれる。聞かれるべき見解が聞かれないまま政治決定が行われるならば，特定の有権者から選挙権を奪ったまま選挙が行われることに等しい。この立場からは，政治的決定において影響を受ける者の見解が参酌されているかどうかが問題となる。言い換えると，政治的な決定において，ある見解が禁止もしくは排除されているかどうかが，見解に基づく差別に当たるかどうかのものさしとなるのではないか。

国家（行為）の正当性の観点から見解に基づく差別の危険性を論じたエル

---

44) Martin H.Redish,Commercial Speech,First Amendment Intuitionism and The Twililight Zone of Viewpoint Discrimination, 41 Loy.L.Rev.67 at 68 (2007).

45) 拙稿・前掲注2）『表現の自由』100頁参照。

46) Alexander Mikelejohn, Free Speech and Its Relation to Self-Government（1948）.

フォード（Gideon Elford）は，ドウォーキン（Dwarkin）やワインスタイン（Weinstein）あるいはポスト（Post）らの主張を吟味しながら，正当性とは，主権者の知る権利を背景にして，参加の機会と影響力の平等によって支えられる原理であるとの立場を明らかにした。この立場からは，ヘイトスピーチであっても，これを沈黙させることは，見解に基づく差別禁止法理に抵触すると述べている[47]。

「保護されない言論」の処遇についてははっきりとしないが，保護されない言論に見解が含まれているか，見解の公表を行う際，性表現や名誉毀損的表現を用いる必要があるかどうかが争点となるのではなかろうか。

(c) 公論の確保

公論（Public Discourse）からのアプローチも見ておこう。この立場を代表するロバート・ポストは，見解に基づく差別禁止法理の適用領域を公論に関わるものに限定する。公論とは，民主主義にかかわり，公の意思を形成する素材となるものである。民主主義は，個々人の自己統治ではなく，集団の自己決定（collective self-determination）を意味する。集団的な自己決定に寄与するような表現が第1修正の保護領域に入るのであって，すべての見解が保障されるわけではない[48]。少なくとも公論にかかわる表現と同様な保護を受けるわけではない。

この解釈によると，見解に基づく差別禁止法理とは，公論において取り上げられるべき見解が等しく処遇されていることを意味することになろう。たとえ営利広告に見解が含まれているとしても，見解に基づく差別禁止法理を適用することはない[49]。この点で，ポストはレディッシュと鋭い対照をなしている[50]。ポストによれば，公論に寄与しない表現は，各分野で形成されてきた制約の法理（名誉棄損であれば現実の悪意など）にしたがって対応すれば足りることになる。

---

47) Gideon Elford,Legitimacy,Hate Speech,and Viewpoint Discrimination.J.M.Phil.1at8 (2020). また，Elford は，ヘイトスピーチが他者の言論を沈黙させるコストとヘイトスピーチ規制が公論（public Discourse）に与えるコストを計算すべきであると述べている。

48) Rochard Post,Viewpoint Discrimination and Commercial Speech,41 Loy.L.Rev.169 at 175（2007）.

49) Id.at 176.

### (d) 反パターナリズム

すでに述べたように，パターナリズムを理由にした表現規制には，厳しい視線が向けられるようになってきた。聞く者の反応を理由にした表現規制は，パターナリズムに基づく規制として違憲となる。聞く者が不快感をもつような表現や誤解を招く「おそれ」があるにとどまるような表現に見解が含まれているならば，これを規制すると，見解に基づく差別禁止法理に抵触する。この点で，反パターナリズムによって，見解に基づく差別禁止法理を正当化する立場は，ミル（J.S.Mill）の危害原理と親和性をもっている。表現は，たんにそれが不快であるという理由で制約されてはならない。古くは，ティンカー（Tinker）判決[51]で明らかにされたこの法理もまた，見解に基づく差別禁止法理と結びついている。これは，マータル判決，イアンク判決でも継承されていることは明らかである。

反パターナリズム論にも多様な主張があると思われるが，個人の意思決定における国家介入の排除を求める点では共通の要素をもっている。この理論は，他の表現の自由理論とは異なり，第1修正表現の自由条項に特定の価値を見いださない[52]。むしろ，徹底した政府介入の排除こそが，条文上の要請であると考える。「連邦議会は，国教を定めまたは自由な宗教活動を禁止する法律，言論または出版の自由を制限する法律，ならびに国民が平穏に集会する権利および苦痛の救済を求めて政府に請願する権利を制限する法律は，これを制定してはならない」のであって，名宛人は政府に向けられている。

反パターナリズムからは，見解そのものが不快であるとか，不穏当であるという理由での制約が否定される。危害の発生が抽象的危険にとどまっている場合も制約は否定されるであろう。しかし，この表現が具体的危険を惹起する場合には（本人のためという理由以外でなら）制約が肯定される可能性もある。

---

50）Weinstein もまた，Post に近い立場をとっているようである。Weinstein によると，「市民（Citizen）」とは，合理的で，独立した意思決定をなしえる能力を備える者であって，「消費者（Consumer）」とは異なるという。「消費者」とは，意思決定において状況に左右され，かつ生産者は販売者の情報戦略に依存しているというのである。James Weinstein, Speech Categorization and the Limits of First Amendment Formalism, 54 W.R.L.Rev.1991 at 1996（2004）．

51）Tinker vs des Moins Independent Community School District, 393 U.S. 503（1969）．

52）Dale Carpenter, The Antipaternalism Principle in the First Amendment, 37 Creighton L.Rev.509 at 630（2004）．

その意味で，「見解は，それが単に不快であるからという理由だけで制約されてはならない」（マータル判決）との定義づけが示される。

## (3) 見解に基づく差別禁止法理の限界
### ① 先例法理との調整

　射程の長い，あるいは適用範囲の広い理論は，その例外をどう説明するのかに苦心する。見解に基づく差別禁止法理もこの例に漏れない。あらゆる表現には見解が含まれる。名誉毀損でも，わいせつや営利広告，あるいはヘイトスピーチにも見解は含まれている。これらの表現を規制することは見解に基づく差別禁止法理に触れるのであろうか。

　上に見た，見解に基づく差別禁止法理の正当化理論のいずれも，この法理には限界があることを認めている。そして，この法理の成否は，この限界の定め方に左右されるとすらいえる。見解に基づく差別禁止における「見解」とは何か，「見解」を差別することとはどういうことか，そのような差別の合憲性をどのように判断するか，これらの問題がいまだ未解決なまま，法理だけが一人歩きしているようにも思う。一方ではポリティカル・コレクトネスが求められ，他方ではフェイクニュースや陰謀論が跋扈するアメリカ社会で，ものを考え，発信することの意味が問われているともいえる。

　見解に基づく差別禁止法理を完全に貫くなら，保護されない言論として扱われてきた，わいせつや名誉毀損もまた表現の自由の保護領域に取り込まざるを得なくなる。一方，表現規制に対するアメリカ独特の嫌悪感[53]も無視できない。この両者の間で，法理論が彷徨しているのが現実なのではなかろうか。

---

53) そこには，ラルフ・ウォルドー・エマソン（Ralph Waldo Emerson）やヘンリー・デイヴィッド・ソロー（Henry David Thoreau）以来の知的伝統である個人主義の影響もあると思われる。Steven H.Shiffrin, The First Amendment, Democracy, and Romance (1990). しかし，それと同時に，合衆国憲法における表現の自由が政府権限の否定という形をもって書き表されていることとも無縁ではない。合衆国憲法の解釈においてテクスチュアリズム（Textualism），すなわち，憲法解釈は第一義的には条文から出発すべきであるとの姿勢が繰り返し登場する背景には，憲法の書きぶりも影響しているのではなかろうか。George Thomas, The (Un) Witten Constitution, at 17 (2021).

## ② 不当な動機の禁止と厳格審査

### (a) ケイガン理論の独自性

この隘路を抜け出ようとする試みとして，現合衆国最高裁判所判事であるエレーナ・ケイガン（Elena Kagan）がシカゴ大学時代に公にした論稿[54]が重要な示唆を与える[55]。ケイガンは，見解に基づく差別禁止法理の核心は，話者や聴者へのインパクトからではなく，政府による表現規制の動機によって基礎づけられる（べきだ）と主張する。

ここで，綿密周到なその論稿をつぶさに紹介することはできないが，ケイガンの主張は，内容規制あるいは見解規制でも厳格審査に付されないケースがあること，逆に，外形上中立的な規制でも厳格審査に服すべきケースがあること，に集約される。いずれの形態の表現規制であっても，政府の不当な動機（improper governmental motives）によるものは許されない。そして，不当な動機を割り出すための審査枠組みを示そうとしている。その枠組みは，おおむね以下のようである。

### (b) 動機への関心

まず，①問題となる表現規制が（外形上）内容に基づくものか，内容中立的なものかが区別される。②内容に基づく規制であれば，原則として厳格審査が，内容中立的規制であれば原則として中間段階の審査が施される。ただし，それぞれには例外があり，内容規制であっても価値の低い言論のカテゴリーに分類される表現の規制には厳格審査が適用されない。さらに，③問題となる表現規制が直接的規制か，間接的・付随的規制かが吟味される。

とりわけ，見解に基づく差別には，不当な政府の動機が強く推認される。見解に基づく差別に当たる場合，政府には選別における合理性の反証が求められ，比例原則（過大包摂や過小包摂ではないこと）の証明が求められるという。ケイガンは，厳格審査を「証拠法則」と考えている[56]。

ところで，動機（motives）は，意図（intention）とは異なる。動機は，主観的な意図ではない。それは，客観的に把握すべきものであって，議事録に現れ

---

[54] Elena Kagan, Private Speech, Public Purpose：The Role of Governmental Motive in First Amendment Doctrine, 63 U.Chi.L.Rev.413,at 441（1996）.

[55] ケイガン理論については，大林啓吾「表現の自由と動機審査」千葉大学法学論集30巻3号（2015年）が明快な解説を加えている。

[56] Kagan, supra note at 454.

ている主観的な意欲に限られない。また，議事録上は隠されている暗黙の目的
を詮索することでもない。規制の外形，目的と手段の関係から，客観的に（す
なわち，主観的要素としてではなく）把握されなければならない。もっとも，
不当な動機の割り出しは簡単ではない。そのため，ケイガンは，まず，問題と
なる表現規制が内容を根拠にするかどうかに焦点を合わせる。いわば不当な動
機を洗い出す「代替的指標（proxy）」として用いるものである。表現規制が見
解を理由とする場合，不当な動機が推定される。表現内容や見解を理由として
いない場合は，規制目的と規制の範囲の釣り合いに焦点を当てる。両者が不釣
り合いであるなら，そこに不当な動機が隠されていると見るのである[57]。

　たとえば，先に見たケース(a)「中絶手術を実施する認定医療機関前で，患者
に話しかける行為を禁止すること」について考えてみよう。この規制の目的と
考えられる，医療機関の静穏を確保することと，通院する患者への接近を禁止
することは，内容（主題もしくは見解）を理由にした制約ではない。そうする
と，この目的に対して，方法が過大包摂になるか，あるいは過小包摂になるか
が問われることになる。実際，マッカレン（McCullen vs Coakley）判決では，
この手法を用いて判断が行われ，接近制限が中間段階の審査によって退けられ
ている（ロバーツ首席裁判官法廷意見にケイガン裁判官も同調している）。

(c)　不当な動機の推定

　また，公の施設の使用不許可処分に当たり，基準のない許可制（standardless
licensing）を認めているような事例も不当な動機の存在が推定される[58]。先に
見た，ケース(b)「中絶容認派の集会に対して，中絶反対派が攻撃を仕掛けると
の理由で，この集会を不許可にすること」を例にとると，この不許可処分に当
たり，法が明確な処分基準を設けているかどうか，それにしたがった判断がな
されているかどうかが問われることになる。また，ケース(c)「中絶容認派と反
対派が激しい抗争を繰り広げてきたところで，中絶をテーマにした集会に公共
の施設の使用申請を不許可にすること」についても同様に考えることができる
が，ここでは特定の見解が参照されていることをどう見るかが問題となる。こ
の場合，ケイガン理論では，厳格審査が適用されることになると考えられよう。

---

57）Id.at 457.
58）Id.at 459.

## (d) 直接的規制と間接的規制

③「直接的規制か間接的規制か」についてはどうか。間接的規制とされるものには，副次的効果に関する規制と狭義の付随的規制が含まれる。まず，副次的効果に関する規制とは，「法文の書きぶりとしては表現内容にかかわるものの，実際には表現内容を参照しない，中立的規制として扱えるもの」と定義づけられる[59]。

副次的効果は，表現規制の効果が表現行為のどの要素に向けられるのかを問題にする。表現行為には，表現内容から生じる受け手の反応を規制するもの（一定の表現が受け手を不快にする）もあれば，表現行為の物理的影響を規制するもの（拡声器の使用制限）もある。いずれも規制効果に着目した規制である。成人映画館の設置に際してのゾーニング規制もここに含まれる。

一方，付随的規制とは，「規制対象となる行為が表現的なものであるかどうかにかかわらず適用されるもの」を指す。副次的効果にかかわる規制とは異なり，付随的規制とは規制者の側にかかわっている[60]。ケイガンの説明によると，「意図的（intentional）か意図的でないか（non-intentional）かを問題にする分類である。ここには，徴兵カードの棄損を処罰する（オブライエン判決）ような事例が当てはまる。

したがって，表現に対する直接的規制とは，これら間接的規制を除いたものを意味する。表現のもたらす伝達的側面（communicative impact）に向けられ，あるいは表現行為を意図的に制約しようとする規制が直接的規制に分類される。これらが厳格審査に付されるのである[61]。

## ③　なぜ不当な動機が問題となるのか

ケイガン理論の特徴は，内容規制（主題規制・見解規制），内容中立的規制のようなカテゴリーを絶対的なルールとして用いていないところにある。内容規制でも厳格審査を必要としないものもあれば，内容中立的規制でも内容規制に準じて扱うべきものもある。いわば，カテゴリーをひとつの指標として，不

---

59）Id.at 483.

60）Id.at 493.

61）Id.at 495. ちなみに，ケイガン理論を用いるならば，猿払事件は，選挙ポスターを貼る行動が，それを見た住民に「政治的中立性を損なうのではないか」との印象を与えることに向けられているのであるから，communicative impact を問う規制であって，付随的規制には当たらない。

54　第1部　表現規制と違憲審査

当な動機によるものをあぶり出し（smoke out），不当な動機が認められる場合，これを厳格審査に付すのである。では，不当な動機によって表現が制約されてはならないのか。ケイガン自身が明言しているわけではないので，推測の域を出ないが，それは以下のような理由によるのではなかろうか。

　法が法であるためには，正当性が必要である。その正当性は，まず，民主国家においては，法制定権限をもつ者によって所定の手続を経て定められていることによって保たれる。議会が議会権限に属する事項について，憲法に定められる手続で制定したかどうかが問われる。法の形式的な効力はここから生じる。

　しかし，法が規範としての効力（これに従わざるを得ないという効力）をもつには，法が当然備えるべき性質が認められなければならない。透明性や予測可能性，デュープロセスの保障と並んで，適用における平等性（equality）や一般性（generality），あるいは首尾一貫性（integrity）も求められる。これらを「法に内在する道徳性」と呼ぶかどうかは別として，法が法として通用し，遵守意識が生まれるためには，このような属性が不可欠である。法にこのような属性が備わっているかどうかを絶えず検証し，批判するためには表現の自由が不可欠である。表現の自由とは，法が法であることを絶えず検証し続ける方法である。言い換えると，法の支配は表現の自由によって保たれる[62]。不当な動機から出た表現規制は，法の支配の前提を損なうことになる[63]。

　では，不当な動機とは，どのような動機なのであろうか。ケイガンは，この点について，不当な動機による表現規制が公論（public debate）を損なうという，帰結主義的な理由をとっていない。むしろ，不当な動機にって立法してはならないとの義務論的な立場をとっているところに特徴がある。特定の見解を排除しようとか，批判を回避しようという，邪な理由によって法が定められてはならない。

　したがって，ある立場に有利である（他の立場には不利である）ような状況

---

62）TRS Allan,Constitutional Justice, 75（2001）. とりわけ，個人の尊厳が前提とされる国家においては，法が法たる所以は，物理的強制力の有無だけにあるわけではない。平等性や一般性をもつ規範を前に，自発的な選択行動を可能とするところにこそ求めるべきである。Jeremy Waldron,Dignity, Rank, and Rights,The Tanner Lectures on Human Values Delivered at University of California, Berkeley April 21-23, at 31 2009.

63）Kagan, supra note at 506-7.

を作り出す立法は，もはや正当性を欠いている。ケイガン理論の慧眼は，法の支配というメタレベルの議論から表現規制をとらえ直し，カテゴリカルな発送方法の隘路を抜け出そうとする試みにあるといえよう。

## (4) 見解に基づく差別と違憲審査の水準

### ① 検閲禁止法理と見解に基づく差別

　見解に基づく表現規制はただちに憲法に違反するのか。あるいは厳格審査を経て違憲と判断されるのか。学説には，パブリックフォーラム上での見解差別はただちに違憲と考えるべきであるとするものもや[64]，合衆国最高裁判所では，ただちに違憲とする実務が確立しているとする見方もある。後者は，少なくとも相当程度厳格な審査（more strict）が施されていると見ている[65]。

　後者のとらえ方は，見解に基づく差別禁止法理を検閲禁止法理と重ねて考えている。実際，見解に基づく差別が許されない理由を検閲の観点から説明する判例もある[66]。もっとも，近時の合衆国最高裁判所では，厳格「審査」あるいは「精査」という語は用いているものの，すでに出された結論を説明するレトリックでしかなくなっているという現実を指摘するものもあるから[67]，この問題はそれほど重要ではないともいえる。

### ② 見解に基づく差別禁止法理を支える表現の自由理論

　表現の自由は，少数意見を保護すること，あるいは少数者でいることの保障を求める権利から，多数者でいること，多数派を形成する機会を保障する権利へと変貌を遂げている。政治権力を獲得するために行われるゲームにおいて，表現の自由は中心的な攻撃手段となっているようでもある。レディッシュ（H.Redish）の「敵対的第1修正の法理（The Adversary First Amendment）」[68]が表現の自由を支える中心的な理念になりつつある。政府は，見解について中立的でなければならない。実質的な平等を実現するため，一方の見解を優遇することは許されない。思想の自由市場には指一本触れてはならないのである。

　見解に基づく差別禁止法理は，このような自由理論に支えられている。そう

---

64) Bloom, supra note at34.
65) Douglas, supra note at728.
66) Rosenberger v. University of Virginia, 515 U.S. 819 (1995).
67) Kenji Yoshino,The New Equal Protection, 124 Harv.L.Rev.747,756 (2010).
68) Martin H.Redish,The Adversary First Amendment, (2013).

56　第1部　表現規制と違憲審査

すると，この法理の適否や適用領域は，より広い視点からの評価が求められるであろう。社会における礼節（civility）や品位（decency）を保ち，尊厳を確保するための表現規制が許されるのかどうかは，敵対的民主主義とどう向き合うのかという問題に行き着くように思う。

### ③　カテゴリー主義と利益衡量の対立を超えて

見解に基づく差別禁止法理は，政府による表現規制の権限を否定する。少なくとも，ものの見方や世界観，事物のとらえ方にかかわる人間の活動を規制する政府権限は認めない。見解に基づく差別と認定された規制は，ただちに違憲となるか，相当程度高い厳格審査に付されることになっている。これは，かつて，H. ブラック（Hugo Black）裁判官が唱えた「表現の自由絶対主義（absolutism）」の復活に相当する[69]。

ブラック裁判官の「表現の自由絶対主義」は，利益衡量に対する不信あるいは裁判所の能力に対する不信感に基づいている。裁判所には能力があるから，政治部門への敬譲を示すのではない。裁判所の権限は憲法によって与えられているからこそ，憲法の文言に忠実な解釈しかとれない。制約の目的と方法の釣り合いなど，裁判所には判断できないというのである。合衆国最高裁判所における規制類型論は，きわめてカテゴリカルな性格をもっている。そこには，裁判所の能力，役割にかかわる司法哲学が控えている。

しかし，ブラック裁判官の絶対主義ですら，例外を認めている。「行動（action）」は，第1修正の保護領域の外に追いやられる。実際には，何が「言論（speech）」で，何が「行動（action）」なのかを判定するには，事案の性格に応じた利益衡量が避けられない。ブロッシャーが指摘するように，カテゴリー設定には，価値観が反映する[70]。それは，どのような表現規制を厳格審査に付すのか，何を中間段階の審査に回すのかの判断に投影される[71]。結局，両者は思考プロセスの違いに帰着するのではないか[72]。

わが国における表現規制への違憲審査を考える上でも，カテゴリーと利益衡量の関係をこのようにとらえることが有益なのではなかろうか[73]。

---

69) Goerge Thomas, supra note at 23.

70) Joseph Blocher,Categoricalism and Balancing in First and Second Amendment Analysis, 84 N.Y.U.L.Rev.375,393 (2009).

71) Id.at 402.

## おわりに

以上，合衆国最高裁判所における見解に基づく差別禁止法理の生成と現状，問題点について分析してきた。この法理がわが国の憲法解釈にそのまま妥当するとはいえないであろう。しかし，たとえば，フェイクニュースや陰謀論，あるいはヘイトスピーチ規制の是非などを考える上で，避けては通れない理論的な課題が何かを明らかにできたように思う。

妥当な解を得るためには，極論の効用も否定できない。その意味で，合衆国最高裁判所における見解に基づく差別禁止法理のありようを参考にすることも無意味ではない。Chat GPT が政治文書を作る時代になっている。AI が人間欲望を無限に茂記する時代でもある。このような時代にあって，そもそも政府が表現を規制できるのはなぜかを考える上で，見解に基づく差別禁止法理は有益な素材を提供していると考える[74]。

---

72) かつて，F. シャウアーは，カテゴリー設定と利益衡量は相反する関係にはないと指摘したことを思い出す。表現規制に対する違憲審査は，この両者の相互行為によってでしか機能しない。Frederick Schauer, Cetegories and the First Amendment：A Play in Three Acts, 34 Vand.L.Rev.265 (1981).

73) この点について，拙稿「表現規制への違憲審査」白門2004年春号〔本書第1章所収〕参照。

74) EU のような方向を歩むのか，合衆国に範をとるのか，日本独自の道はあるのかを真剣に考える時代になっている。Lee C.Bolinger and Geoffrey Stone, Social Media, Freedom of Speech and the Future of Our Democracy (2022). が有益な素材を提供している。この点についての分析は，他日を期したい。

# 補論　内容規制と内容中立規制の交錯

[中絶医療機関付近での言論活動の禁止]

McCullen et.al.v.Attorney General of Massachusetts,1134 S.Ct.2518（2014）
─中絶医療機関周辺での表現規制は内容規制か

## 1．事実

　2000年，マサチューセッツ州は，生殖医療保険法（Reproductive Health Care Facilities Act）を制定した。同法では，人工中絶医療が実施されている医療機関の外で，中絶医療の賛成者と反対者の間での衝突を回避することを目的としていた。2007年に至り，同州は本法を改正し，いかなる中絶医療機関においても，同施設の入口に通じる公道や歩道35フィート以内に故意で立ちはだかることを犯罪と規定する改正を行った（同法では，中絶医療施設とは，中絶医療が提供され，または実施されている病院の建物内あるいはその敷地内以外の場所を意味するものと定義づけられていた）。ただし，同法には，施設の被用者，その雇用の範囲内で活動する施設の業者については適用を除外する条項が含まれていた。

　マッカラン等上告人は，マサチューセッツ中絶クリニックに近づこうとする女性に対して，舗道上での中絶カウンセリングを行っていた者であった。このカウンセリングは，中絶に代わる医療措置に関して情報を提供し，その措置がとれるよう助けることを内容としていた。彼らは，これまで存在していた35フィートのバッファーゾーンが取り除かれ，カウンセリングの努力が阻害され，さらにバッファーゾーンを通って施設に入ってくる患者をクリニック関係者がエスコートするようになり，患者と会話しようとする試みがが妨害されたと主張した。

　上告人らは，同法が文面においても，また適用においても第1および第14修正の権利を侵害しているとして，同州法務長官のコックリーを相手に訴訟を提起した。この訴えに対して，地方裁判所はいずれの訴えも退け，第1巡回区裁判所もこの判決を維持した。上訴人らの文面上の請求に対しては，Ward v.Rock Against Racism,491 U.S.781 で提示された審査基準を適用し，同法が合

60　第1部　表現規制と違憲審査

理的な時間，場所，方法に関する規制であると判断した。

　本件の争点は，当該州法が内容規制であるかいなかに集約される。


## 2．ロバーツ首席裁判官法廷意見

　合衆国最高裁判所では，ロバーツ首席裁判官が法廷意見を述べる（ギンツ
バーグ，ブライア，ソトマイヨール，ケイガン各裁判官同調）。スカーリア裁
判官（ケネディ裁判官同調）は，主文に同意する意見を述べ，トーマス裁判官
（アリート裁判官同調）も主文に同意する意見を述べている。

　同裁判官らは，まず，本法で規制対象となる公道や歩道が伝統的なパブリッ
クフォーラムであると認定し[1)]，その上で，本件規制が内容に基づくものであ
るのか，内容中立的な規制であるのかを検討している。


　　「本法は，生殖医療機関のみに適用される。生殖医療機関とは，病院以
　外の施設であって，中絶医療が提供され，実施されている施設をいう。こ
　の定義を前提とするならば，同法によって影響を受けるほとんど全ての言
　論が中絶に関する言論となる旨，上告人は主張する。それゆえ，同法は内
　容に基づく規制であるというのである。われわれは，この主張には同意し
　ない。まず，同法は，文面上内容に基づいて制定されてはいない……同法
　が法執行機関に対して，伝えられるメッセージの内容を精査し，違反があ
　るかどうかを判断させるような権限を求めるのであれば，それは内容に基
　づく規制となるであろう。しかし，同法はそのような法律ではない。上告
　人が同法に違反しているかどうかを判断するのは，何を言っているのかに
　基づくものではなく，単にどこで語っているかに基づいているからである。
　実際，上告人はサインを掲げたり，言葉を発したりしなくても，バッ
　ファーゾーンに立つことによって同法に違反することになるのである。」[2)]

　　「バッファーゾーンを中絶医療機関に限定することによって，同法が他
　の話題に対する言論より中絶に関する言論に対して規制効果をもつことは
　避けられないというのも事実ではある（O'Brien 判決[3)]）。しかし，文面上
　中立的な法律は，それが特定のトピックに対して偏った効果をもつとして

───────────

1）1134 S.Ct.2529.

2）Id.at 2530-1.

3）Unite States v.s.O'Brien, 391 U.S. 367（1968）.

補論 内容規制と内容中立規制の交錯 61

も，そのことだけから内容規制になるというわけではない。反対に，表現
の内容とは無関係な目的に奉仕する規制は，ある話者やメッセージに付随
的な効果を及ぼすことがある場合でも内容中立的規制であると考えられる。
そのような事例における問題は，その法律が規制される言論の内容を参照
することなく正当化されるかどうかである（Renton 判決[4]）。マサチュー
セッツ州法も然りである。同法の目的は，生殖医療機関の公的安全を増進
させることにある……その目的が中絶に反対する言論の規制にあるような
ケースとは異なっている。」

　「仮に，その目的が言論の直接的なインパクトが聴衆に及ぼす効果や聞
き手の反応から生じる好ましからざる効果に向けられているならば，その
法律は内容中立的な規制ではあり得ない。たとえば，マサチューセッツ中
絶クリニックの外での言論が聴衆を不快にさせるとか，攻撃的で不愉快で
あるということでは，同州が言論を規制するに際して内容中立的であると
いう理由を用いることは不可能である。しかし，本件においてマサチュー
セッツ州が持ち出した問題は聞き手の反応とは無関係である。」[5]

　「上告人は，安全や妨害の防止という州利益が，一般的にいって，内容
中立的であることを争ってはいない。しかし，上告人は……マサチュー
セッツ州議会は，中絶という唯一のトピックを選ぶ目的で言論規制をした
ことになると主張する。［だが］法律の広い適用範囲は，それが好ましか
らざる言論の狭いカテゴリーに対して負担を課すように制定されたもので
はないことを確証させる……マサチューセッツ州議会は，2007年に同法を
改正し，その経験から，同法の適用を中絶医療機関に限定する対応を行っ
た。そのような機関の外では，群衆や妨害，あるいは暴力さえ生じていた
という記録がある……当該問題の限られた本質からして，マサチューセッ
ツ州議会が限定された解決方法を制定したことには合理的な理由がある。
特定の問題に対して対応する様々な方法から選択を行うとき，議会は，で
きるだけ言論を規制しないような方法を選択するように求められる。」

ロバーツ首席裁判官は，以上のような観点から，本件規制が内容中立的な規

---

　4） City of Renton v.s.Playtime Theatre Inc., 457 U.S. 41（1986）.
　5） 1134 S.Ct.2531-2.

制であると認定する。しかし，だからといって憲法上の精査を免れるわけではない。内容中立的な規制に適用される審査基準の検討が次に待ち受けている。すなわち，重要な政府利益に奉仕すべく狭く定められた規制であるかどうかの検討が行われるのである。そして，公衆の安全や患者の保護という利益に奉仕するため，他州でとられている代替手段を比較検討しつつ，妨害行為に対する個別の差し止め請求や個別の刑事制裁の導入により，より侵害的でない手段をとり得たはずであるとして，本件規制が「狭く定められた要件（narrowly taloring）」を充足せず，第1修正に違反すると断定した。

## 3．スカリア裁判官同意意見

このような法廷意見に対して，スカリア裁判官は，本件州法が第1修正に違反するという結論には賛成するものの，それが内容規制であるという観点から法廷意見を批判している。同裁判官は次のように述べている（なお，アリート裁判官もまたスカリア裁判官と同様な視点から個別意見を書いているが，ここでは省略する）。

「多数意見のように，単一の政治的な議論のテーマだけが行われるような公道もしくは歩道の使用を包括的に規制するものは内容規制ではないというのは，現実に目をつぶるものである。表面上中立的な言論規制が一定のトピックに対して不平等に影響を与えるときでも，それが規制される言論の内容を参照することなく正当化されるものである限り，厳格な審査を免れると多数意見は言うが，それは十分正しいものである。しかし，レントン判決やワード判決が満たしたような基準は，今日我々が目の当たりにしている事例とは異なっている……多数意見が指摘する本件法律の目的は中絶医療機関における『公衆の安全を保護すること』であり，それに付け加えるに『医療への患者のアクセス』保障であり，あるいは歩道もしくは公道が障害なく使用できることの保障である。本当にそうなのか？法律がそう言っているからということを理由として，ある法律は規制される言論の内容を参照することなく正当化されるものであるのか。各々の客観的資料が示すように，同法の主たる目的は中絶に反対する言論を規制するものである。同法は中絶医療機関の外にある公の空間だけを規制するものである……中絶に関わる言論を特別なカテゴリーとして扱うことに熱心である

がゆえに，多数意見は，第1修正のみならず，通常の推論をも歪曲してしまっている。」[6]

このように述べ，スカリア裁判官は，本件州法が厳格な審査基準をパスしないと断定するのである。

## 4．解説

本判決の焦点は，中絶を施す医療機関周辺での言論活動規制が，内容には関わらない場所規制と解されるのか，それとも内容を参照した場所規制であるのかという点であった。この判断に当たって，ロバーツ首席裁判官法廷意見は，規制目的と規制の書きぶりを重視しつつ，それが特定の主張を狙い撃ちするものではないと性格づけた。この規制が文面上中立賛成派にも反対派にも適用されるというのである。しかし，スカリア裁判官は，この見立てを批判する。実際には，中絶医療機関の周辺で言論活動を行うのは中絶反対派に限られるからである。

ところで，規制目的に着目して，言論規制が内容規制なのか否かを判断する手法は，オブライエン判決やレントン市条例判決とも一脈通じるところがある。言論の規制を直接的な目的としていなかったり，言論規制を第一の目的としていない場合，それは付随的規制と解され，また副次的効果に対する規制として扱われる可能性があるからである。しかし，本判決は，この両判決とは異なり，内容中立規制に課される審査基準を厳格に適用したケースに分類される。周知のとおり，内容中立的な規制に適用される中間段階の審査基準は，緩やかに適用されることも，厳格に適用されることもあり得るが，本判決の適用水準は比較的高いように思われる[7]。

この点について，スカリア裁判官は，本件と同種のヒル判決（Hill v.s.Colorad, 530 U.S.703 (2000)）を引き合いに出しつつ，法廷意見の解釈を批判している。ヒル判決では，中絶医療機関周辺での言論活動規制が内容中立規制に分類され，「狭く定められている」要件をクリアしているとして，規制の合憲性が認められた。その点で，仮に本判決で，「狭く定められている」要件が満たされない

---

6）1134 S.Ct.2544-5.

7）ヒル判決を含めて，合衆国最高裁判所における内容中立規制への審査基準については，拙稿『表現の自由　理論と解釈』（中央大学出版部・2014年）169頁以降を参照。

64　第1部　表現規制と違憲審査

とするならば，ヒル判決はoverruleされるべきであるというのである。

　合衆国最高裁判所においては，表現規制に対する審査基準の設定に当たって，まず内容規制か否かを判断し，審査水準と項目を決定するという準拠枠組みが確立している。しかし，限界事例は多く，問題となる規制を内容規制に分類して，厳格な審査基準を適用することに躊躇を覚えさせるような事例も数多く存在している。付随的規制論や副次的効果理論は，その中で編み出されてきた迂回路であるともいえよう。本件法廷意見は，中絶に関する言論規制を場所に関する規制として，内容中立規制のトラックに分類しつつ，しかし，「狭く定められている」要件を厳しく問うことによって，いわば折衷的な解決を図ったと見ることもできる。その意味で，表現規制に対する審査基準の設定は，内容中立規制に適用される中間段階の審査基準を軸にして展開していくものと考えることも可能である。この点，内容中立的な規制がただちに合憲であると判断されがちなわが国の状況ときわめて対照的であると評することもできる。

　表現内容規制−内容中立的規制二分論は，その明確さゆえに，合衆国最高裁判所における表現規制審査の準拠枠組みとされてきた。しかし，またその明確さゆえに，適用の妥当性についても議論がある。たとえば，本判決では法廷意見に与したブライア裁判官は，この二分論ではなく，利益衡量によって事案を処理すべきであると主張している[8]。同裁判官によると，表現規制の合憲性は，目的と手段との均衡（proportionality）によって判断すべきだというのである。これは，本件判例のように，内容規制かどうかで審査基準を区別する労力を省き，むしろ端的に「狭く定められていること」を問う方が生産的な議論が可能となることを意味している。そして，実際，表現規制を二つに分けることは容易ではないケースも多い。本件もまたそのハードケースに属するものといえよう。

　他方，あくまで二分論を維持するならば，ハードケース，すなわち内容規制に当たるかどうかの判別が困難なケースの扱い方が問題となる。本件は，目的を参照して事案を処理したが，はたしてそれは説得的であったかどうか。本件のようなハードケースにおいては，目的のみならず，規制のもつ内容，性格，規制の文脈，その効果，そして本質を総合考慮すべきだとする学説にも耳を傾ける必要がある[9]。この観点から本件規制を見た場合，規制の性格や文脈は，

---

8）Stephen Breyer, America's Supreme Court 163 (2010).

実質的に人工中絶反対の表現を抑制することであり，その効果もまた中絶反対論にのみ及ぼされているという実質があった。この観点から見たとき，スカリア裁判官同意意見に説得力があるように思われる。

9) Wilson R.Huhn,Assessing the Constitutionality of Laws that are both Content Baset and Content Neutral: The emerging Constitutional Calculus,79 Ind.L.J.801 (2004).

# 第2部

# 政治過程と表現の自由

# 第 3 章　政治資金規制と司法審査の役割

## はじめに

　政治と金をめぐる問題は後を絶たない。「政治に金が必要だ」との前提に立った場合，政治献金規制は，政治と金の関係から付随的に生じる害悪を防止する役割に限定される。実際，八幡製鉄事件最高裁大法廷判決もこのような前提に立っている。そして，この前提は疑う余地のないものとして，その後の政治献金法制を支配してきたといえる。

　政治献金は，寄付という形で特定の政党や候補者などを支援する行為であって，それ自体は政治参加の意味合いをもっている。したがって，政治献金規制は，政治参加に対する制約という側面をもつ。だが，アメリカと異なり，寄付の文化が根付いていないわが国では，政治献金を政治参加の観点から検討する視点が欠けていた。政治献金とは，巨大な企業，団体が自らの利益を実現するために投入するコストと見る傾向が強い[1]。政治献金規制は，優越的自由である政治参加の権利を制限するものであるから，その合憲性には慎重な考慮が必要である，という視点はなかったといえるであろう。

　合衆国最高裁判所では，今世紀に入り，政治資金規制の合憲性が厳しく審査されてきた。その結果，政治資金に対しては，個人団体を問わず，また寄付，支出を問わず，規制が実質的に撤廃されつつあるのが現状といえる。そのことへの評価はともかくとして，政治献金規制は必要なのかどうか，政治と金をめぐる諸問題に対して処方箋を書き，それを実行するのは誰なのか，議会と裁判所の役割はいかにあるべきなのか。このような問題に対して，合衆国の実例に学ぶところは多い。

　本稿は，主として，政治献金規制における議会と裁判所の役割に光を当てて，検討を進めるものである。とりわけ，ここ数年の間に判示された二つの歴史的

---

　1）古賀純一郎『政治献金—実態と論理—』（岩波書店・2004年）。

70　第2部　政治過程と表現の自由

な判例に焦点を合わせて，検討を進めることにしたい。

# 1　合衆国最高裁判所における政治資金規制の展開

## (1)　前史的考察

### ①　Buckley 判決

　合衆国最高裁判所において，政治資金の問題が転換点を迎えたのは，1976年，Buckley vs Valeo 判決[2]においてであった。政治献金（campaign founding）と資金支出（expenditure）を分け，資金支出規制の違憲性を導き出した Buckley 判決は，その後，同裁判所における政治資金規制に関する判例の出発点ともなったのである。

　Buckley 判決は，「誰かの声を相対的に高めるため，他の誰かの言論を弱めることは，修正1条とは相容れない」[3]との有名な説示を明らかにした。資金支出は，自分が集めた資金を用いて自分の声を広める行為である。この行為を規制するとなれば，本来声を届けられるはずの場所に届けられなくなってしまう。それは，聴衆から声を聞く機会を奪うことにつながる。そのような規制を修正1条は許していない。これが Buckley の基本的立場であった。

　しかし，Buckley 判決は政治献金規制については，立法府の判断を広く追認する立場をとった。候補者に対して，あるいは候補者のために行う政治献金規制は政治過程の健全性維持の観点から許されるとしたのである。要するに，集めた資金をどう使うかは表現の自由に関わる重大問題であるが，無制限に政治献金をする自由までは認められない。資金支出規制には厳格な審査が適用されるが，献金規制には厳格さを落とした審査基準が適用される。この基本的立場が，その後の判例の動きを支配する。

### ②　Buckley 判決以降の展開

#### (a)　政治献金と資金支出

Buckley 判決以降，合衆国最高裁判所は，政治資金規制の合憲性問題に悩み

---

　2）424 U.S. 1 (1976). Buckley 判決に対する邦語文献として，大沢秀介「選挙運動の自由」憲法訴訟研究会・芦部信喜編『アメリカ憲法判例』（有斐閣・1998年）2頁参照。

　3）Id.at 48-9.

続けてきた。たとえば，1981年の California Medical Ass'n vs FEC[4]判決では，個人または結社による複数の候補者を支援する政治活動委員会への献金規制を合憲と判断した。しかし，同じ年の Citizens Against Rent Contorol vs Berkley[5]，では，住民投票を支持し，もしくは反対する政治活動委員会への献金規制を行うカリフォルニア州バークレイ市条例を違憲と断じている。同条例は，結社の自由および表現の自由に重大な負担を負わせるものであって，腐敗を防止するために献金を規制する目的は投票方法に対してはまったく適用されないというのである。

他方，資金支出規制に関しては Buckley 判決の説示を維持されてきた。たとえば，1985年の FEC vs NCPAC[6]では，6対3をもって，独立政治活動委員会が大統領候補者を支援するために1,000ドル以上を支出することを禁止する連邦法を無効と判断した。法廷意見は，個人もしくは候補者個人が自分の基金から資金支出を行う場合と同様，その規正を正当化するには不十分な正当化しか存在しないというのである。同様に，同年の Colorado Republican Federal Campaign Committee vs FEC[7]，では，政党の候補者とは別に行われる政党の資金支出に対する連邦規制を退けている。

この流れは，さらに広がりを見せる。1988年に判示された Meyer vs Grant[8]，では，住民投票によって憲法改正を行うために必要な市民の署名を集めるため，労働者を報酬を払って雇うことを禁止したコロラド州法を憲法違反であると判断している。同法は，言論に対するアクセスそのものを制限するため，言論の自由への侵害が著しいというのである。最高裁は，同法がイニシャティブは設定された住民投票にとって十分な草の根的支持を確保し，あるいは，イニシャティブのプロセスの公正さを保護するという利益によって正当化されるとしたコロラド州の主張を拒絶した。さらに，Colorad Republican Federal Campaign Committee vs FEC（Colorado Ⅰ）[9]では，最高裁は，候補者とは別に行われた政党の資金支出を制限する連邦の規制を無効であると判断した。

---

4 ) 453 U.S. 182 (1981)

5 ) 454 U.S. 290 (1981)

6 ) 470 U.S. 480 (1985)

7 ) 518 U.S. 604 (1985)

8 ) 486 U.S. 414 (1988)

9 ) 518 U.S. 604 (1996) (Colorad Ⅰ)

ただし，合衆国最高裁判所は，2001年，FEC vs Colorado Republican Federal Campaign Committee（Colorado Ⅱ）[10]では，ある候補者と共同で行われた政党の資金支出に対する規制を支持している。その理由は，共同する政党の資金支出は，候補者に対する直接的な政治献金と同様な腐敗のリスクを提起するというものであった。腐敗のリスクが直接的に生じることがColorado ⅠとⅡを分ける理由であるとされる。

また，Nixon vs Shrink Missouri Government PAC[11]，において，最高裁は，Buckley判決を政治献金に対する州規制にまで拡大する判断を下している。注目すべきは，3人の裁判官がBuckley判決は覆されるべきであると主張していることである。たとえば，ケネディ裁判官は，「Buckley判決のおかげで，献金者と候補者は，献金規制をかいくぐるため，より巧妙な方法を編み出し，かなりの量の政治的言論を地下に潜らせてしまい，言論の自由を嘲弄してしまった」と述べている。また，トーマス裁判官は，スカリア裁判官の同意を得て，Buckley判決を破棄すべきであると主張している。彼らは，政治献金規制にも資金支出規制と同じ厳格な基準が適用されるべきであると主張するのである。

(b) 会社・団体の政治献金

他方，政治献金規制に関する議論は，会社の政治過程への関与という形をとって争われてきた。たとえば，1978年のFirst National Bank of Boston vs Bellotti[12]判決では，5対4によって，会社の財産，営業，あるいは資産に実質的に影響を及ぼすものではない事項について，会社が住民投票の結果に影響を与えるため，資金を支出することを禁止したマサチューセッツ州法を退けている。多数意見は，当該州法が修正1条保障の中核にある言論，すなわち，民主主義における意思決定に欠かすことのできない言論を規制するものと断定する。そして，同法がやむにやまれぬ利益を保障するため狭く定められたものであるというマサチューセッツ州側の主張を退けた。会社の言論を不快と感じることだけで規制することはできないというのである。

しかし，最高裁は1982年のFederal Election Commission vs National Right to Work Committee[13]，では，会社によって統治されている政治活動委員会が

---

10) 533 U.S. 431 (2001) (Colorad Ⅱ)
11) 528 U.S. 377 (2000)
12) 435 U.S. 765 (1978)
13) 459 U.S. 197 (1982)

会社の株主以外の者から募った基金を勧誘活動（solicitaion）に用いることを禁止した連邦法を支持する判断を示している。最高裁は，連邦政府には，膨大な富の集積を政治的闘争に振り向けることを禁止し，あるいは，彼らに反対するような候補者以外に会社や組合に資金を払った個人を保護するという，やむにやまれぬ利益があり，同法はその目的のために狭く定められていることを証明したと判示したのである。

最高裁は，Austin vs Michigan Chamber of Commerce[14]，で，6対3により州法を合憲とする判断を示した。同法は，会社が公職候補者を支持もしくは反対する目的で，会社の一般会計から基金を支出することを禁止する一方，政治目的のために区別された基金を用いることを許すものであった。多数意見は，その規制は，会社形態の手助けを借り，また，会社の政治的な思想を支持する公衆とは無関係な莫大な富の集積が及ぼす政治過程への歪曲効果を制限するという，同州のやむにやまれぬ利益を実現するため狭く定められていると結論づけたのである。

しかし，Austin 判決は，合衆国最高裁判所における政治資金規制問題の転換点となった。この判決において，スカリア，ケネディ，オコーナー各裁判官が強力な反対意見を展開したからである。とくにスカリア裁判官は，資金の豊富さと表現資格を結びつけてはいけないと批判する。仮にそれが許されるのなら，Ross Perot や George Soros の表現活動もまた規制されなければならなくなると皮肉交じりに批判する[15]。

政治資金支出編規制と献金規制はどう異なるのか。両者には異なる合憲性審査基準が適用されるべきなのか。この論点をめぐる対立がいっそう先鋭化したのが，2003年に判示された McConnell 判決[16]においてであった。

---

14) 494 U.S. 625 (1990)

15) ただし，中絶を主題として取り上げる団体への Federal Election Committee vs Beaumont において，最高裁は，すべての会社が連邦の公職候補者に対して直接的な献金を行うことを禁止した連邦法の有効性を支持している。同法は，妊娠中の女性に中絶を避けるよう説得することを目的とした非営利団体によってチャレンジされた。7対2の判決により，最高裁は，候補者に対するすべての直接的な団体献金を包括的に禁止すること－候補者が寄付者に対して財政的に拘束されることから来る腐敗効果を避け，団体の献金を個人献金を制限する手段として用いることを禁止すること－は，非営利団体の言論活動にも，営利団体の言論活動にも等しく適用されるとの包括的禁止の合理性を支持したのである。539 U.S. 146 (2003).

74 第2部 政治過程と表現の自由

　同判決は，選挙において特定の政党や候補者を応援する目的ではなく，一般的に献金される資金（soft money）に対する規制を定めた，2002年の Bipartisan Campaign Reform Act（the BCRA）の合憲性が争われたケースである。BCRA第1節には，政党や公職にあるものまたは候補者による Soft money 使用を規制する条項が置かれ，第2節には，会社や労働組合が選挙の結果に影響を及ぼすような言論のため，一般会計から資金を支出することを禁止する条項が置かれていた。多数意見は複雑な構成を見せた。ブライア裁判官，スティーブンス裁判官，オコーナー裁判官，スータ裁判官，そしてキンズバーグ裁判官らが，Soft Many 規制条項の合憲性審査基準は厳格な審査ではないとする意見を形成した。また，同法の第3節および第4節（情報公開条項）の合憲性については，レーンキスト首席裁判官が意見を執筆し，上記裁判官が同調したものの，第1節，2節の合憲性については，首席裁判官，スカリア裁判官，ケネディ裁判官が反対意見を述べ，未成年者による政治献金を禁止した条項を違憲と判断するレーンキスト首席裁判官法廷意見に対しては，ブライア，スータ，キンズバーグ，スティーブンス各裁判官らが反対意見を述べている。このように，政治献金規制のあり方について，明確な立場の対立が鮮明となったのである。

　その後，政治資金が争点となった事件では，ほとんどのケースが5 to 4で決着が付けられるようになる。これは，政治献金の問題の難しさを物語るかのようである。そのような状況の中，合衆国最高裁判所は，政治資金に対する判例の姿勢を根本から覆すような判断を示すに至る。2010年に判示された Citizens United 判決である。

## (2)　Citizens United 判決[17]
### ①　事実の概要
　ある会社が大統領候補であった Hillary Clinton を題材としたドキュメンタ

---

16) 540 U.S. 93 (2003).

17) Citizens United vs FEC,558 U.S. 310 (2010). 本判決に関する解説として，村山健太郎「選挙資金の支出制限と文面審査」憲法訴訟研究会・戸松秀典編『続・アメリカ憲法判例』（有斐閣・2014年）40頁参照。また，本稿では言及しなかった Randall 判決については，村山健太郎「ロバーツコートと選挙運動資金規制(1)(2)(3)」ジュリスト1415号88頁，1417号149頁，1419号130頁（以上，2011年）がきわめて詳細な検討を行っている。

リーフィルムを作成した。同社は，このフィルムを予備選挙開始30日前にビデオオンディマンドを通じて広めようと考え，広告まで作成した。しかし，Bipartisan Campaign Reform Act of 2002は，団体や組合が選挙に関連して言論（それは，特定候補者を応援し又は攻撃する言論を含む）のためとして特定された資金を支出することを禁止していた。2008年1月，原告であるCitizens Unitedは，Hillary Clintonの大統領選出馬を批判する内容のドキュメンタリーを公開したところ，同法§441bに違反する可能性が強まったとして，同条の違憲性を主張し，宣言的判決と差し止めを求めたのであった。地方裁判所は，この訴えを退けたので，Citizens Unitedが合衆国最高裁判所に上訴した。Citizens United側は，同条の文面上違憲と適用違憲を主張した。

② ケネディ裁判官法廷意見

(a) 政治資金規制は見解規制か

ケネディ裁判官による法廷意見は，Austin判決を排撃することに注力している。同意見は，次のように述べている。

　「Austin判決は，本裁判所の歴史上初めて，政治的言論のために，独立した政治献金を基金に寄付することを直接禁止しても合憲であると判示している……Buckley判決とBellotti判決を迂回するため，Austin判決は，政治的言論を制限する新しい政府利益を持ち出した。それは，（政治過程を）歪曲させないという利益である。Austin判決は，会社の形態を利用して蓄積し，会社の政治的考えに対する公の支持とは関係のない，あるいはわずかにしか関係がないような莫大な富の集積がもつ，腐敗や歪曲的効果を防止することに，やむを得ない政府利益があると判断した……Austin判決が正しいならば，連邦政府は，会社が出版のように本件には登場していないようなメディアを通じて表現することを禁止できるということになってしまう。」[18]

この文脈で，ケネディ裁判官法廷意見が，政治献金を政治的表現とを完全に同視していることに注目したい。献金は表現行為なのか，表現行為としても他の表現とはどう異なるのか等につき詳論することなく，献金が修正1条の保護

---

18) Id.at 348-9.

領域に入り，修正1条の精査を受けることを当然視している。

(b) 政治資金規制の目的は何か

法廷意見は，連邦政府が援用したもう一つの規制目的である「組織内少数派保護」という利益について，次のように述べている。

「連邦政府は，さらに，会社の独立的政治献金について，それが反対意見をもつ株主を強制的に会社の政治的言論に資金提供させてしまうことから守るという利益を理由に制限されうると主張している。この主張される利益は，Austin判決の歪曲防止という理由付けと同様に，メディアが政治的言論を行うことすら禁止するのを許してしまいかねない。……これらの理由は，株主保護という利益を拒絶するのに十分である。そしてそれ以上に，本法は，過小包摂（undeinclusive）であると同時に過大包摂（oveinclusive）でもある。最初の点についていうと，もし連邦議会が反対株主を保護しようとするのなら，選挙前30日や60日以内に一定のメディアにおいてだけ会社の言論を禁止することはないであろう。反対株主の利益は，何時においても，どのメディアでも問題となるからである。第二の点については，同法は，非営利であろうと営利であろうと，あるいは単独の人間が所有する会社であろうと，すべての団体に及んでいるため，過大包摂である。」[19]

同裁判官は，Austin判決を「有害な先例」とまで言い切っている[20]。そして，「Austin判決は，Automobile Worker's判決の選挙献金に関する誤った歴史の理解にまで戻ることによって，修正1条の原理を放棄した」とまで述べるのである[21]。

② スティーブンス裁判官反対意見

(a) 話者の性格の違いは規制を正当化するか

このような法廷意見に対して，スティーブンス（キンズバーグ，ブライア，ソトマイヨール各裁判官同調）は，全面的に反対する意見を述べている。

まず，同裁判官は，政治的事由をめぐり，団体と個人の間にある性質上の差

---

19) Id.at 361-2.
20) Id.at 363.
21) Id.at 365.

異について，次のように述べている。

　　「公職への選挙の文脈では，会社と自然人の話者を区別することは重要
　である。会社は社会に対して多大な貢献をしていることは確かであるとし
　ても，会社は社会の現実の構成員ではない。会社には，公職への投票権も
　就任権もない。……われわれの立法者は，地方や全国的な選挙において会
　社が資金を拠出することが潜在的に有害な影響を及ぼすことから保護する
　という，やむを得ない憲法上の根拠と，あるいは義務をもっているのであ
　る……会社の選挙への関与に関する多数意見のアプローチは，われわれの
　過去の（先例）から大きく逸脱するものである。連邦議会は，1907年の
　Tillman Act 以来会社が行う選挙資金に特別な制限を課してきた。われわ
　れは，会社という組織体が選挙過程に及ぼす危険を認識していることの表
　れであることを全員一致で認めてきたのである。」[22]

　政治活動を行う主体の性格，すなわち，自然人か団体か，公益団体か営利団
体かという属性は，享有する権利の性質や範囲に影響を及ぼすというのがス
ティーブンス裁判官の意見である。これに対して，法廷意見は，そのような思
考方法自体が主体の差別に該当するかのような立場をとる。それは見解による
差別に相当するというのである。しかし，スティーブンス裁判官は，これまで
の判例理論の考え方を援用して，このとらえ方を批判する。先例は，話者の属
性によって法的取扱いを区別することを許しているはずであると述べている。
　(b)　先例拘束性の射程
　これは，また，先例拘束力のとらえ方に関する次のような説示に表れている。

　　「多数意見が破った司法プロセスの最後の原理は，最も透明なもの，す
　なわち『先例拘束性』に関するものである。先例拘束性が問題となる場合，
　選挙資金の文脈であろうとなかろうと，私は決して絶対主義者ではないし，
　そういう人はいない。しかし，この原理は法の支配を支えるには重要な役
　割を果たすものである。それは，少なくとも重要な正当化を要求するし，
　確立した原理を覆すには5人の裁判官の選好を超えている。先例を破棄す

---

22)　Id.at 395.

78　第2部　政治過程と表現の自由

る決定は，先例が誤っているという信念を超えた特別な理由に基づくべきである。本件においては，そのような特別な理由は存在しないし，反対に当裁判所の先例に忠実であるべき慎重な理由が存在する。」[23]

(c)　政治資金規制の本質をめぐる議論

　スティーブンス裁判官反対意見最大の論点は，政治資金規制の本質に関わる議論である。政治資金規制は何のためにあるのか，その目的は何か，それが保護しようとする利益はどれほどの重要性をもっているのか，同裁判官は，次のように力説している。

　「われわれの判例は，216年間修正1条の絶対的解釈を拒んできた。修正1条は，『連邦議会は，言論の自由もしくはプレスの自由を侵害する法律を制定することができない』と定めている。おそらくプレスを保護するために制定された方法は別として，その条文は，何らの区別を許すものとはなっていない。しかし，様々な文脈で，われわれは，言論が話者が誰であるのかに基づいて異なるような規制をも可能とすると判示してきたのであって，話者が誰であるのかは，カテゴリカルな，あるいは組織的な言葉として理解されてきたのである。連邦政府は，通常，学生，収監者，陸軍の軍人，外国人，そして被用者の表現する権利に対して特別の規制を課している。そのような規制が正統な政府利益によって正当化されるとき，それら規制は憲法上の問題を生じさせることはない。多数意見が提示する包括的なルールとは反対に，本裁判所の判例は，連邦政府の利益は話者の異なる階層（classes of speakers）に関して多かれ少なかれやむにやまれぬものとなり得ることを認めている。（異なる取扱いは，規制される話者のクラスによって正当化されない限り，憲法上疑わしいものとなるとか，一定のカテゴリーに属する話者の憲法上の権利は，われわれの社会のメンバーに通常与えられる権利と自動的に共存できるというわけではない）」[24]

---

23）Id.at 409-9.
24）Id.at 421-2.

第3章　政治資金規制と司法審査の役割　79

⑷　話者の差別とは何か

　ここで明らかにされているのは，誰が表現しているのかを理由とした差別は，
その表現者全体を包括するカテゴリー（スティーブンス裁判官は，これを
classes と呼んでいる）に基づくものであれば許されるということである。団
体と個人というカテゴリーを設定して両者の間に違いを設けることは許される。
一方，同一カテゴリーの中で取扱いを変えることは話者の差別となる。しかし，
法廷意見は，カテゴリー間における取扱いの区別をも話者による差別と見てい
る。法廷意見とスティーブンス裁判官反対意見とを分かつポイントは，ここに
あると言えよう。スティーブンス裁判官反対意見では，カテゴリーに基づく差
別には，厳格な審査が適用されないのである。このことは，次の説示において
明確に表明されている。

　　「会社が選挙プロセスを腐敗させるという，これまで認められてきた潜
　在的な力をもつことだけでなく，選挙資金の分野では，会社の資金支出は
　政治的表現の中核部分から遠く隔たっている……言い換えると，会社であ
　ることに基づいて選挙資金への区別を行うことは，さほど悩ましいもので
　はない。なぜなら，話者は自然人ではなく，われわれの政治的コミュニ
　ティーの一員ではなく，政府の利益は最上限にあるものだからである。そ
　れ以上に，ひとつのクラスとしての会社がひとつのクラスとしての非団体
　から区別されるとき，規制における差別の問題は恣意的な差別や政治的恩
　恵主義の影響が少なくなる。」[25]
　　「自然人とは異なり，会社はその所有者や経営者にとって有限責任を負
　わせ，『永続的な生命』をもち，所有と支配が区別されている。そして，
　財産の蓄積と分配について優遇措置を受け，それにより資本を集め，株主
　の投資に対して配当を最大化するやり方でその資源を開発する能力を強化
　されている……会社には良心がなく，信念も，感情も思想も，また欲望も
　ないことも付け加えることができるであろう。会社は，人間の活動を組織
　立て，容易にすることを助け，そしておそらく，その人格は有益な法的な
　擬制として役立つことがあるものである。しかし，会社は，われわれの憲
　法を定め，また憲法の目的でもある『われわれ人民』の構成員ではな

25)　Id.at 424.

80　第2部　政治過程と表現の自由

い。」[26]

　「修正1条に対するわれわれの基本的な関心は自己表現における個人の
利益を保護することである。言論の自由は，人間がその能力を自由に発展
させるのを助け（Whitney vs California），尊厳と選択を尊重し（Cohen vs
California），個人の自己実現の価値を促進する（Redish,The Value of Free
Speech）。しかし，会社の言論は，派生的な言論（delivative speech）であ
り，代表者による言論（speech by proxy）なのである。BCRA§203のよ
うな規制は，個人が会社を通じて一定の言論を伝える方法に影響を与える
こともあろう。しかし……一般的に選挙資金の支出という領域では，会社
の資金支出は，中核的な政治表現からかなり隔たっているのである。」[27]

　ケネディ裁判官法廷意見とスティーブンス裁判官反対意見の間には，政治活
動の自由と政治献金の関係や政治過程における団体の位置づけをめぐり，妥協
の余地のない対立が見て取れる。修正1条は，「誰が話者なのか」によって保
障の可否や程度を決める手がかりを置いていない。それゆえに，法廷意見は，
「誰が話者であろうと」同じ保障が与えられるべきだと考える。しかし，ス
ティーブンス裁判官は，その制定期にまで遡って，修正1条の保障には，会社
などの団体は想定されていなかったとして，次のように述べている。

　「憲法制定者たちは，このように，会社が一連の公益によって規制され
ることを当然と考えていた。われわれの同僚とは異なり，憲法制定者たち
は，会社と人間を区別することについて悩むことなく，また彼らが言論の
自由の権利を修正1条に条文化したときに，彼らの頭にあったのは，個々
人のアメリカ人の言論の自由であった。……このような背景的な実務や理
解の観点から見れば，憲法制定者たちは，言論の自由が会社にも等しく及
ぶと信じていたとは思えないし，会社が選挙を掌握することから守る手立
てを制限していたとも思えない。」[28]

　これに対して，スカリア裁判官補足意見は，スティーブンス裁判官反対意見

---

26）Id.at 466.
27）Id.at 466-7.
28）Id.at 468-9.

第3章　政治資金規制と司法審査の役割　　81

の歴史解釈を痛烈に批判しつつ，次のように述べている。

　　「会社に対する憲法制定者たちの特別な関心が問題となるのなら，反対
　意見が憲法制定当時の会社より現代の会社と共通の法主体についての憲法
　制定者の考え方を無視するのはなぜなのだろうか。憲法制定当時には，今
　日の会社のように，宗教，教育，文芸の団体が法人法制の下で法人化され
　たのである……会社による言論を排除する憲法条文がないことは，そのよ
　うな組織が存在せず，あるいは発言しなかったという根拠に基づいて説明
　することはできない。反対に，大学，市町村，宗教組織，そして職業団体
　は，コモンローや国王の認証の下でずっと組織化されてきた（Blackstone,
　Commentaies）。そして，私が論じたように，法人化の実務は合衆国の中
　で拡大する一方であった。会社や任意の団体は連邦政府に対して積極的に
　請願を行い，新聞やパンフレットで自分たちの考えを表明してきたのであ
　る。」[29]

　スティーブンス裁判官反対意見があえて修正1条の原初的な意味をもち出し
たことには，どのような意味があったのだろうか。それは，結果として，憲法
条文の規範的意味を画定するために歴史を援用することは，水掛け論に終始し，
現時点での解釈を導き出す手がかりとはなり得ないことを示すアイロニーで
あったのかもしれない。政治献金を民主主義の生理現象と見て，政治資金規制
を病理と見るのか，逆に政治献金を民主主義の病理と見て，これを回復するた
めに規制が必要であると見るのか。両者は，アメリカにおける民主主義につい
て，異なるビジョンをもっていると言うほかない。
　このことは，次に見る MucCutcheon 判決においてさらに顕在化する。次節
において検討しよう。

## ⑶　McCutcheon vs FEC,134 US 1434（2014）.
### ①　事実の概要
　Susan McCutcheon は，総額33.088ドルを連邦議会選挙等への候補者16人に
献金したが，USCS §441a が定める base limit（各候補者への献金限度額を定

---

29) Id.at 387-9.

82　第 2 部　政治過程と表現の自由

める）に従ったものの，aggregate limit（個人として献金できる総額規制）が
修正 1 条に違反するとして訴えた。McCutcheon は，この規制があるために，
献金を予定していた残り12人各人への1,776ドルの支出ができなかったという
のである。合衆国地方裁判所は，McCutcheon から出された仮の差し止め等を
棄却したため，合衆国最高裁判所へ上訴した。本判決は，Buckley 判決で合憲
と判断された寄付制限のうち，寄付総額規制の合憲性を争うものである。

### ②　ロバーツ首席裁判官多数意見

#### (a)　問題の設定

ロバーツ首席裁判官（スカリア，ケネディ，アリート各裁判官同意，トーマ
ス裁判官は，結論に賛成）多数意見は，まず次のように述べて，本件の問題設
定を行う。

> 「政治献金をとおしてする民主制への参加の権利は，修正 1 条によって
> 保護されているが，その権利は絶対的ではない。本裁判所の判例は，連邦
> 議会が腐敗や汚職の可能性から守るために政治献金を規制することができ
> ると判断してきた。同時に，われわれは，連邦議会がただ単に政治におけ
> る金の総額を減らしたいとか，他者の相対的な影響力を強めるためにある
> 者の政治参加を規制することはできないと判示してきた。[……] 実際，
> われわれが強調してきたように，修正 1 条は公職への運動行為に対しては，
> 最大限かつもっとも熱心に適用されるのである。」[30]（at 1441）

#### (b)　Buckley 判決との異同

ついで，法廷意見は，本判決と Buckley 判決を区別する。Buckley 判決の
法理が適用されるのであれば，政治献金規制は，厳格さを落とした審査基準で
合憲性が判断されることになるからである。そのため，法廷意見は，Buckley
判決と本判決で争われている法律がまったく性質の異なる規制であると位置づ
ける[31]。その上で，実質的に Buckley 判決を覆す判断を下すのである。

> 「Buckley 判決が認めていることは，総額規制が，ある個人が財政支援

---

30）McCutcheon vs FEC, 134 U.S. 1434（2014）.
31）Id.at 1446.

を通じて結社を行う自由により政治的結社にかかわるという，個人の権利を少なくとも減少させていることである。法廷意見の説明によると，25,000ドルの上限設定は，多くの候補者や政治活動委員会に究極の制約を課している。だが，判決は，その制約を保護される政治的活動への穏やかな制約であると性格付けた。われわれは，この性格付けに同意しない。献金を通じて，ある個人が候補者や政治活動委員会に対していくらの支援を行えるのかを制限するような総額規制は，『穏やかな制約』ではあり得ない。連邦政府は，献金者がいくらの金額を候補者や争点に対して寄付できるのかを制約するようなことは，どれくらいの候補者を推薦できるのかを新聞紙上で述べるのと変わりがない。」[32]

　この文脈において，ロバーツ首席裁判官が，政治献金を通常の言論と同視していることは明らかである。同裁判官は続けて，このように述べる。

　　「より望ましい政治家や政策を支援するために他の手段を持たない個人にとって，修正1条に課される負担はとくに大きなものがある。［……］政治献金をすることなしに，より支援したいと考えている候補者や争点に対する効果的な手段は，一晩で数十万を稼ぐ能力を持つエンターテイナーのような少数の者に限られる。」[33]

⒞　政治献金と政治的影響力
　同裁判官は，政治献金規制は，金銭以外の手段をもたない者から言論の手段を奪うに等しいと言っているかのようである。だが，政治資金規制は，巨額の富を有する者から政治過程の廉直さ（integrity）を保護する機能を有しているはずである。個々人の政治的自由が規制によって縮小したり，拡大することが問題ならば，逆に，個々人の政治的影響力が集積した富によって左右されることも問題となるはずである。しかし，ロバーツ首席裁判官法廷意見は，後者の問題を一顧だにしない。むしろ，次のような説示により，影響力問題に決着を付けようとする。

---

32) Id.at 1448.
33) Id.at 1449.

84 第2部 政治過程と表現の自由

「法廷意見は，唯一の正当な政府利益が，政治資金を規制することにより，腐敗や腐敗のおそれを防止することであることを確認している。われわれは，一貫してそれ以外の立法目的によって政治資金を抑圧することを否定してきた。それがいかに望ましいことであったとしても，競技場を平準化すること（level the playing field）や選挙機会を平等化すること（level electoral oppotunities）あるいは，候補者の財政的な資源を平等化することを政府目的とすることは受け入れられないのである。」[34]

この説示に見られるのは，徹底した liberty-based な政治献金観である。政治過程における影響力の平等は，民主的意思決定に対する不当な国家介入とみなされている。Katheleen Sullivan の言う，自由に傾斜した表現の自由理論が法廷意見の背後に控えている。これは，政治献金規制の目的のとらえ方にも反映している。

(d) 政治献金規制の目的とは何か

政治過程の健全さとは広い概念であるから，その中身については議論が避けられない。それは同時に，政治献金規制が何を防止しようとしているのかについての議論と重なり合う。この点について，ロバーツ首席裁判官法廷意見は，政治献金規制が防止しようとする「腐敗（corruption）」をきわめて狭くとらえている。

「それ以上に，腐敗あるいはそのおそれの防止が正当な目的であったとしても，連邦議会は特定の種類の汚職－対価的な汚職（quid pro quo）だけを標的にできるだけである。Buckley 判決が説明するように，連邦議会ができることは，現実かつ将来的な公職就任者が対価型の汚職を行うことのないように巨額の政治献金を規制することなのである。……反対意見は，汚職の概念がもっと広いものであると主張する。そして，集団的な言論を保障するに必要とみなされる制限を超えて，個人の政治献金にそれを適用しようとするかのようである。かくて，反対意見の考え方の下では，9人の候補者に対して5,200ドルを献金することが適切なことであって，10人の候補者に寄付をすると汚職につながることになる。」[35]

---

34) Id.at 1450.

つまり，政治献金の規制は，対価型の腐敗，汚職を防止する目的で課されなければならず，それより広く，一般的な「腐敗」を防止するという目的で課すことはできない。ロバーツ首席裁判官法廷意見は，法が課すことのできる目的を絞り込み，そのために狭く定められた規定のみを許容するという構成をとっている。

### (e) 政治献金の迂回防止と規制手段

連邦政府が，本件政治献金規制を正当化するために持ち出した根拠は，政治献金の総額を制限しなければ，基礎的献金規制に迂回路を認めることとなり，法の趣旨が実現できなくなるという点であった。この根拠に対して，ロバーツ首席裁判官法廷意見は，連邦政府が迂回の危険性を十分立証し尽くしていないと批判する。

　　「経験から考えると，総額規制が課される献金への無差別な禁止は，迂回を防止するという連邦政府の利益とは釣り合わない（disproportionate）。連邦政府は，もし総額規制が取り除かれると，政党や候補者がそのプライオリティを劇的にシフトさせると信じさせるような根拠を示していない。そのような立証がないところで，連邦政府の主張するような迂回を防止するという利益に対して，適切に定められていると結論づけることはできないのである。」[36]

このような結論に達するに際して，法廷意見は，迂回献金禁止のためには，他にとりえる手段があると述べている。

　　「重要なこととして，迂回献金を防止するという連邦政府の利益に奉仕する複数の代替手段が存在することがある。もっとも明らかなものの中には，候補者間もしくは政治活動委員会の間での献金移転に狙いを定めた規制が含まれる……資金移転を規制するための現実的なオプションは，現在の総額規制を超える金額を分離され，移転できない口座に振り込み，受取人以外は引き出せないようにすることを求めるやり方がある。」[37]

---

35）Id.at 1450-1.
36）Id.at 1458.
37）Id.

86　第2部　政治過程と表現の自由

　具体的な手段にまで踏み込んだ審査は，はたして司法審査として適切な姿勢であるといえるかどうか。この点については，後にブライア裁判官反対意見が鋭い批判を提起することとなる。

　以上のような審査を経て，ロバーツ首席裁判官法廷意見は，次のような結論に至る。

　　「過去40年もの間，われわれの政治資金規制に関する判例は，汚職と対決する権限を連邦政府が保持していなければならないという点に照準を合わせてきた。それは，同時に，民主的プロセスの中心部にある政治的責任を妥協させることなく，また連邦政府に他者の犠牲においてある者を優遇して参加させるようなことを許すことなく，行われるものでなくてはならない。エドムンド・バーク（Edmund Burke）がブリストルの有権者を前に有名な演説で説明したように，代表者は，有権者に対して，彼の成熟した判断を行使する責任を負っているのであるが，その判断は，もっとも緊密な連帯，もっとも親密な応答，そしてもっとも遠慮のない情報交換によって知らされなければならないのである。有権者は，自分と考えや関心を共有する候補者を支援する権利を有する。代表者は，有権者の支持に従う必要はないが，有権者の関心を知り，それに応えることが期待される。そのような代表のあり方こそが，選挙を通じて選ばれる公職をとおして行われる自己統治の考え方なのである……汚職や汚職のおそれと闘う連邦議会の利益は強力であり，私たちの民主制にとって根源的であることを失わない。しかし，誰が自分たちを治めるのかを選択する市民の権利にかかわる修正1条の権利を連邦政府が制限するような効果をもたないようにするため，この利益が特殊な種類の汚職，すなわち対価型の汚職に限られるべきであるとわれわれは判示してきたのである。これまでに明らかにした理由から考えて，われわれは，政治献金に対する総額規制がBuckley判決で正当なものと判断されたただひとつの政府利益を促進しないと結論づけるしかない。それらの制限は，何らの正当化もなく，もっとも基本的な修正1条の活動を行使する市民の能力を侵害するものである。」[38]

---

38）Id.at 1461-2.

### ③　トーマス裁判官補足意見

法廷意見に同調するトーマス裁判官は，より強力に，政治資金規制を撤廃すべきであるとの意見を述べている。

> 「わたしは，Buckley 判決における本裁判所の判断が，中核的な修正 1 条の言論を否定するものであり，判例変更されるべきであるとの考え方にこだわるものである……政治的言論は，『修正 1 条保護の中心的な目的であり，自己を統治する人々の生き血である』。選挙運動に寄付をすることは，直接的な資金支出と変わることなく，公の問題の議論や候補者の評定を促進することによって，重要な政治的言論を生み出す。Buckley 判決それ自体は，政治献金規制も資金支出規制も，最も基本的な修正 1 条の活動の領域で作用し，基本的な修正 1 条の利益にかかわるものであることを認識していた。しかし，政治献金と支出を同様に扱わないで，両者を区別し，二重の基準（bifurcated standard of review）を採用し，その基準で政治献金規制に緩やかな審査を施したのである……以前説明したように，Buckley 判決を分析する基本は，まさにその初めから薄っぺらで，その後の年月において，浸食され続けてきたのである。政治献金規制に対してより厳格度の低い審査を正当化するため，Buckley 判決は，政治献金が直接的な資金支出とは異なっているという前提に依拠したのである。子細に検討すれば，この前提を基礎づけるものは何もない。」[39]

トーマス裁判官は，政治献金も政治資金の支出も同様に修正 1 条の保障する行為であって，これらを区別し，異なる違憲審査基準を適用する根拠などないと考えている。法廷意見と異なり，Buckley 判決と本判決を区別するのではなく，Buckley 判決そのものを廃棄すべきだとするのがトーマス裁判官補足意見の特徴であると言える。資金集めをする自由がなければ，集めた資金を自由に使うこともかなわなくなる。その意味でトーマス裁判官補足意見は，両者がコインの表裏であることを的確に見定めている。

法廷意見のような考え方をとるか，トーマス裁判官補足意見のようなアプローチをとるかは別として，多数意見は，政治資金規制を含む民主過程全般に

---

39) Id.at 1462-3.

88　第2部　政治過程と表現の自由

対する司法審査の役割を広くとらえる点では共通している。政治資金規制＝修正1条の問題＝厳格な審査という思考の流れこそ，Citizens United 判決と McCutcheon 判決に共通した，多数意見の発想方法であったといえよう。

　このような考え方に異を唱えるのがブライア裁判官反対意見である。つぎに，同裁判官の意見を紹介しよう。

#### ④　ブライア裁判官反対意見

　ブライア裁判官反対意見（キンズバーグ，ソトマイヨール，ケイガン同調）は，まず，多数意見がBuckley 判決を廃棄しようとすることに警鐘を鳴らしている。

　　「40年近く前，当裁判所は，Buckley 判決で一人の個人が連邦選挙の候補者，政党，政治活動委員会をすべてあわせて献金できる総額を規制する法律の合憲性について検討を行った。本裁判所は，それらの法律が連邦憲法に違反しないとの結論に達した。Buckley 判決は，本日，当裁判所が関与したものと同じ問題に照準を合わせた……本日，当裁判所の多数意見は，この判示を覆した。そうすることは誤りである。その結論は，記録というより，われわれ独自の事実に対する見方に寄りかかるものである。その法的推論は間違っている。多数意見は，問題となっているやむにやまれぬ憲法上の利益の本質を誤解している。それは，われわれの統治機構の政治的統合を保護することの重要性を軽視している。それは，単一の個人が政党や候補者の選挙活動に対して数百万ドルも献金できるようにするのを許す抜け穴を作るものである。Citizens United 判決と相まって，本日の判決は，それらの法律が解決しようとした民主主義の正当性に関する重大な問題を扱えない遺構を残すのみで，われわれの国の選挙資金法制を骨抜きにするのである。」[40]

　多数意見が前提とする，汚職と政治献金の結びつきは必然的な関係にはないとの主張に対して，ブライア裁判官は，次のように反論する。

　　「多数意見の第一の主張，すなわち，莫大な政治献金は腐敗を引き起こ

----

40）Id.at 1465.

さない，との主張は，多数意見のように，『腐敗』を過度に狭く定義した
ときにのみ説得力を持つものである……『腐敗』の定義は根本的に重要で
あり，それは，本裁判所の先例と一致しない。それは，McConnell判決
における当裁判所の判断と整合することは実際上不可能である。」[41]

　「腐敗とは，憲法上必要な，人民とその代表者との間のコミュニケー
ションのつながりを破ることである。それは，言論と政府の行動のつなが
りを狂わせる。十分な金銭が思い通りに指図をする（call the tune）とこ
ろでは，一般の人々の声は聞かれない。腐敗が政治的な考えと政治的な行
動のつながりを断ち，政治思想の自由市場はその結び目を解かれてしまう。
いくつかの巨額献金が多くの人々の声をかき消してしまわないように，と
いう憲法上重要な連邦議会の関心を当裁判所が強調してきた理由がここに
ある……これはまた，当裁判所が『政治過程の破壊（subversion）という
言葉を使って，自分自身のために経済的利益を予想したり，自らの選挙に
投入された資金によって，選ばれた者が影響を受けたり，公職として果た
すべき義務に反するような状況を描き出そうとした理由なのである。汚職
を防止する連邦政府の利益が，私たちの選挙プロセスの清廉さ（integrity）
と直接かかわるものなのである……本裁判所が『腐敗』や『腐敗のおそ
れ』を防止するものとしてずっと描いてきた利益は，政治的言論に対する
憲法上の権利と比較衡量するような通常の要素より重い。むしろ，その利
益は修正1条それ自体に根ざしている。それらは，人民に責任を負う民主
主義を作り出そうとする憲法の努力に根ざし，政府は，まさに修正1条が
保障する，思想や見解，感情あるいは表現が反映されたものなのである。
その目的があるならば，私たちは，多数意見による『腐敗』の狭い定義よ
りもっと広く，またもっと重要な憲法上の根拠に寄りかかりながら選挙資
金法制を理解することができるし，またそうすべきなのである。」[42]

　政治プロセスの廉直さ（integrity）という概念は，腐敗（corruption）の概念
より広い。多数意見とブライア裁判官反対意見の間には，政治資金規制が目的
とするものについての理解が共有されていない。むしろ，多数意見は，政治プ

---

41）Id.at 1466.
42）Id.at 1468.

90　第2部　政治過程と表現の自由

ロセスに対する法介入それ自体を排撃するものであって，裁判所の役割は，そのような介入の排除に向けられると考えているかのようでもある。このことは，ブライア裁判官反対意見の次の説示にも表れている。

　「過去においては，選挙資金規制の合憲性を判断する際，私たちは，法律がやむにやまれぬ政府目的に奉仕するものであるかどうかを判断するために集められた証拠としての記録に依拠するのが決まりであった。そして，その記録には，なぜ連邦議会のメンバー（あるいは立法者）がその法律を制定したのかを説明する証拠が含まれるのが決まりであった。もし，私たちが，本件において連邦議会の行動を覆すのであれば，同様な記録に基づいて行うべきである……証拠としての立法記録は，連邦議会自身の判断に対して，私たちが譲歩すべきかどうか，どの程度譲歩すべきなのかを決定する手助けとなる。とくに，私が考えるような修正1条の対立的利益とのバランスを図るためには必要である……無制限な献金をどの程度許すと，汚職につながるのか，あるいはそのおそれがあるのか。そのような汚職はどのような形をとるのか。規制がなければ民主制度における公衆の信頼がどの程度損なわれるのか。規制はそれをどの程度矯正できるのか……この種の問題は，簡単に答えられる問題ではないが，裁判官よりも連邦議会が答えるのに適した問題である。かくして，裁判所が政治献金規制について審査するときは，厳格であるべきであるし，実際には厳格であったとしても，私たちはまた，立法府の選択へ譲歩すべきこともまた認めてきたのである。そして，その敬譲姿勢は，証拠として提出された立法記録の事実や状況を考慮したものであった。」[43]

　政治資金規制のような政治プロセス規制は，立法府の判断に委ねるべきであって，仮に裁判所がその適否を判断する際は，立法資料を十分に参酌しなければならない。この分野では，立法裁量が優先すべきである。ブライア裁判官反対意見を一言で要約するとこのように表現することができるであろうか。

　以上，Citizens United 判決と McCutcheon 判決の概要を紹介した。次に，これらを踏まえて，政治資金規制と司法審査の役割がどうあるべきなのかとい

---

43) Id.at 1480.

う論点について検討を進めることにする。


## 2　政治資金規制と司法審査の役割

### ⑴　Citizens United 判決と McCutcheon 判決の意味
#### ①　両判決の意味
　Citizens United 判決と McCutcheon 判決は，これまでの判例理論を根本から覆すものであった。この二つの判決により，政治資金規制は実質的に廃棄されたと見ることもできよう[44]。

　合衆国における政治資金規制の歴史は『フェデラリスト』に始まる。公の意思決定や共和制の政治制度を私的利益のために使用してはいけないとの意識は，合衆国建国より意識されていたと考えてよい[45]。しかし，政治資金規制立法が具体化するのは，20世紀初頭のことであった。1911年 Tillman Act の制定を嚆矢として，1974年には現行の政治資金規制の骨格となる Federal Election Campaign Act が制定される[46]。

　同法には，政治資金規制について，寄付（収入），支出，情報開示（収支報告）等の規制が定められているが，そのうち Buckley 判決は支出規制を憲法に違反すると判示した。すでに述べたとおり，支出規制は政治家，政治団体の表現活動に関わるものであるから，この種の規制には厳格な審査基準が適用されるというのである。これに対して，収入規制は合憲であるとの判断が示されていた。合衆国最高裁判所における，その後の政治資金判例は，残置された政治資金規制（寄付制限や団体献金に対する規制）に対する攻撃という形をとって争われてきた。

　合衆国における政治資金規制は，いわば「いたちごっこ」とも呼べる様相を呈してきた。新たな規制が課されると，それを迂回する手段が考案され，新た

---

　44)　本判決については，樋口範雄『アメリカ憲法〔第2版〕』（弘文堂・2021年）385頁以下に詳しい解説がある。

　45)　A. ハミルトン・J. ジェイ・J. マディソン『ザ・フェデラリスト』（斎藤眞・中野勝郎訳　岩波書店・1999年）52頁。

　46)　明治大学政治資金研究会編『政治資金と法制度』（日本評論社・1998年）39頁以下〔三枝一雄〕に詳しい。

な規制が提案されると，これを不可能とするようなロビー活動が行われる。その時々の政権の姿勢や政治状況によって，政治資金規制は骨抜きにされ，また新たな規制が提案されることが繰り返されてきたのである。しかし，本稿で分析した二つの判決は，この闘争の歴史に終止符を打つほどのインパクトをもっている。いずれも5対4の判決であるものの，最高裁の裁判官構成が変わらない限り，政治資金規制は実質的に廃棄されたと考えることも可能である。

### ②　対立する民主主義観

Citizens United 判決と McCutcheon 判決において共通する特徴は，合衆国最高裁判所においては民主主義をめぐる考え方が共有されておらず，あるいは共有されている要素があるにせよ，そこには深い溝があるということである。多数意見は，誰であれ，民主過程に影響力を及ぼす試みを制約することはできないと考えている。一方，少数意見に立つ裁判官たちは，影響力から政治過程を保護することこそが民主主義的な意思決定の生命線であるとみているようである。やや標語的にいうと，Liberty-centered な民主主義なのか，Republic-centered な民主主義なのかに関するビジョンの分裂が見られるのである。また，キスリーン・サリバン（Katheleen Sullivan）の表現を借りると，Liberty based な考え方か Equality based な考え方かの間に深刻な対立があり，それが和解不可能な程度にまで達しているとすることもできよう。

### ③　政治資金と司法審査

この対立は，政治資金規制における司法審査の役割についても見てとれる。両判決で多数意見を構成した裁判官たちは，表現規制における厳格な審査を武器に政治資金規制を排撃した。Citizens United 判決においては，団体の表現活動も個人の表現規制と何ら変わるところがないとして，主体による差別を表現内容規制に分類し，厳格審査を施した。McCutcheon 判決においては，誰にどれほどの寄付をするかが表現内容に関わる自己決定とみなされ，この決定に関する規制もまた厳格な審査に付されている。

ある規制が厳格に審査されるとは，規制に関する立法判断を尊重しないことを意味する。政治資金規制が目的とする害悪の防止がどれほどまでに重要で，そのためにいかなる手段をとるのかとの立法判断を司法判断に置き換えることを意味する。両判決における多数意見は，腐敗の防止という立法目的を極端にまで小さくとらえ，その上で規制手段との釣り合いを過剰なものと判断した。政治資金規制においては，立法府の第一次的判断権は認められないといいたい

ようでもある。

これらの点を敷衍しつつ，次項では，両判決が憲法理論にいかなる影響を与えるのかを検討したい。

## (2) 政治資金規制と民主主義

### ① 政治資金規制と表現の自由

政治資金は表現行為なのであろうか。この点について，Citizens United 判決，McCutcheon 判決多数意見は疑問を持っている形跡は見られない。特定候補者を批判するようなフィルムを作成する費用を捻出することも表現行為とみなされ，誰にいかほどの寄付をするかという決定もまた表現行為とみなされている。しかし，寄付（金）は表現と同視できるかについては，古くから議論が絶えない。

J.S. ライト（J.Skelly Wright）裁判官は，早くからこの問題につき警鐘を鳴らしてきた。同裁判官は，Buckley 判決が判示された後，政治資金は表現と同視することはできず，政治資金規制は付随的規制の一種とみなして，厳格審査を適用することに批判的な考えを明らかにしてきた[47]。それは，つまり，豊かな政治資金を有する者が政治過程を支配することへの警戒でもあった[48]。同裁判官が「富の集中が政治過程に対してインパクトを強め，政治資金のリソースにおける不平等をきしませ，それによって政治的平等の中核部分を脅かしている」[49]と述べたのは1982年のことであった。それから33年が経過し，アメリカにおける政治過程への金の支配はより一層深刻になっている。

しかし，両判決における多数意見に親和的な解釈もまた有力である。政治資金規制に対して終始批判的な姿勢をとってきたレディッシュ（Martin H.Redish）は，政治資金規制が候補者の情報伝達能力を本質的に減少させるものであるとして，「明白な事実は，今日候補者が有権者にコミュニケーションを行うために金が不可欠だということである」[50]として，政治資金と表現行為を同視する

---

47) J.Skelly Wright, Politics and the Constitution : Is Money Speech, 85 Yale L. J.1001,1006（1976）.

48) Id.at 1020.

49) J.Skelly Wright, Money and Politics : Is the First Amendment an Obstacle to Political Equality,82 Colum.L.Rev.609,645（1982）.

50) Martin H.Redish, Money Talks,125（2001）.

考え方をとっている。

　政治資金は表現そのものではない。しかし，それは特定の政治主張や政党，もしくは候補者に対する支持の表明であるか，あるいは特定の政策に対する支持または反対に対する意思表明のひとつではあり得る。政治資金の自由を擁護する立場の根拠には，政治過程に参加するのは自由であり，参加手段の一つが政治資金であるという考え方が控えているのであろう。おそらくこの点では，合衆国最高裁判所裁判官は共通の基盤に立っている。けれども，献金が及ぼす影響や政治過程の歪曲という認識においては袂を分かつ。両判決における多数意見は，政治資金の影響力を警戒する規制は内容規制と同視すべきであると考えているのに対して，影響力排除こそが政治過程の健全さを保つ生命線であると考えている。それゆえ，政治資金が表現そのものか否かを問うことより，これが表現を促進する手段としてとらえた上で，政治資金規制に対していかなる審査の水準を適用すべきかを問う方が生産的であるとの見方が正しい。

### ②　政治資金規制と審査水準

　Buckley 判決は，政治資金規制と支出規制を区別して，後者に対する違憲審査を厳格に設定した。この点で，Citizens United 判決は，Buckley 判決と同様な視点に立ち，団体が行う政治資金支出の使途規制を厳しく審査している。資金支出に関する違憲審査基準は，支出主体が個人であろうと団体であろうと政治活動そのものに対する規制とみなされるのである。これに対してスティーブンス裁判官反対意見は，政治資金規制においては個人と団体を分けて考えることも憲法は許していると反論する。個人，団体というそれぞれのカテゴリー内部で差別を行うことは許されないにしても，法的な性格を異にする両者が同じように扱われる必要はない。むしろ，表現の自由の場面では，個人と団体は異なる法主体として扱われるべきだとするのがスティーブンス裁判官の立場であるといえよう。

　かつて，ジョン・デューイ（John Dewey）は，アメリカの民主主義において団体という結合体が営んでいる「現実の」役割に着目すべきだと述べたことがある[51]。しかし，スティーブンス裁判官は，個人と団体を同一の次元で論じるわけにはいかないという「現実の」要請があると考えた。オーエン・フィ

---

　51）ジョン・デューイ『公衆とその諸問題—現代政治の基礎』（阿部齋訳　筑摩書房・2014年）23頁。

ス（Owen Fiss）がいうように，表現の自由を語る場面では，会社や巨大団体のように，富の集積を集中的，効率的に行っている存在に目をつぶるわけにはいかないのである[52]。そのような社会構造の現実を視野に入れなければ，個人の表現権が埋没してしまう。スティーブンス裁判官もフィスと同様な立場に立っている。そして，政治過程から会社や巨大団体を排除することこそ，憲法制定者たちの意図するところであったと述べている。

一方，McCutcheon 判決では，個人献金の総額規制が厳格な審査基準で判断されている。ロバーツ首席裁判官法廷意見は，政治献金と表現行為を同視し，誰にどれほど献金するかの判断は，政治過程への影響を遮断するものであって，通常の言論ならば許されない規制に相当すると解釈した。表現のもつ影響力を危惧して行われる規制は，L.トライブ（Lawrence H.Tribe）のいう communicative impact に向けられた規制であって，厳格審査に服する。政治献金が個々人の政治参加に関わる行為である以上，その影響力の大きさを根拠にして規制を行うことは許されない。これがロバーツ首席裁判官法廷意見の骨子である。

ロバーツ首席裁判官法廷意見における厳格審査の姿勢は，目的手段審査においても現れている。同意見は，政治資金規制の目的は，政治過程の健全さ（integrity）維持ではなく，対価的な汚職（quid pro quo）の規制として限定的にとらえ直す。そして，この目的との関連性を審査して，個人献金の総額規制が不釣り合いであるとの結論を導き出した。

厳格な審査基準は，不当な規制目的のあぶり出し（smoke out）[53]のために用いられるが，ロバーツ首席裁判官法廷意見の目的審査は，これまで疑いを差し挟む余地のなかった規制目的に異を唱えて，これを後退させ，新たに設定された目的と規制との均衡を問うという方法を採用している。ロバーツ首席裁判官法廷意見においては，目的審査の段階から厳格度の高い審査を適用していると考えてもよいであろう。

これに対するブライア裁判官反対意見は，汚職とは政治過程の汚染を意味し，政治献金規制の目的は，金銭の影響力から政治プロセスを保護することにあると考える。そのための総額規制は憲法上許される。少なくとも，政治プロセスの保護のため，どのような手段を採用するのかの第一次的判断権は議会に置か

---

52）Owen Fiss, Free Speech and Social Structure, 71 Iowa L.Rev.1405,1410（1986）.

53）Richard H.Fallon, Jr.Strict Scrutiny, 54 UCLA L.Rev.1267,1271（2007）.

96　第２部　政治過程と表現の自由

れるべきであるとする。すなわち，ブライア裁判官反対意見の審査水準は，中間段階の審査より低次に押さえられているといえよう。

### ③　政治献金規制の目的は何か

　では，政治献金規制を行う目的は何であろうか。政治資金が政治プロセスの健全さを破壊する危険性については懐疑的な見方がある。少なくとも，政治資金を政治参加の手段ととらえるならば，その規制には抽象的な危険では足りず，実質的な害悪惹起の証明が必要となるであろう。この点について，D.ストラウス（David A.Strauss）は，政治資金規制の真の目的は政治過程の健全性確保にあるのではなく，政治過程における平等の確保にあると述べている[54]。政治過程における各人の影響力の平準化こそがその目的であるというのである。そして，仮に政治資金規制の真の目的が政治資金の影響力を平等にすることにあるとすれば，そのような規制目的の合憲性には懐疑の目が向けられる。それはBuckley判決が否定したところであるし，厳格審査の引き金にもなってしまう。

　そこで，政治資金規制全体の目的を異なった角度からとらえる解釈が登場する。たとえば，V.ブラジ（Vincent Blasi）は，代表者や候補者が選挙に向けて多額の政治資金を集めるために費やす時間の削減こそが政治資金規制の目的であると主張する[55]。代表者は国民の代表であって，国民代表としての本務があるはずである。しかし，現実には，次の選挙に向けて潤沢な政治資金を集めることに大幅な時間を費やしている。これは，民主主義にとって大きなロスである。政治資金規制はtime protectionという視点からとらえ直されるべきである[56]。

　ブラジのこのような視点は政治資金規制に対する見方を根本から覆すものであるといえよう。熟議と妥協，調整による公的利益の創出，促進にこそ国民代

---

54) David A.Strauss,Corruption,Equality,and Campaign Finance Reform,94 Colum.L.Rev.1396,1374（1994）.

55) Vincent Blasi,FreeSpeech and The Wedding Gyre of Fund Rising: Why campaign Spending Limits may not violate The First Amendment,94 Colum.L.Rev.1281,1286（1994）.

56) Id.at 1289. ちなみにBlasiは，政治献金規制が政治過程における影響力の排除を目的としていたとしても，それはcommunicative impactに向けられた規制とはいえないと考えている。そして，政治資金がもたらす害悪より政治資金が縮減される害悪を問題視する考え方に疑問を投げかけている（Id.at 1298）。

表の労力が費やされるべきであって，次の選挙のための資金獲得運動は，公益という観点からは大きな損失である。まさに，代表者の「質」に関わる問題が政治資金から生じている。

　一方，政治献金規制の目的は，政治プロセスの健全さ確保にあるとの考えを維持するのがL.レッシーグ（Lawrence Lessig）である[57]。レッシーグは，その刺激的な論文の中で，Lesterlandという架空の国家をアメリカになぞらえて，政治資金の病理を解明して見せた。Lesterlandにはアメリカ合衆国と同じ人口を有している。この国では，Lesterという名をもつ市民が3億3,100万人の人口の内約0.05％にあたる144,000人いるとする。このLesterという名を有する市民は特別な権力をもっている。この国では，二つの選挙制度がある。一つは総選挙（general election）であり，もう一つがLester electionである。Lesterlandの代表となるには，まずLester electionで勝ち抜かねばならない。そこで選出された候補者が総選挙に立候補できる。そして，このLester electionこそが，アメリカ合衆国で行われている選挙の実態であり，選挙に立候補するために裕福な層から支持を得られることこそが当選のための前提となっているとレッシーグは指摘する。つまり，人口の0.05％がこの国の政治を支配しているというのである[58]。

　少数の富裕者層が潤沢な資金を利用して政治過程を支配する。これは，憲法制定者たちが想定したアメリカの民主主義とは真っ向から対立する。アメリカの民主主義とは，一般の人民（people）のみが権力の正当性根拠となる政治である原意主義は，憲法の原初的意味がこの点にあることを理解しているのであろうか。このような観点から，レッシーグはCitizens United判決法廷意見を痛烈に批判している[59]。

　レッシーグは，政治献金の総額規制を支持する。一般の人民が政治に参加する権利は否定しないが，特定の巨額献金者が政治過程に影響力を及ぼすことは徹底的に規制すべきであるというのである[60]。つまり，政治過程に対する影響力を平準化することこそが，アメリカの民主主義の原初的意味であり，それ

---

57）Lawrence Lessig,What an Originalist would understand "Corruption" to mean,102 Cal.L.Rev.1（2014）.

58）Id.at 4.

59）Id.at 19.

60）c-span.org/video/?323622-1/lawrence-lessig-campaign-finance

98　第2部　政治過程と表現の自由

はまさに憲法制定者の意図するところであるというのである。

### ④　Citizens United 判決に対するロバート・ポスト（Robet C.Post）の改説？

　Lessig によるこのような痛烈な批判を前にして，政治資金規制に対して一貫して批判的なスタンスをとってきた R. ポスト（Robet C.Post）が Citizens United 判決批判を展開するようになっている。ポストは，Citizens Divided という皮肉なタイトルを掲げる新著の中で，Citizens United 判決が個人の政治参加の自由と政治プロセスの健全性保護という要請の調和に見事に失敗したと批判している[61]。ポストは，会社を公論（public discourse）の構成要素とみなすことを否定する。これは，彼の従来の表現の自由理論を修正するものである。これまでの Post 理論は，public discourse に資するものであれば，その表現主体を問わず第1修正の保障が及ぶと考えていた。しかし，Citizens United 判決では，この考え方を変更しているように思える。

　では，一歩進んで McCutcheon 判決に対してはどのような評価を下すのであろうか。本稿執筆時までには，ポストの考え方は明らかにされていない。しかし，少なくとも，ポストはレディッシュのように多元主義的かつ敵対的デモクラシーの考え方をとらず[62]，また，参加と民主プロセスの健全性確保を調和させる必要性を認識しているのであれば，public discourse のプロセスを健全化させ，民主プロセスが十全に機能するための規制は容認するのではなかろうか。

## (3)　政治資金規制と司法審査の役割
### ①　ブライア裁判官反対意見

　Citizens United 判決と McCutcheon 判決は，政治資金規制における裁判所の役割の点でも重要な論点を提起している。政治プロセスと司法審査との関係に関する論点である。

　両判決では，立法府が腐敗防止のために選択した手段や立法事実がことごとく退けられている。Citizens United 判決では団体の表現の自由によって，McCutcheon 判決では個人の政治的権利によって，それぞれ立法判断が否定さ

---

61)　Robet C.Post, Citizens Divided（2014）.
62)　Martin H.Redish,The Adversary Democracy,at 17（2013）.

れた。この点について，ブライア裁判官は，政治プロセスと裁判所の役割とい
う観点から鋭い批判を提起している。

　McCutcheon 判決におけるブライア裁判官反対意見は，二つの要素から構成
されている。一つは，政治資金関連判例との整合性，つまり先例拘束力と判例
変更のあり方に関わる論点であり，もう一つは，立法事実に対する裁判所の敬
譲に関わる論点である。

(a)　判例変更と合衆国最高裁判所

　ブライア裁判官反対意見は，McCutcheon 判決が Buckley 判決以降の政治
献金関連判例をいとも簡単に葬り去ったことを批判する[63]。同裁判官は，そ
の著作の中で，合衆国最高裁判所における先例拘束力は，判断の安定，予測可
能性にとってきわめて重要な原則であると述べている。これによると，先例拘
束力には，6つの原則があるという[64]。

(1)　法律に関する先例拘束力の方が憲法に関する先例拘束力より厳格に適用
　　される。
(2)　ある判決に関する公衆の信頼が先例を覆すことに対する反対となる。
(3)　先例の判断が最近であればあるほど，その拘束力は弱い。
(4)　すでに機能しなくなった法的ルールに関しては先例を変更することが可
　　能であり，またそうすべきである。
(5)　仮に判例Bが判例Aを覆してしまった場合，最高裁にとってはAを回復
　　しながらBを覆すのはより合理的となる（なぜなら判例Bはすでに期待可
　　能性を覆しているし，Aを回復することは，バランス上一層の混乱を引き
　　起こすことがないからである）。
(6)　最高裁は，すでに国民の間で文化となっているような先例を覆すときに
　　は，特別な注意を発しなければならない。

　この観点から考えると，1976年に判示され，維持されてきた Buckley 判決
を変更するのは慎重でなければならないということになる。Citizens United
判決と McCutcheon 判決は，「1907年にまで遡る伝統的な法解釈を disregaard

---

63)　134U.S. 1465.
64)　Stephen Breyer, Making Our Democracy Work at 151-2 (2010).

してしまった」[65]と批判する。これら判決は，まさに政治資金規制の必要性や議会の廉直さを維持することの重要さが，すでに確立された政治原則となっている状況を根底から覆すものであったといえる。

### (b) 立法裁量と司法判断

ブライア裁判官反対意見は，両判決が腐敗をどうとらえるか，それをいかに防止するかという判断を司法判断で置き換えたことを痛烈に批判した[66]。議会には議会の調査能力が備わっていること，そしてそれに基づく判断が，議会の自律的判断として尊重されなければならないとブライア裁判官は述べている。

ところで，同裁判官は，司法審査を「民主政治が機能するため」に行使することを求めている。行政法の専門家でもあったブライア裁判官は，国家作用における専門性（expertise）を強調する。司法審査は，各機関の専門判断を尊重すべきであって，裁量が広く認められるべきだというのである[67]。この観点からすると，連邦議会が腐敗を広くとらえ，そのための手段として団体の表現活動を制約し，献金の総額規制を課すこともまた立法裁量に属するということになる。立法判断を司法判断で置き換えるなら，それ相応の事実調査が必要であるし，事実に対する調査が十全に行われたとしても，判断を代置できるほどの権限は裁判所に備わっていないというのが同裁判官の司法哲学なのであろう。

ブライア裁判官は，別の著作の中で次のように述べている[68]。

> 「金は言論であるという者も，言論ではないという者もいる。しかし，金銭の支出は言論を容易にするし，その支出は，とくに政治の文脈では，メッセージを伝達するために必要となることもある。情報を伝達するために金銭の支出をすることを禁じる法律はメッセージを禁圧する効果を持つこともある。しかし，政治資金規制がより多く政治献金を支出したいと思う者の言論機会を制約していると指摘することで問題が解決するわけではない……いったん我々のブラインドを外して，憲法の一般的な民主的な目的にもっと目を向けてみると，解決策に近づくことができる。第1修正が，その重要な部分で active liberty，すなわち自己統治への参加を保障しよ

---

65) Id.at 153.

66) 134U.S. 1468.

67) Breyer, supra note at 110.

68) Stephen Breyer, Active Liberty 46 (2005).

うとしていることを理解することは，個人の近代的な自由以上のものを保護しようとしていることを理解することである。それは，第1修正が選挙過程において十分に情報を持った通常の市民（ordinary citizens）が参加することを奨励するような対話を容易にしようとしていることを理解することである……それは，第1修正が何よりも促進しようとしているものが，民主国家における政府の究極的な根拠である公論を市民自身が形成するために必要な情報や思想のやりとりを促進することだということを理解することである……第1修正と憲法の民主主義に関わる目的との関連に照準を合わせることが有益である。なぜなら，政治資金関連法制もまた同様な目的を実現しようとしているからである。これら法制は政治資金が選挙制度にもたらす影響を民主化しようとしている。それにより，選挙プロセスにおける国民の信頼を築き上げ，候補者に対する有益な資金援助の基礎を広げ，より広い国民参加を促進しようとしている。つまるところ，それらの法制度は政治プロセスの－それは，政治的な言論を政府の行動に移すプロセスのことであるが－の廉直さ（integrity）を維持しようとしている。政治資金法制がこのような目的を実現する限り，それが課す負担はともかく，開かれた政治的議論を促進するであろうし，その政治的議論は第1修正が実際に機能する民主主義を実現する目的と手段として維持しようとしているものなのである」[69]。

　このような立場に立ちながら，ブライア裁判官は，政治資金規制の合憲性は，Citizens United 判決や McCutcheon 判決法廷意見のような厳格な審査基準によって判定されるべきではなく，比例原則（proportionality）によって判断されるべきだと主張する。そして，政治資金規制の目的，すなわち政治プロセスの健全さの維持あるいは公衆の政治参加の促進という目的と釣り合う規制とはいかなるものなのかを検討すべきだというのである[70]。

　この文脈でブライア裁判官が繰り返し強調しているのは，一般国民（general public）の政治参加や一般市民（ordinary citizens）の政治参加ということではなかろうか。レッシーグがいう0.05％の人々が政治過程に及ぼす影響ではなく，

---

69）Id.at 46-7.
70）Id.at 48.

102　第2部　政治過程と表現の自由

普通の国民が政治に参加でき，影響力を民主的に行使できるような政治制度こそ政治資金法制の根拠に置くべきなのである。そのようなプロセスの構築や是正こそ司法部門に課された役割であるというのがブライア裁判官の主張であるといえよう。

　F. シャウァー（Frederick Schauer）もブライア裁判官と同様な立場に立っている[71]。政治資金規制に対する司法審査は，ゲームのルールを誰が策定するのかという問題と似ている。実体的価値を決めるのは政治の役割であるが，その決め方に問題があるとき，手続を是正するのは裁判所によるしかない。シャウァーは，民主主義を平等主義的観点（egalitarian concept of democracy）からとらえるのか，自由主義的観点（libertarian concept of democracy）からとらえるのかという選択が可能であるという。しかし，いずれを選択するのかは政治の問題であって，裁判所の決定によるべきではない。この点から Citizens United 判決と McCutcheon 判決を眺めると，合衆国最高裁判所は，司法部の役割を逸脱していると考えることもできるであろう。

**おわりに**

　Citizens United 判決と McCutcheon 判決は，これまでの政治資金規制を根底から覆すものであったといえる。これは同時に，アメリカにおける民主主義のかたちを変えるほどのインパクトをもっている。翻ってわが国の政治資金法制を見ると，八幡製鉄事件最高裁大法廷判決以来，根源的な議論が行われてきたとはいいがたい。金と政治をめぐる問題が顕在化するたび，政治資金の弊害が語られ，その都度法改正が行われてきたとはいえ，政治資金を憲法問題として正面から扱うような議論はそれほど活発ではなかったように思えるのである。

　たしかに，政治制度や献金に対する国民の意識の違いはあるであろう。寄付文化が十分に根づいていないわが国に比べて，個人が寄付を通じて公共に関わるアメリカでは，献金や寄付がもつ憲法上の意味がリアルな問題として日常的に存在していることも指摘しておかなければならない。しかし，このような違いを差し引いたとしても，一方で個々の市民が政治に参加する手段として政治献金をとらえ，他方で金銭が政治過程を支配することへの警戒感を法制化する

---

　71) Frederick Schauer, Judicial Review of the Device of Democracy, 94 Colum. L.Rev.1326,1327-8 (1994).

歴史には学ぶところも多い。

　もちろん，アメリカのような政治献金大国が望ましいといっているわけではない。しかし，5対4という僅差の判決は，彼の国でも民主主義とは何か，それを健全化することは何を意味しているのかを深刻に悩んでいる姿を浮き彫りにした。選挙制度の選択が民主主義のあり方を決めることを私たちは学んできた。それと同時に，選挙制度以外での政治参加はいかにあるべきかをも学ぶときが来ているのかもしれない。その際，検討の中心に据えられるのは，憲法43条1項「全国民の代表」の観念ではないかと思う。政治献金をめぐる問題を「全国民の代表」の意義から洗い直す必要があるのではないだろうか。

第**4**章　地方議員の表現活動と議会懲罰権

**はじめに**

　埼玉県日高市議会が定める「日高市議会ソーシャルメディアの利用に関する
ガイドライン」（以下「本件ガイドライン」という）に違反したとの理由で，
市議会議員（以下「上告人」という）が辞職勧告決議（以下「本件決議」とい
う）を受けた。同議員は，この辞職勧告決議によって精神的苦痛を被ったこと
を理由に，国家賠償請求を提起したのが，ここで扱う事例である（以下「本件
事例」という）。第一審さいたま地方裁判所川越支部[1]，控訴審東京高等裁判
所は，いずれもこの請求を棄却し[2]，上告がなされた。

　本稿の結論は，次のとおりである。

① 　本件決議の前提となった本件ガイドラインは，議会自律権とそこから派
　　生する議員懲罰件の範囲を超えている。これは，一市民としての活動にま
　　で制約を及ぼしている。その結果，議員としての活動を阻害し，住民自治
　　の実現における議員活動に支障を生じさせている。
② 　本件ガイドラインとこれに基づく辞職勧告決議は違法であって，上告人
　　の社会的評価を低下させ，議員活動そのものを妨げ，ひいては，憲法が認
　　める地方自治の本旨を損なうことにつながる。

　本稿では，まず議会自律権の性質と限界について論じる。もっとも，本件事
例は，議員辞職勧告決議を契機とするものであって，決議自身には法的効力は
ない。ただし，この種の決議は，その後の公表行為と相まって，懲罰権と類似
した作用を営んでいる。議員辞職勧告決議は，地方自治法上の「懲罰」ではな

---

1 ）さいたま地川越支判令和 4 年 6 月30日（令和 3 ㈠第266号）。
2 ）東京高判令和 5 年 3 月22日（令和 3 ㈭第367号）。

いが，議員を強く非難して自ら職を辞することを求める点で，実質的には「懲罰」に等しい作用を営むとの認識から論を進めることにしたい。

その上で，議院自律権に基づく議員懲罰権の適否は，住民自治の理念をベースにした，比較考量によって決定されるべきことを論じる。この比較考量の枠組みを用いて，本件ガイドラインとこれに基づく辞職勧告決議の違法性について論ずることにしたい（なお，最高裁は令和6年6月13日付けで上告を棄却している）。


# 1　議会自律権とその限界

## (1)　議会自律権

### ①　補完性原理と自律権

自律権とは，他から干渉を受けることなく，自らを規律することをいう[3]。この自律権には，当該団体が果たすべき問題解決作用を軸として，人事や組織に関する決定権が含まれる。

自律権は，どこから導き出されるか。社会において実在している（つまりは，その名の下に活動を行っている）団体・組織は，程度の差はあるものの，自律的な組織でもある。しかし，この事実から，国家の介入を排除する結論が直接導き出されるわけではない。

国家の下には，様々な団体が活動している。人間は自らの生存の必要性から共同体を作り，社会を形成する。まずは家族が，ついで小さなコミュニティが，そして，さらに広いコミュニティが，人間生活の必要性から生まれていく。日々生じる問題の解決は，まずは身近な共同体が担うことになる。小さなコミュニティの手に負えない問題は，より広い共同体によって解決され，それでも手に余る問題は，国家が処理することになる。

したがって，問題解決は，まずは小さな社会単位によって行われる。それは，問題解決のコストからも説明できる。家族のことは家族が，地域のことは地域が解決する。より大きな社会単位は，小さな社会単位の問題解決を阻害してはならない。そのコミュニティのことは，そこに暮らす者が最もよく知っている

---

3）松本英昭『要説　地方自治法〔第十次改訂版〕』（ぎょうせい・2018年）393頁。

からである。その問題に近いところにいる人々が第一義的な決定権をもつ[4]。

ただし，問題は，終局的かつ効果的に解決されなければらならない[5]。仮に，小さな社会単位が十分な問題解決能力をもたないならば，より大きな社会単位による支援が必要となってくる。まずは小さなコミュニティに問題解決を任せ，必要ならば，より大きな社会単位が問題解決の支援をする。これを補完性原理（subsidiarity）と呼んでいる。

このことから，補完性原理には，身近な問題に対する解決の権能を身近な共同体に委ね，より大きな共同体による介入を制限すること（補完性原理の消極的機能）と，必要であれば，より大きな共同体がより小さな共同体の問題解決を支援すること，あるいは支援を求めること（補完性原理の積極的機能）が含まれる[6]。

他方で，最大の共同体である国家の下には，教会や大学のように，独自の規範と行動様式をもつ団体もある。魂の救済や真理の探究は，国家による一般的な問題解決になじまない。それらを固有の使命とする，それぞれの共同体に委ねた方が共通善（公共の福祉，共通の福祉）の実現にとってはふさわしい。政党政治が生まれて以降は，政党の自律も求められる。自らの綱領と活動をとおして，国民と国家の間を媒介し，公共善の実現を担うには，活動の自由が確保されなければならないからである。

したがって，教会，大学，政党は，補完性原理を基礎として，共通善の実現におけるそれぞれの使命から，自律権が認められているといえよう。いずれも，

---

4 ）Maria Cahill,Suvereingnty, Liberalism, and the Intelligibility of Attraction to Subsidiarity, 61 Am.J.J 1（2016）at 122. 補完性とは，primary unit の尊重を意味する点に異論はない。

5 ）N.W.Barber, The Principle of Constitutionalism,at 31（2018）。終局的かつ効果的に問題を解決するためには，団体内部の判断に任せた方がよいのか，外部に委ねた方がよいのかが問題となる。あらかじめ類型的に，国家が口出しをしない事柄を決めることはできるかもしれいが，それは絶対的なものではない。団体の内部紛争とは，この点に本質があるのではないだろうか。その意味で，事柄は，最終的に個別の比較考量によって判断せざるを得ない。

6 ）Patrick McKinley Brennan, Subsidiarity in the Tradition of Catholic Social Doctrine, in Global Perspective on Subsidiarity（Michell Evans-Augsto Zimmermann ed. 2015）at 34-5. ブレナンは，補完性原理がフランス革命による教会権力の簒奪に対する異議申し立ての中から生まれ（厳密には，それまでに展開され，しかし埋もれていた原理を掘り起こし）てきたことを指摘する。Brennan,id.at 30.

108　第2部　政治過程と表現の自由

社会的実在であるという事実から，自動的に当該団体の自律権が正当化される
わけではない。ましてや，日本国憲法における地方公共団体は，地方自治の本
旨に基づいて設置されている統治主体であり，教会や大学とはその性質を異に
している[7]。地方公共団体の意思決定に対する，司法権の介入の是非，その程
度は，憲法原理を参照して判断するほかない。

## ②　「部分社会論」と「内部規律－一般市民法秩序二元論」に対する批判

わが国の地方公共団体は，ヨーロッパの都市とは異なる[8]。まず都市が発展
し，より広い国家が形成されてきたわけではない[9]。また，国家秩序と教会秩
序が併存してきた事実もない。要するに，わが国の文脈において，社会の多元
性，多様性から，ただちに法秩序の多元性，多様性を説くことはできない[10]。
社会的，歴史的実態が伴っていないからである。

たしかに，国家の枠組みの中に多数存在する団体には，運営における自由が
認められるべきだとの主張には異論はない。ただし，「部分社会論」[11]は，あ
る団体を自律的組織と認定して，そこから司法審査の抑制を導き出す思考方法
であった。自律的組織における自律の程度，その根拠などについての洞察を欠
いていた。

これに対して，昭和35年最高裁大法廷判決がとった「内部規律－一般市民法
秩序二元論」[12]は，「部分社会論」の紋切り型思考を克服しようとする試みで

---

7）渋谷秀樹『憲法〔第3版〕』（有斐閣・2017年）653頁。

8）Nicholas Aroney,Subsidiarity in the Writings of Aristotole and Aquinas,in Global
　　Perspective on Subsidiarity（Michell Evans-Augsto Zimmermann ed. 2015）at16.

9）Id. at 16.

10）社会の多様性，多元性が，ただちに秩序・規範の多様性・多元性を導き出すわけで
　　はない。補完性原理は縦の階層構造にも当てはまるため，同一規範内で，決定権を下
　　位へ組織に授権する文脈でも語られるし，様々な団体が並列的に活動している有様を
　　語る文脈でも語られる。これらに対して，それぞれの自律性を認めるかどうかは，上
　　位レベルでの判断が必要である。Jonathan Chaplin,Subsidiarity and Social
　　Pluralism,at 65.in Global Perspective on Subsidiarity（Michelle Evans Augsto
　　Zimmerman,ed.2014）

11）最判昭和52年3月15日民集31巻2号234頁（富山大学単位未認定事件）。なお，大橋
　　真由美「地方議会議員の懲罰と司法権」地方自治判例百選〔第4版〕126頁は，昭和
　　35年最高裁大法廷判決多数意見は，田中耕太郎裁判官の「部分社会論」と田中二郎の
　　「内部規律－一般市民法秩序二元論」双方からの影響を受けていると指摘する。

もあった[13]。事柄を団体の内か外かで判断しようとする試みであったからである。

けれども，両者は，「国家の中には，多様な団体が存在しているという」事実から，それら団体に対する国家介入（とりわけ司法権の介入）を否定もしくは抑制する点で共通の基盤に立っている[14]。両者は，いずれもカテゴリカルな思考方法である。「部分社会論」は，物事を全体と個に分け，一方，「内部規律－一般市民法秩序二元論」は，団体の決定を内と外に分ける。これらは，いずれも二分法であることには変わりがない。

二元論は，一種のカテゴリカルな思考方法である。「ルールと基準の区別」[15]から考えると，二元論はルールに分類される。カテゴリーＡに分類されれば，結論ａが導き出される。これがルールの思考であるとするならば，二元論はルールである。

しかし，学説は，二元論のこのような性格に対して批判的であった。この批判は，３つの視点に分類される。

第一に，世の中に数多存在する団体・組織を部分社会として一纏めにして，ただちに裁判所の審査権を否定することは，裁判を受ける権利の否定につながらないか，というものであった。これは部分社会論そのものに対する批判と言い換えてもよい[16]。

---

**12)** 最大判昭和35年10月19日民集14巻12号2633頁（山北村議会議員出席停止事件）。これらの点については，渡辺康行『憲法裁判の法理』（岩波書店・2022年）151頁以下に詳しい。

**13)** さらにいうと，団体内部の紛争に対して，司法権が介入するか否かの判断は，結局のところ，紛争の性質，懲罰事案の場合，その理由と制裁の釣り合い，被懲罰者が置かれるであろう状況を比較考量して決まる，との点で，「内部規律－一般市民法秩序二元論」，比較考量アプローチの一歩手前にあるともいえる。

**14)** この点について，渡邊亙「いわゆる『部分社会の法理』の再構成」法政治研究創刊号（2015年）235頁参照。渡辺康行・宍戸常寿・松本和彦・工藤達郎『憲法Ⅱ総論・統治』（日本評論社・2020年）307頁。「しかし，団体の目的・性格・機能・紛争の性格・程度，争われている権利や侵害の程度等は，事案によって異なる」として，部分社会のような包括的概念から司法審査の限界を説明しようとする姿勢を否定する。また，高橋和之『近代立憲主義と日本国憲法〔第5版〕』（有斐閣・2020年）437頁も「少なくとも，裁判を受ける権利を制限しうるような憲法上の根拠を示す必要がある」として，部分社会概念が不要であることを説いている。

**15)** あるいは，ルールと原理の区別といってもよい。長尾一紘『基本権解釈と利益考量の法理』（中央大学出版部・2012年）25頁以下。

110 第2部 政治過程と表現の自由

　第二に，二元論に内在する，事案の峻別可能性に関わる批判が提起された。団体・組織による処分が内部にとどまる場合でも，実質的にその構成員の活動を圧殺するような効果をもつものは考えられるのであるから，処分を機械的に内と外に割り振ることはできないとの点にかかわっている[17]。

　第三に，裁判所による審査権の排除を法律上の争訟性の否認ととらえ，訴え自体を不適法とするのか，法律上の争訟性を肯定した上で，司法権の限界ととらえるのかについても，昭和35年最高裁大法廷判決の立場はあいまいであった。議会自律権に対する司法審査の抑制は，内在的に，すなわち，そもそもこれが法律上の争訟に該当しないことによって根拠づけられるのか，法律上の争訟性は認めた上で，何らかの外在的理由（法政策的理由）によって正当化されるのかについて[18]，最高裁判所は，必ずしも明確な姿勢を示していなかった[19]。

　一方で，憲法上保障されている，裁判を受ける権利，裁判所による終局的な紛争解決作用を限定するには，相応の憲法原理が求められる。憲法が明示的に定める原理を縮減するには，同じく憲法の明示的原理によらなければらない。「部分社会論」や「内部規律－一般市民法秩序」のような，憲法に書かれていない概括的理論では，明示的憲法原理を否定するには不十分である。個別の論証が求められる。すなわち，憲法の条文や原理による正当化が求められる。

　つまり，宗教団体については，憲法20条1項（信仰の自由のコロラリーとしての宗教的結社の自由）が，大学については，憲法23条（学問の自由と大学の自治）の理念や趣旨と照らし合わせて，それぞれの団体の自律権の性質や範囲が確定されなければならない。同様に，地方議会については，憲法92条「地方自治の本旨」から，自律権の範囲が確定される必要がある。

### ③　地方自治の本旨

　日本国憲法が定める地方自治の性格については，さまざまな理解があった。しかし，現在の学説においては，これを固有権と理解する立場も，国家から伝来したに過ぎないとする説も，いずれも少数説にとどまっている[20]。多くの学説は，地方自治が憲法自身による保障の産物ととらえている。そしてこれを

---

16) たとえば，高橋・前掲注14) 437頁。

17) 濱秀和「出席停止の懲戒決議と司法審査」地方自治判例百選〔第1版〕103頁。

18) 常岡孝好「地方議会議員の懲罰と司法審査」地方自治判例百選〔第3版〕121頁。

19) 中嶋直木「地方議会議員の懲罰と司法審査」行政判例百選II〔第7版〕301頁。

20) たとえば，佐藤幸治『日本国憲法論〔第2版〕』（成文堂・2020年）597頁。

一種の制度的保障と理解して，その本質部分，すなわち地方自治の本旨は，法律をもってしても改廃することができないと解しているように思う[21]。

その上で，地方自治の本旨を「団体自治」と「住民自治」から構成されるものととらえ，前者は，地方公共団体が国とは別の統治主体であることを，後者は，地方公共団体が住民の意思によって運営されていくことを保障していると考えるのである。

したがって，議会自律権の内容および限界は，憲法が規定する「地方自治の本旨」を参照しながら確定する必要がある。「地方議会は，自律的存在であるから，司法介入が排除される」との論理は，一種のトートロジーであって，学説上すでに淘汰されているといってよいであろう[22]。

また，社会に存在する様々な団体・組織の自主性，自律性を強調して，司法権による問題解決を見送れば，憲法が保障する裁判を受ける権利の否定につながりかねない。

そもそも，自律的団体の構成員が問題解決を裁判所に求めている場合，すでに自主的な解決が困難な状況にある場合が多い[23]。この要求を拒むには，それ相応の憲法上の根拠が求められる。

もちろん，審議機関としての議会は，とりわけ執行機関からの圧力を排除し，条例制定を行うなど，住民からの負託に応える任務を担う。そこには，議院自律権に相当する，議会の自律が必要となる場面もあり得よう。それゆえ，この問題は，議会に自律的判断を委ねることの重要性と，自律的判断に裁判所が介入することの必要性を比較考量した上で決定するほかない[24]。

地方公共団体の議会の判断に対して，裁判所の審査を控えるには，憲法の明示的な原則である「地方自治の本旨」との照合が求められる。とりわけ，多数派による議会内少数派への嫌がらせや排除が問題となる場面では，民主過程の回復に，裁判所が一定の役割を果たす必要がある。そして，以下に述べる，令

---

21) 毛利透・小泉良幸・淺野博宣・松本哲治『憲法Ⅰ総論・統治〔第3版〕』（有斐閣・2022年）376頁など。

22) 渋谷・前掲注7）653頁。

23) 拙稿『近代憲法における団体と個人─結社の自由概念の再定義をめぐって─』（不磨書房・2004年）。

24) 長尾一紘『日本国憲法〔全訂第4版〕』（世界思想社・2011年）は，この問題を「裁判所の審査権と地方公共団体の自治権の衝突」と見る。

112　第 2 部　政治過程と表現の自由

和 2 年11月25日最高裁大法廷判決は，このような問題意識に応えたものと考えられる。

## (2)　令和 2 年11月25日最高裁大法廷判決
### ①　令和 2 年11月25日最高裁大法廷判決による判例変更

　地方議会の自律権にかかわる最高裁のアプローチは，近時の最高裁の思考方法からすると，やや異例のものに属したことも事実である[25]。個別的利益考量（比較考量）ではなく，カテゴリカルな思考方法によって事案を処理する姿勢は，他の分野ではほとんど見られない。その点で，令和 2 年11月25日最高裁大法廷判決（以下，令和 2 年最高裁大法廷判決と呼ぶ）[26]は，権利侵害が争われる事例における，比較考量的な思考方法を貫徹させようとしたものと考えられる。

　令和 2 年11月25日最高裁大法廷判決は，次のように述べ，昭和35年最高裁大法廷判決を変更した。

> 「出席停止の懲罰は，議会の自律的な権能に基づいてされたものとして，議会に一定の裁量が認められるべきであるものの，裁判所は，常にその適否を判断することができるというべきである……したがって，普通地方公共団体の議会の議員に対する出席停止の懲罰の適否は，司法審査の対象となるというべきである。これと異なる趣旨をいう所論引用の当裁判所大法廷昭和35年10月19日判決その他の当裁判所の判例は，いずれも変更すべきである。」

　令和 2 年最高裁大法廷判決は，また，次のように述べている。

---

25）渡辺康行「司法権の対象と限界」法学教室357号（2010年）19頁。

26）民集74巻 8 号2229頁。本判決に対する研究は多い。代表的なものとして，櫻井聖樹「普通地方公共団体の議会の議員に対する出席停止処分等を司法審査の対象とした事例」新・判例解説 Watch 文献番号 z188167009-00-0811831991，徳本広孝「地方議会議員に対する出席停止処分の法的性質」法学教室2021年 3 月142頁，服部麻理子「普通地方公共団体の議会の議員に対する出席停止の処分が司法審査の対象とされた事例」新・判例 Watch 文献番号 z18817009-00-022182013，川嶋四郎「地方議会議員出席停止処分取消請求事件と『法律上の争訟』」法学セミナー2017年 1 月号127頁。渡井理佳子「地方議会議員に対する出席停止の懲罰と司法審査」令和 2 年度重要判例解説46頁。

「憲法は，地方公共団体の組織及び運営に関する基本原則として，その施策を住民の意思に基づいて行うべきものとするいわゆる住民自治の原則を採用しており，普通地方公共団体の議会は，憲法にその設置の根拠を有する議事機関として，住民の代表である議員により構成され，所定の重要事項について当該地方公共団体の意思を決定するなどの権能を有する。そして，議会の運営に関する事項については，議事機関としての自主的かつ円滑な運営を確保すべく，その性質上，議会の自律的な権能が尊重されるべきであるところ，議員に対する懲罰は，会議体としての議会内の秩序を保持し，もってその運営を円滑にすることを目的として科されるものであり，その権能は上記の自律的な権能の一内容を構成する。」

　ここでは，議会の自律権が所与のものとしてではなく，住民自治の原則を具体化する，議事機関の性格から認められる，との判断が示されている。そして，

「議員は，憲法上の住民自治の原則を具現化するため，議会が行う上記の各事項等について，議事に参与し，議決に加わるなどして，住民の代表としてその意思を当該普通地方公共団体の意思決定に反映させるべく活動する責務を負うものである。」

との理解が示された上で，次のように述べている。

「出席停止の懲罰は，上記の責務を負う公選の議員に対し，議会がその権能において科する処分であり，これが科されると，当該議員はその期間，会議及び委員会への出席が停止され，議事に参与して議決に加わるなどの議員としての中核的な活動をすることができず，住民の負託を受けた議員としての責務を十分に果たすことができなくなる。このような出席停止の懲罰の性質や議員活動に対する制約の程度に照らすと，これが議員の権利行使の一時的制限にすぎないものとして，その適否が専ら議会の自主的，自律的な解決に委ねられるべきであるということはできない。」

　ここでは，昭和35年最高裁大法廷判決の法理が明確に否定されている。「部分社会論」や「内部規律－一般市民法秩序二元論」による，司法審査権の包括

114 第2部 政治過程と表現の自由

的抑制ではなく，地方自治の本旨である，住民自治からの周到な論理によって，地方議会の判断と司法審査の可否が論じられている。この点について，本判決の調査官解説は，次のように述べている。

　「団体の内部紛争は全て司法審査の対象とならないとする一般的・包括的な部分社会論は妥当ではなく，個別具体的に検討しなければならないという学説の指摘は，基本的に正鵠を射たものであるという理解を基礎に，それぞれの団体の目的・性質・機能，その自律性・自主性を支える憲法上の根拠の相違，紛争や争われている権利の性質等を考慮に入れて個別具体的に検討するという姿勢の現れであると解されよう。」[27]

　したがって，地方議会に対する司法審査の可否は，そもそも司法審査が及ばないことを理由にするのではなく，司法権の限界の問題として，すなわち外在的な理由にその根拠を求めることになる。同調査官解説は，続けて次のように述べる。

　「団体の内部紛争に関する司法権の外在的制約の有無を判断するに際しては，当該団体の目的・性質・機能を踏まえた上で，その自律的な規範を尊重すべきことが憲法から導き出すことができるかどうかを検討し，紛争や争われている権利の重要性と，当該団体について認められるべき自律性の程度とを比較考量して決すべきこととなろう。」[28]

### ②　最高裁における二元論からの離脱と比較考量

　この説示は，地方議会による，議員に対する出席停止処分が司法審査の対象となるか否かについての判断ではある。また，今回の判例変更がどこまで及ぶのかについては，本件を含めて，今後の判例の展開や学説の評価に委ねられているところでもある[29]。だが，この説示は，「議会裁量権」（司法審査を施すとして，議会の判断に対して，裁判所がどこまで敬譲を示すか）を判断する場合にも，一定の意義をもつことになるのではないか。すなわち「議会自律権」

---

27) 荒谷謙介「普通地方公共団体の議会の議員に対する出席停止の懲罰と司法審査」法曹時報73巻10号（2021年）194頁。
28) 荒谷・前掲注27）195頁。

に対する司法審査の基本的な姿勢を述べたものと理解することが可能である。

　なぜなら，司法権の限界を比較考量で検討するならば，その姿勢は，実体的な判断にも波及せざるを得ないからである[30]。本判決は，従来の「部分社会論」あるいは「内部規律－一般市民法秩序二元論」を放棄している以上，同様な思考方法によって判示されてきた事例にも影響を与えうる[31]。本判決は，二元論を比較考量に置き換えている。この点は重要であると考える。

　比較考量である以上，議会自律権から自動的に司法介入の抑制を導き出すことはできない。また，議会裁量権の追認も正当化されない。何よりもまず，議会自律権は，憲法上の原理である，地方自治の本旨との照合によって確定されなければならないからである。

　そこでは，住民自治の原理が重要な役割を演じる。憲法が地方自治，とりわけ住民自治を保障した趣旨，目的は何か。地方自治法が議会に一定の自律権を付与した理由は何か，そして，議会の具体的決定は，この趣旨目的と整合するものかどうか，これらの検討を踏まえて，議会自律権の範囲と限界が定められる[32]。令和2年11月25日最高裁大法廷判決は，住民自治原理との関係で，議会による懲罰権行使の適法性が審査されると述べているのではなかろうか[33]。

　この点，本判決に先立ち，市議会議員政治倫理条例の合憲性が争われたケースが注目される（府中市議会議員政治倫理条例事件)[34]。この事件において，最高裁は，「その目的のために制約が必要とされる程度と，制約される自由の

---

29)　同調査官解説は，今回の判例変更が「議会による議員に対する出席停止処分は，常に司法審査の対象となる」にとどまると説明するが，この記述は，後の判例の展開を縛ることになりはしないか，若干の危惧を覚える。

30)　最判平成26年5月27日判例時報2231巻9頁。拙稿「市議会議員政治倫理条例の合憲性」平成26年度重要判例解説14頁など参照。この判決については，後に詳しく述べる。

31)　櫻井智章「地方議会の出席停止処分と司法審査」法学教室486号（2021年）141頁は，本判決の射程は「残された課題」であるとする。

32)　令和2年11月25日最高裁大法廷判決において，法廷意見は，地方自治の本旨のうち，団体自治については言及していない。これは，団体自治が中央政府に対する介入への防御機能を果たすことを重く見た可能性がある。すなわち，議会自律権に対する司法審査を正当化する場面では，団体自治の援用が阻害要因となることを重視したのかもしれない。であるならば，本判決の射程は広範に及ぶ可能性もある。その意味で，本判決は，昭和35年最高裁大法廷判決の法理を完全に葬り去ったといえよう。

33)　安念潤司「地方議会議員の懲罰と司法審査」行政判例百選II〔第6版〕317頁。

34)　後掲。

116 第 2 部 政治過程と表現の自由

内容及び性質，具体的な制約の態様及び程度を較量して決するのが相当である」との視点を示していた。最高裁は，議会自律権の範囲と限界について，すでに比較考量的姿勢を指向していたのではあるまいか。同判決については，後述する。

## (3) 議会自律権に基づく議員懲罰権と国家賠償請求

### ① 平成31年 2 月14日判決　法律上の争訟性の肯定

繰り返しになるが，本件事案は，議員辞職勧告決議を契機とするものであって，それ自体としては，法的拘束力を有しない。しかし，議員に対する制裁という点では共通した要素をもち，その後に行われる公表行為によって，議員の名誉を損ないかねない結果を招く。いわば，合わせ技一本で，議員に対して懲罰を科すものであるといえる。法的拘束力を有する議員懲罰権行使の事案を参考にしつつ，その可否を論じる意味がここにある。

市町村議会が所属議員に対して行った決議が当該議員の名誉を毀損し，国家賠償法上違法と判断されるか否かが争点となった事例として，平成31年 2 月14日判決[35]が挙げられる。また，実際，本件原審および地裁判決も同判決の枠組みによりながら，結論を導いている。それゆえ，まず，この判決が本件事例に適用されるのかどうかについて検討する。

平成31年判決は，市議会議員である被上告人が，上告人に対し，市議会運営委員会が被上告人に対する厳重注意処分の決定をし，市議会議長がこれを公表したことにより，被上告人の名誉が毀損されたとして，国家賠償法 1 条 1 項に基づき，慰謝料等の支払を求める事案であった。

判決は，この訴えにつき，「私法上の権利利益の侵害を理由とする国家賠償請求であり，その性質上，法令の適用による終局的な解決に適しないものとはいえないから，裁判所法 3 条 1 項にいう法律上の争訟に当たり，適法というべきである」と述べる。その上で，以下のように説示している。

　「普通地方公共団体の議会は，地方自治の本旨に基づき自律的な法規範を有するものであり，議会の議員に対する懲罰その他の措置については，議会の内部規律の問題にとどまる限り，その自律的な判断に委ねるのが適

---

35) 最判平成31年 2 月14日民集73巻 2 号123頁。

当である（最高裁昭和34年㈠第10号同35年10月19日大法廷判決・民集14巻12号2633頁参照）。そして，このことは，上記の措置が私法上の権利利益を侵害することを理由とする国家賠償請求の当否を判断する場合であっても，異なることはないというべきである。したがって，普通地方公共団体の議会の議員に対する懲罰その他の措置が当該議員の私法上の権利利益を侵害することを理由とする国家賠償請求の当否を判断するに当たっては，当該措置が議会の内部規律の問題にとどまる限り，議会の自律的な判断を尊重し，これを前提として請求の当否を判断すべきものと解するのが相当である。」

## ② 議会自律権と議会裁量権

これは，令和2年11月25日最高裁大法廷判決が判例変更した，昭和35年最高裁大法廷判決[36]に全面的に依拠する説示である。懲罰処分を「内部規律－一般市民法秩序」に分け，事案を一般市民法秩序にかかわるものと判断する[37]。その上で，実体的判断においては，議会の判断を是とする結論を導き出している。

ところで，地方議会の自律権が争われるケースでは，そもそも裁判所の審査権が及ばないとする段階（第一段階）と，及ぶことを踏まえて，実体的な判断については，当該団体・組織の決定を尊重する段階（第二段階）に分けられる。第一段階を狭義の議会自律権，第二段階を議会裁量権と呼ぶこともできるであろう[38]。もちろん，第一段階で，裁判所の介入が肯定されても，第二段階での裁量権によって請求が退けられる場合もある。ただし，裁量論である以上，議会の決定が裁量権の逸脱濫用に当たる場合には，請求が容認されることになる。

---

[36] 最大判昭和35年10月19日民集14巻12号2633頁。

[37] 君塚正臣「市議会議員への厳重注意処分とその公表に対する司法審査」平成31年度重要判例解説27頁は，本判決が昭和35年最高裁大法廷判決のみを引用していることに「疑問も残る」としている。

[38] 皆川治廣「地方議会による議員懲罰とその司法審査に関する再考察」中京法学54巻3・4号（2020年）551頁。

## ③　議会による懲罰権行使と国家賠償請求

### (a)　議会決定の外部表示

　裁判例の中には，議会懲罰権行使に対する国家賠償請求（名誉毀損）が法律上の争訟に当たるとして，議員の請求を認めた原審を支持した判決がある[39]。辞職勧告決議自体には法的効力はないものの，これが外部に公表されることによって，議員の活動や社会生活に支障を来すことは当然に考えられるから，これを議会内部の問題と突き放すことができなかったのであろう（この点で，本件は，議員辞職勧告決議を行っただけでなく，これを議会外に表示し，住民の評価にさらした点で，「内部規律－一般市民法秩序二元論」を前提としても，すでに内部の規律に委ねられるべき範囲を超えている）。

　この判決の原審では，議員辞職勧告決議が，客観的根拠に乏しい，一方的に主張を認めるよう議員に要求し，この要求に応じなかったことを不当としてなされたものであることから，名誉毀損を認めていた[40]。最高裁は，議会側からの上告を棄却している。ここでも，単純な二元論ではなく，比較的踏み込んだ審査が行われていることがわかる。

### (b)　国家賠償請求における名誉毀損

　ところで，国家賠償請求訴訟において，名誉毀損を争う場合は，通常の民事訴訟における争い方とは異なる考慮が必要となる。すなわち，この種の訴訟では，原告において「国又は公共団体の公権力の行使に当る公務員が，その職務を行うについて，故意又は過失によつて違法に他人に損害を加えた」ことの立証が求められるからである[41]。名誉毀損における立証責任は，一般の民事訴訟と国家賠償請求では，異なるのか，あるいは共通する要素があるのか。これらは，必ずしも明確ではない。

　この点について，最高裁は，国政調査をめぐる名誉毀損のケースではあるが，次のように述べたことがある[42]。

---

39)　最判平成 6 年 6 月21日集民172号703頁。日野田浩行「町議会の議員辞職勧告決議をめぐる紛争と『法律上の争訟』」平成 6 年度重要判例解説 6 頁。

40)　広島高判平成 3 年10月24日判例集未登載。

41)　日置朋弘「普通地方公共団体の議会の議員に対する懲罰その他の措置が当該議員の私法上の権利利益を侵害することを理由とする国家賠償請求の当否の判断方法」法曹時報72巻 4 号（2020年）851頁。

42)　最判平成 9 年 9 月 9 日民集51巻 8 号3850頁。

「国会議員が国会で行った質疑等において，個別の国民の名誉や信用を
低下させる発言があったとしても，これによって当然に国家賠償法1条1
項の規定にいう違法な行為があったものとして国の損害賠償責任が生ずる
ものではなく，右責任が肯定されるためには，当該国会議員が，その職務
とはかかわりなく違法又は不当な目的をもって事実を摘示し，あるいは，
虚偽であることを知りながらあえてその事実を摘示するなど，国会議員が
その付与された権限の趣旨に明らかに背いてこれを行使したものと認め得
るような特別の事情があることを必要とすると解するのが相当である。」

(c)　免責特権の否定と地方議会

　しかし，地方議会（あるいは議員）には，免責特権が認められているわけで
はない。国会議員と地方議員を同列に扱うことはできない。この点について，
「しかし，名誉毀損による不法行為の判例法理は，私人間の表現の自由と名誉
権の調整を図るものであるところ，国や地方公共団体には私人のように表現の
自由が保障されるものではなく，むしろ国民の名誉権を正当な理由なく侵害し
てはならない義務を負うものであり，ただ国や地方公共団体の事務を遂行する
にあたり，公益目的のために名誉権の侵害が正当化されることがあるというに
過ぎないのであるから，そもそも国や地方公共団体が真実性や真実相当性を主
張立証するだけでは足りないと解する余地も十分にある。」[43]との指摘は，正
鵠を得ているように思われる。

(d)　議員懲罰権の根拠と限界

　本来，地方自治法が議員に対する懲罰権を議会に与えたのは，議会に対する
執行機関の関与を排除するとの理由のみならず，言論の府である議会のことは
議会の討論で解決すべきであるとの理由に基づいている。議会における自由な
討論と批判の結果に対しては，司法審査も一定の抑制を求められるであろう。

　しかし，議会裁量権を考慮しても，議会懲罰権行使が政治的な思惑によって
為される場合，あるいはことさらに少数者に対する攻撃を目的とする場合，こ

---

43)　湯川二郎「最高裁判例　調査官解説批評普通地方公共団体の議会の議員に対する懲
　　罰その他の措置が当該議員の私法上の権利利益を侵害することを理由とする国家賠償
　　請求の当否の判断方法（名張市議会議員名誉毀損事件）（平成31年2月14日第一小法
　　廷判決民集73巻2号123頁）」http://www.gyouben.net/review4yukawa.html（2023年
　　5月22日確認）。

120　第 2 部　政治過程と表現の自由

れを追認する必要はない。懲罰権行使における不当な動機，比例原則や平等原則に反する決議とその実施は，地方自治法が議会に付与した懲罰権の範囲を超えているといわざるを得ない。

　したがって，議会による懲罰権行使に対する国賠法上の違法性については，動機の適法性や比例原則，平等原則の観点を加味した判断が行われるべきではなかろうか[44]。

# 2　議会自律権と議員活動に対する制限

## ⑴　議員活動

### ①　議員活動と 3 つのフェーズ

以上の点を踏まえ，本件事例を検討する。

　繰り返しになるが，令和 2 年11月25日最高裁大法廷判決は，次のように述べている。

　　　「議員は，憲法上の住民自治の原則を具現化するため，議会が行う上記の各事項等について，議事に参与し，議決に加わるなどして，住民の代表としてその意思を当該普通地方公共団体の意思決定に反映させるべく活動する責務を負うものである。」

　地方議会の議員は，住民からの負託を受け，住民自治，すなわち住民が自らの事項を自ら決定するとの要請を具体化するために活動する役割を担う。

　議員がこの役割を果たすためには，①一人の住民としてものを考え，発言し，あるいは行動する自由が認められなければならない（私人としての活動）。②つぎに，住民代表たる議員として，その議員が所属する会派の活動を行い，選挙活動に関わり，後援会活動を行う自由が保障される（議員活動）。③これらを踏まえ，いわゆる議会活動が保障される。議会活動とは，本会議や委員会での質疑，質問，表決，意見表明さらには全員協議会などの協議機関での活動といったことを内容とするものである[45]。

---

44）皆川・前掲注38）573頁以下参照。

このうち，議会自律権に基づく議員への懲罰権は，議会活動に限定される。少なくとも，地方自治法はそのような前提に立っている。議員の私人としての活動，あるいはその延長線上にある議員としての政治活動に対しては，議会の懲罰権は及ばない。

仮に，議会による懲罰権行使が上記3つのフェーズのいずれに対しても包括的に及ぶとするならば，一般の市民が享有する自由が，議員であることによって否定されるという背理が生じることになる。その結果，議員は，その責務を果たすことが困難となるであろう。この点について，以下詳論する。

### ② 議会による懲罰権行使の限界

地方自治法134条は，次のように定めている

第1項　普通地方公共団体の議会は，この法律並びに会議規則及び委員会に関する条例に違反した議員に対し，議決により懲罰を科することができる。

第2項　懲罰に関し必要な事項は，会議規則中にこれを定めなければならない。

これを受け，同法135条は，

第1項　懲罰は，左の通りとする。
一　公開の議場における戒告
二　公開の議場における陳謝
三　一定期間の出席停止
四　除名

第2項　懲罰の動議を議題とするに当つては，議員の定数の8分の1以上の者の発議によらなければならない。

第3項　第一項第四号の除名については，当該普通地方公共団体の議会の議員の3分の2以上の者が出席し，その4分の3以上の者の同意がなければならない。

との規定を置いている。懲罰とは「議会の議員に対する懲罰は，議会の紀律と

---

45) 駒林良則「地方議会の自律権の展開」名城法学66巻1・2号（2016年）127頁。

122　第2部　政治過程と表現の自由

品位を保持するために，議会の秩序を乱した議員に対して議会がその自律権に基づいて科する制裁である」[46]。

　この懲罰権は，議会で行った行為にのみ適用される。一議員としての発言などには適用されない[47]。また，議会の活動と無関係な議員の行動を懲罰の対象とすることはできないとされている。最高裁もまた，「議員たる地位を離れた行為について憲法15条2項の趣旨に反する行為ありとして懲罰を科することができるものではない。」[48]との立場をとっている。

　また，同法134条1項1号に該当する行為としては，議場の秩序維持に違反した場合，会議または委員会における言論の品位を欠いた場合，会議また委員会において他の議員を侮辱した場合が挙げられる。いずれも，議会外や職務外行為に対して適用されることは予定されていない[49]。

　なぜなら，議員は同時に市民であり，一個人としての政治活動を自由に行える立場にある以上，議会を離れた言動に対してまで懲罰権を及ぼすことは，一市民としての議員の表現の自由，政治活動の自由を侵害する。一人の主権者として，地方政治に向き合い，コミットする権利が侵害される。その結果，表現行為全体に対する萎縮効果を招来し，地方自治の本旨である，住民自治の原理を切り崩す危険性がある。

　そうすると，地方議会が自主的ルールを策定して，議会活動を超え，議員としての活動や個人としての活動を制約しようと試みても，これらは，住民自治の原理とこの原理を具体化する議会の自律権の範囲を逸脱している。この自主的ルールは，そもそも効力を有しないのではないだろうか。

　かつて，最高裁は，「右条項が議員の懲罰を規定しているのは，議会の秩序を維持し，その運営を円滑ならしめるためであつて，議員の個人的行為を規律するためではない。従つて議員の議場外の行為であつて，しかも議会の運営と全く関係のない個人的行為は同条による懲罰の事由にならないものと解するを

---

46）松本・前掲注3）427頁。
47）地方自治制度研究会編著『地方自治法質疑応答集〔第2巻〕』（第一法規・1971年）1072頁。
48）最判昭和28年11月20日民集7巻11号1246頁。
49）横浜市議会局政策調査課「法制情報」第6巻（2021年12月）2頁以下参照。https://www.city.yokohama.lg.jp/shikai/gikaikyoku/journal.files/R3-8.pdf（2023年5月22日確認）

相当とする。」[50]と述べたことがある。この説示は，後の判例によっても覆されているわけではない。ガイドラインが議員の私的な，あるいは政治家としての活動にまで及ぶならば，それは法の所期するところではない。

### ③　本件ガイドラインの問題点

さらに，本件ガイドラインは，地方自治法が予定している議会懲罰権の範囲を逸脱し，過剰に表現行為を制約しているといわざるを得ない。

同ガイドラインは，以下のように禁止事項を定めている。

**5　禁止事項**

次に掲げる情報は，発信してはいけません。
⑴　他者を侮辱する情報
⑵　人種，思想，信条，居住，職業等の差別又は差別を助長させる情報
⑶　違法行為又は違法行為をあおる情報
⑷　不正確な噂等を助長させる情報
⑸　わいせつな情報又はわいせつな内容を含むホームページへのリンク
⑹　日高市及び日高市と利害関係にある者の秘密に関する情報
⑺　非公開の会議の内容に関する情報
⑻　その他公序良俗に反する一切の情報

そして，3 適用範囲には，「このガイドラインは，日高市議会議員としての身分を有する者に対して適用されます」との定めがある。これらの点から考えると，同ガイドラインは，地方自治法が地方議会に付与した懲罰権の趣旨範囲，すなわち，議員の議会活動に対する規律を遥かに超え，そもそも規制対象としてはならない活動に対しても規制効果を及ぼすものであることは明らかである。

さらに，ここに定められる禁止事項それ自体があいまいであり，適用の有無が運用者の恣意に委ねられ，結果として，少数議員の表現活動のみを狙い撃ちできる危険性を否定できない。実際そのような弊害が指摘されているところでもある[51]。

これら規定は，それ自体刑罰法規としての性格をもつものではないが，本件

---

50）前掲注48）最判昭和28年11月20日。
51）渡辺康行「地方議会の自律的権能と司法審査」法律時報93巻 5 号（2021年）130頁。

のように，辞職勧告決議と結び付けられることによって，議員の表現活動を著しく萎縮させることは明らかであって，ひいては，「住民の負託を受けた議員としての責務を十分に果たすことができなくなる」（最大判令和2年11月25日）危険性を帯びている。

また，これら禁止事項の中には，外延が不明確なものも散見される。中でも「侮辱」は，主観的な判断に左右されることは否めない。多数派議員と少数派議員との間で適用に差が生じる危険性は，火を見るより明らかである。そして，本件の場合，ガイドラインの恣意的適用による少数派排除こそが問題の本質であったのではなかろうか[52]。

加えるに，本件ガイドラインは，一般市民によって同様な表現行為が行われることには，もちろん及ばない。それでは，一般の市民であれば表現できることを議員には許容しない理由は何か。議員であることのみを理由として，SNSによる情報発信が制約されなければならない根拠は何であろうか。

本件ガイドライン禁止事項に掲げられている事項の中には，議員が一個人として決定すべき事柄が含まれている。これは，法が認める懲罰権の範囲を遥かに超えている。しかも，その具体的判断においては，明確な指針が定められているわけではない。その運用は，多数派議員の恣意に委ねられている。これに基づいて議員辞職勧告決議が行われたならば，議員個人としての自由も，議員の議員としての活動も，そして地方自治の本旨の実現における議員としての貢献も，すべてを阻害する結果を招く。

### ④　抜け道としての議員辞職勧告決議

議員辞職勧告決議は，法的拘束力を持たない。しかし，この決議が公表されることによって，公表対象となった議員は，社会的評価の低下に直面する。仮に，議員に対して懲罰を科したいのであれば，むしろ法が定めた手続によるべきである。実際には，法律が定めた正式な手続によるならば，制裁を科すことができないからこそ，議員辞職勧告決議という抜け道を使う現実も直視しなければならない。

地方公共団体の議会における議員辞職決議，問責決議の濫用は，ひいては議

---

52）渡辺・前掲注51）は，令和2年11月25日最高裁大法廷判決の背景には，問題となった市議会において，「特定の少数派に所属する議員だけに対し，繰り返し懲罰が科されてきた」との事実があることを指摘している。これは，本件ガイドラインの適用における差別効果についても当てはまる。

員活動全体を萎縮させ，憲法が保障する地方自治の本旨を根本から否定する結果を招きかねないのである。

とりわけ，本件ガイドラインのように，本来懲罰権が及ばない「議員活動」や「私人としての活動」にまで制約が課されるとすると，住民との間の情報共有が阻害され，主権者住民の利益も害されることが危惧される。地方議会に対する住民の信頼が失われ，かねてより指摘されている，地方議会の危機が深刻さを増していく[53]。

## (2)　審査にあたっての姿勢

### ①　府中市議会議員政治倫理条例事件との異同

地方自治法132条の趣旨・目的は，「議場や会議の平静さが失われることを防止する」ことにある[54]。地方公共団体の各議会が，この趣旨を超え，議員の言論活動を包括的に統制するような規範を制定しても，無効といわざるを得ない。

この点で，本件は，府中市議会議員政治倫理条例事件[55]と本質を異にしている。すなわち，広島県府中市条例では，「議員，その配偶者若しくは当該議員の2親等以内の親族（姻族を含む。）又は同居の親族が経営する企業及び議員が実質的に経営に関与する企業は，地方自治法92条の2の規定の趣旨を尊重し，災害等特別な理由があるときを除き，上告人の工事等の請負契約，下請契約及び委託契約を辞退しなければならない」と定めていた。すなわち，府中市議会議員政治倫理条例事件における条例の目的は，議会における議員の活動に対する公正さの保持であったのに対して，本件では，議員活動の中核にある，表現の自由への制約が問われているからである。

したがって，同事件に関する最高裁判所の以下のような説示は，本件に対しても適用されるべきであるが，その審査密度は同じではない。同事件において問題となった制約は，本件のように，表現活動そのものに対する直接的制約ではなかった。むしろ，間接的・付随的な制約であったからである。本件におけるSNS規制は，議員の私人たる表現活動や議員としての自由な情報発信その

---

53）　片山善博「地方議会現状と改革の方向―地方議会改革の真贋を見抜く」DIO 351号
　　（2019年）4頁。
54）　村上順・白藤博行・人見剛編『新基本法コンメンタール地方自治法』（日本評論
　　社・2011年）160頁〔原田一明〕。
55）　前掲注54）参照。

126　第2部　政治過程と表現の自由

ものを制約する，つまり，表現そのものに対する直接的規制であった。

　　「本件規定が憲法21条1項に違反するかどうかは，2親等規制による議
　員活動の自由についての制約が必要かつ合理的なものとして是認されるか
　どうかによるものと解されるが，これは，その目的のために制約が必要と
　される程度と，制約される自由の内容及び性質，具体的な制約の態様及び
　程度等を較量して決するのが相当である（最高裁昭和52年(オ)第927号同58年
　6月22日大法廷判決・民集37巻5号793頁，最高裁昭和61年（行ツ）第11号平成
　4年7月1日大法廷判決・民集46巻5号437頁等参照）。」

### ②　本件ガイドラインの適用と公表行為　議員懲罰権の濫用

　本意見書は，本件のように，議員が住民として行う表現活動や議員活動の一
環として行われるSNSでの発信は，議員自律権の適用範囲を超えていると考
える。したがって，そもそも適用範囲外にある行為に対して，本件ガイドライ
ンを適用したことは，懲罰権の濫用に当たるものといわざるを得ない。
　その上で，本件辞職勧告決議による名誉毀損の成否を判断するに当たっては，
以下の諸点を考慮すべきものと考える。
　国家賠償請求において名誉毀損を争う場合でも，基本的には，不法行為に基
づく名誉毀損訴訟の法理が妥当するものと考える[56]。その上で，本件のような，
議会の辞職勧告決議による名誉毀損を争う場合には，決議の目的，動機をも参
酌した判断が行われるべきではなかろうか。決議が実質的に特定の議員を排除
する目的で行われた場合には，違法性を強く推認させるものと扱うべきものと
考える。
　また，社会の多様性（ダイバーシティ）が強く要求される日本社会において，
本件事例は異常であり，この流れに逆行するものと言わざるを得ない。また，
議会と市民との情報共有におけるSNSの役割，重要性が増している今日，
SNSの利用を制約するようなガイドライン制定自体，議会権限を超えている

------

[56]　この点につき，須田守「市議会議員に対する厳重注意処分等による名誉毀損を理由
　　とする国家賠償方法の判断方法」平成31年度重要判例解説55頁は，通常の名誉毀損訴
　　訟におけるルールを適用する型，これに「違法性」を加え，真実相当性による阻却事
　　由を考慮する型，名誉毀損独立の認定を経ないで，名誉毀損イコール違法性の認定を
　　行う型があるという。ここでは，一般的な名誉毀損法理を採用した。

とも考えられる。これは，明らかに地方自治の本旨に背を向けるものではない
だろうか。

　先に述べたように，本件ガイドラインは，恣意的に適用される危険性が強い。
禁止される表現行為が抽象的にのみ掲げられ，具体的適用は，議会多数派に任
されている[57]。とりわけ，(1)(4)の規定内容は抽象的であって，その適用基準
も文言自体から読み取ることは不可能である。

　しかも，ガイドラインの適用範囲は，本来対象とすべきものを超え，規制対
象とできない行為にまで及んでいる。議員個人の表現活動に対する，「物差し」
なき制約は，不当な動機の混入を推認させる[58]。この点から考えたとき，本
件議員辞職勧告決議は，不当な動機に基づくものといわざるを得ない。

　また，たとえ，不当な動機が明確には自覚されていなかったとしても，本件
ガイドラインが，議員として，あるいは一市民として政治に関わる場合，その
生命線に関わる表現活動に直接関係するものであって，最大限の配慮を要する
との姿勢が著しく欠如していた点は，非難されて然るべきではあるまいか。こ
の点は，地方議会の議員としての過失があるというべきではなかろうか。

　また，懲罰の対象者の行為に対して，制裁が不釣り合いな場合や特定の者の
特定行為にのみ規則規定が適用されるような場合は，これらを比例原則違反，
平等原則違反として，違法と判断することも考えられる。本件の場合，日高市
議会の決定は，この両原則に抵触するともいえよう[59]。

　すなわち，たとえ，上告人の SNS による表現が，本件ガイドラインにいう
(1)もしくは(4)に該当するのであれば，議場における対抗言論によって，その是
非が論じられれば十分である。これを殊更問題視して，議員辞職勧告決議を行
い，一般市民に公表するなどの行為は，度を超しており，常軌を逸した措置で
ある。少なくとも，上告人の表現活動を非難するのであれば，その旨を論じる
ことで足りる。

　また，本件ガイドラインは，事実上，唯一の SNS 利用者である上告人にの
み適用されることを想定して制定された。およそ，適用における一般性を欠く

---

　57）本件事例のように，議員辞職勧告決議に先立ち，弁明・反論の機会も与えられてい
　　なければ，この恣意的適用の危険性は，より明らかになるであろう。

　58）Elena Kagan,Private Speech,Public Purpose,The Role of Governmental Motive in
　　First Amendment Doctrine, 63 U.Chi.L.Rev.413 at 459（1996）.

　59）皆川・前掲注38）576頁。

128　第 2 部　政治過程と表現の自由

規範は，法の名に値しない[60]。本件ガイドラインは，法が規範として最低限備えているべき要件を欠いている。これは，明らかに平等原則にも違反する。

　以上の点から考えたとき，①本件ガイドラインは，議員個人の一市民としての活動に対して適用されるものであって，議会懲罰権の範囲を超え，違法である。②本件ガイドラインに基づく議員辞職勧告決議は，その後の公表行為と相まって，上告人の表現活動を違法に侵害することにより，上告人の議員としての活動を阻害するものである。よって，本件における議員辞職勧告決議とその公表行為は，「殊更に上告人の社会的評価を低下させるなどの態様，方法によって」本件措置を公表したものに他ならない。

**結論**

　近時，地方議会をめぐる紛争が頻発している。団体の内部紛争をめぐる裁判は，宗教団体から地方議会へと主戦場が移っているともいわれている[61]。ここには，地方議会が抱える問題の一端が表れている。議会に対する不信感，議員のなり手不足から来る，議員の質の問題[62]，住民と議員との情報共有など[63]，山積する課題のひとつが本件に表されているといえよう。

　議会は民主的意思決定の場である。しかし，多数決による実質的な懲罰権行使は，抑制的でなければならない。であるがゆえに，地方自治法は厳格な規定を置いている。議員辞職勧告決議とは聞こえが良いが，本件の場合，その内実は，多数派による少数派議員の排除に他ならない。議員辞職勧告における弁明の機会も与えられず，公表における反論の機会も与えない決議に民主的正当性はあるだろうか。

　本件決議は，「住民の代表としてその意思を当該普通地方公共団体の意思決定に反映させるべく活動する責務」を果たせなくするものであって，上告人に著しい不利益を与えるものと断ぜざるを得ない。本件ガイドラインの適用と公表は，わが国の地方自治に禍根を残すものである。

---

60)　TRS Allan, Constitutional Justice,at 33（2001）.

61)　渡辺・前掲注25）170頁。

62)　https://www.asahi.com/articles/ASR6476V7R5LOXIE031.html?iref=comtop_Politics_02（2023年 6 月 5 日確認）

63)　大山礼子「地方議会に未来はあるか」https://www.soumu.go.jp/main_content/000622871.pdf（2023年 6 月 5 日確認）。

## 第 5 章　事前運動規制の違憲性

### はじめに

　国民の政治離れが指摘されて久しい。国政選挙，地方選挙問わず，投票率は低迷し[1]，支持政党をもたない有権者が増大している[2]。国政選挙では，世襲議員が増え，あたかも支配する側と支配される側が固定化されているかの感がある。地方選挙では，議員のなり手が不足し，地方自治の危機が目の前にまで迫っているかのようである[3]。

　これらすべてが，国民の政治参加に対するハードルの高さに起因している。主権者である一般の国民が政治に参加することをことさら阻害するような要因が多すぎるのではないか。治者と被治者の同質性が民主主義にとっては不可欠な要素である。治める側と治められる側が隔てられるなら，民主主義は崩壊する。現行制度の下で若者に政治参加を促すこと自身が欺瞞ですらある。

　民主主義国家としては，例外的に厳しい選挙運動規制は，普通の国民が政治の担い手であろうとすることをことさらに拒んでいる。後に詳論するように，この状態は，国家の正当性そのものに対する疑念を生じさせる。現行の事前運動規制は，憲法違反である。

　本稿は，日本維新の会，前川清成前衆議院議員の公選法違反事件に関し，最高裁判所に提出した意見書を基にしている。同氏は，2021年の衆議院選挙の公示前に，投票を呼びかける文書を不特定多数の有権者に送ったとして公職選挙法違反の罪に問われ，2審の大阪高等裁判所は，2023年7月，罰金30万円の有罪判決をいい渡したところ，同氏は，判決を不服として最高裁判所に上告した

---

1 ）総務省 https://www.soumu.go.jp/senkyo/senkyo_s/news/sonota/ritu/index.html
2 ）読売新聞オンラインによると，2023年8月末現在，無党派層は44％に達している。
　　https://www.yomiuri.co.jp/election/yoron-chosa/20230827-OYT1T50114/
3 ）総務省「地方議会・議員のあり方に関する研究会　報告書」https://www.soumu.
　　go.jp/main_content/000704238.pdf

130 第2部 政治過程と表現の自由

というものである。

　本稿では，とくに選挙運動規制に対する裁判所の審査姿勢を中心にして，比較衡量の観点から，本件を眺め直すことに焦点をあわせたい[4]。


# 1　選挙運動規制と違憲審査の姿勢

## (1)　最判昭和44年4月23日判決

### ①　最判昭和44年4月23日判決

　公職選挙法（以下「公選法」という）129条によると，「選挙運動は，選挙の公示・告示日から選挙期日の前日までしかすることができない」。違反した者は，1年以下の禁錮（拘禁刑）または30万円以下の罰金に処することとされており（公選法239条1項1号。令和7年6月より「拘禁刑」），選挙権および被選挙権が停止される（公選法252条1項・2項）。有権解釈によれば，選挙運動とは，「特定の選挙について，特定の候補者の当選を目的として，投票を得又は得させるために直接又は間接に必要かつ有利な行為」が判例・実例の立場であると紹介されている[5]。

　今日，民主主義国家の中で，ここまで厳しい選挙運動規制を課す国は，日本以外にない[6]。アメリカ合衆国やイギリスでは，選挙運動は自由であるとの前提から，選挙過程に実質的な害悪を行なうもののみ規制する姿勢をとっている。ドイツ連邦共和国では，選挙運動に対する「規制」そのものがない。詳細な規制を置くフランスでも，出版の形式を採れば，規制は課されない。これら民主国家と比較したとき，わが国の公職選挙法は大正時代からまったく進歩が見られない。むしろ，時代に逆行しているかの感すらある[7]。そこにあるのは，民への蔑視，愚民思想である。

---

4）本稿を公刊することについて，前川氏から快諾を頂いたことに感謝申し上げる。また，本件には，毛利透京都大学教授も意見書を執筆されており，表現の自由一般と事前活動禁止との関係について，明快な主張が展開されている。

5）総務省 https://www.soumu.go.jp/senkyo/senkyo_s/naruhodo/naruhodo10_1.html

6）国立国会図書館「米英独仏の主な選挙運動規制」平成27年8月3日調査及び立法考査局。この資料を一瞥したとき，わが国の選挙運動規制が「異常」であることがわかる。

今日，事前運動の禁止規定の合憲性を支持する憲法学説は見当たらない。いずれも，同規定が法令違憲であり，少なくとも適用に当たって，憲法に適合する解釈を施すべきであると考えている点で，意見の一致を見ている。

だが，本件第一審も控訴審も以下のような最高裁判決[8]に依拠して，上のような憲法学説に背を向けている。

　　憲法21条の保障する言論・出版その他表現の自由には公共の福祉のため必要かつ合理的な制限の存し得べきことは，前記当裁判所大法廷判決の明らかにするところである。ところで，公職の選挙につき，常時選挙運動を行なうことを許容するときは，その間，不当，無用な競争を招き，これが規制困難による不正行為の発生等により選挙の公正を害するにいたるおそれがあるのみならず，徒らに経費や労力がかさみ，経済力の差による不公平が生ずる結果となり，ひいては選挙の腐敗をも招来するおそれがある。このような弊害を防止して，選挙の公正を確保するためには，選挙運動の期間を長期に亘らない相当の期間に限定し，かつ，その始期を一定して，各候補者が能うかぎり同一の条件の下に選挙運動に従事し得ることとする必要がある。公職選挙法129条が，選挙運動は，立候補の届出のあつた日から当該選挙の期日の前日まででなければすることができないと定めたのは，まさに，右の要請に応えようとする趣旨に出たものであつて，選挙が公正に行なわれることを保障することは，公共の福祉を維持する所以であるから，選挙運動をすることができる期間を規制し事前運動を禁止することは，憲法の保障する表現の自由に対し許された必要かつ合理的な制限であるということができるのであつて，公職選挙法129条をもつて憲法21条に違反するものということはできず，論旨は理由がない。

---

7 ）安野修右「公職選挙法制定と選挙運動規制」政経研究56巻3号（2019年）121頁は，GHQからの選挙法改正に対して，日本政府がいかに抵抗したか，1950年公選法改正に当たっても，GHQは反対の意見をもっていたことを詳細に分析している。なお，公選法の歴史については，三枝昌幸「選挙引導の自由と公正─立法過程の議論に着目して」平成28年明治大学大学院博士後期課程学位論文以上の文献はない。

8 ）最判昭和44年4月23日刑集23巻4号235頁。

## ② 同判決の異常さ

「選挙の公正を確保する」との目的に異を唱える者はいない。しかし、「常時選挙運動を行なうことを許容するときは、その間、不当、無用な競争を招き、これが規制困難による不正行為の発生等により選挙の公正を害するにいたるおそれがあるのみならず、徒らに経費や労力がかさみ、経済力の差による不公平が生ずる結果となり、ひいては選挙の腐敗をも招来するおそれがある」との説示は、薬事法違憲判決[9]における「競争の激化—経営の不安定—法規違反という因果関係に立つ不良医薬品の供給の危険が、薬局等の段階において、相当程度の規模で発生する可能性があるとすることは、単なる観念上の想定にすぎず、確実な根拠に基づく合理的な判断とは認めがたいといわなければならない。」との説示と比較したとき、あまりに本末転倒で、もはや整合性を欠くものとなっていないだろうか。もし、昭和44年4月23日判決の立場を維持するならば、最高裁の姿勢は、大正14年の普通選挙法制定時にとどまったままである。そこにあるのは、民の能力に対する不信、主権者である国民に対する、「上からの目線」なのではないだろうか。

現在、表現規制が問題となる事例において、最高裁は、以下のような審査姿勢を一貫させている。

> 「このような自由に対する制限が必要かつ合理的なものとして是認されるかどうかは、制限が必要とされる程度と、制限される自由の内容及び性質、これに加えられる具体的制限の態様及び程度等を較量して決めるのが相当である[10]。」

もちろん、憲法学説は、このような融通無碍の審査姿勢に対しても、自由権保障にとっては不十分であると指摘する。ただ、選挙運動という、主権者国民にとっては生命線ともいうべき活動が、比較衡量（較量）も経ることなく、一刀両断的に制約されなければならないのはなぜなのか、最高裁には説明責任があるのではなかろうか[11]。

---

9) 最大判昭和50年4月30日民集29巻4号572頁。
10) 最大判昭和58年6月22日民集37巻5号793頁。

### ③ 選挙のルールは例外か

　だが，最高裁は，憲法学説の批判を黙殺するように，自由権に対する一般的な審査姿勢を放棄し，一刀両断的判断を維持し続けている。その理由は明確ではないものの，戸別訪問禁止規定の合憲性が問われた事件で[12]，伊藤正己裁判官補足意見は以下のように述べている。

　　　「もとより，国会は選挙運動のルールとしてどのような内容のものを設定するかについて完全な裁量権をもつものではなく，そのルールは合理的なものでなければならないが，競争を公平に行わせることに独自の価値があり，そのためにある行為を禁止するというルールを定立する場合と，ルールの定立ということ自体には意味がなく，単にある行為を無価値なものとして禁止する場合とを対比してみると明らかなように，前者の場合のルール設定については，国会の裁量権の幅は広く，その立法政策にゆだねられているところが大きいといわなければならない。」

　この説示は，選挙運動のルールについては，それがルールとして課されている以上，合理性の程度は低くともよい，とも読める。だが，この「選挙のルール論」は，選挙運動に対する制約を正当化するには不十分である。問われているのは，国民主権そのものではないのか。「ストライク3つで1アウトとする」ルールならば，ともかく決まっていることに合理性はあるだろう。しかし，ここで争われているのは，実質的にプレーを制限するルールの合理性なのではないだろうか。

　原審のように，選挙の公正さは民主主義にとって重要であるから，包括的な表現規制であっても，厳格審査は適用されないというのは，奇妙な議論といわ

---

11) 最高裁の憲法判例は，当事者に対する応答以上の意味をもつ。それは，憲法解釈を国民に説明するという意味である。この点について，Conrado Hubner Mendes, Constitutional Courts and Deliberative Democracy, (2013) at 107 は，憲法を扱う裁判所には，訴訟の提起→法廷での議論→判決→国民的な討議（deliberation）のいずれの段階においても，誰かとの対話者（inerlocutors）でなければならないと論じている。

12) 最判昭和56年7月21日刑集35巻5号568頁。横大道聡「戸別訪問の禁止」憲法判例百選Ⅱ〔第7版〕142頁は，この判決と昭和44年4月23日判決とが合わさって，その後の選挙権制限関連判決の枠組みが形成されたとする。

134　第 2 部　政治過程と表現の自由

ざるを得ない。ならば，民主主義にとって不可欠な公正さを確保するために，真に必要な行為だけを禁止すべきであって，実質的な害悪を惹起しない行為にまで禁止するのであれば，それは逆に国民の政治参加を阻害する。実質的には何の害悪も生じさせない行為を禁圧することの方が，民主主義にとってのダメージは大きい。

### ④　選挙権と被選挙権

他方で，最高裁は，在外国民選挙権訴訟[13]において，以下のような判断を示している。

> 「憲法の以上の趣旨にかんがみれば，自ら選挙の公正を害する行為をした者等の選挙権について一定の制限をすることは別として，国民の選挙権又はその行使を制限することは原則として許されず，国民の選挙権又はその行使を制限するためには，そのような制限をすることがやむを得ないと認められる事由がなければならないというべきである。そして，そのような制限をすることなしには選挙の公正を確保しつつ選挙権の行使を認めることが事実上不能ないし著しく困難であると認められる場合でない限り，上記のやむを得ない事由があるとはいえず，このような事由なしに国民の選挙権の行使を制限することは，憲法15条 1 項及び 3 項，43条 1 項並びに44条ただし書に違反するといわざるを得ない。」

選挙権に対する制約には，厳格審査とも呼べる審査姿勢で臨む。しかし，選挙権と表裏の関係にある立候補の自由や選挙運動の自由に対しては，「包括禁止，限定解除」と呼ばれるほど苛烈な制約が課されているにもかかわらず，一刀両断的判断で臨む。この差異に合理的な根拠はあるのだろうか。選挙権に対する制約が厳格審査に付されるのであれば，選挙権に奉仕する選挙運動の自由も厳格審査に服するのではないだろうか。少なくとも，審査のレベルを上げた

---

13) 最大判平成17年 9 月14日民集76巻 4 号711頁。ここでいう，「自ら選挙の公正を害する行為をした者」とは，文脈的には，「そのような制限をすることなしには選挙の公平を確保しつつ選挙権の行使を認めることが事実上不能ないし著しく困難であると認められる場合」との関連で理解する必要がある。選挙の公正を害するとは，形式的にではなく，実質的に理解しなければならない。したがって，公選法239条 1 項は，この説示に合わせた限定解釈が施されなければならない。

比較衡量によって，その合憲性が判断されなければならない。

つぎに，この観点に立ち，事前運動禁止の違憲性について検討する。


## 2　事前運動の禁止とその違憲性について

### (1)　制約の目的は何か
#### ①　最判昭和44年4月23日判決にいう制約の「目的」
再度，昭和44年4月23日判決に戻ろう。同判決は，事前運動の禁止の目的を次のように述べていた。


　　　「不当，無用な競争を招き，これが規制困難による不正行為の発生等により選挙の公正を害するにいたるおそれがあるのみならず，徒らに経費や労力がかさみ，経済力の差による不公平が生ずる結果となり，ひいては選挙の腐敗をも招来するおそれがある。このような弊害を防止して，選挙の公正を確保するためには，選挙運動の期間を長期に亘らい相当の期間に限定し，かつ，その始期を一定各候補者が能うかぎり同一の条件の下に選挙運動に従事し得ることとする必要がある。」


この説示によると，事前運動の禁止の目的は，選挙の公正を確保することに置かれている。そして，この目的は，次の二つの理由に支えられている。

　a）不当，無用な競争が不正行為を発生させ，それにより選挙の公正が害される。

　b）いたずらに経費や労力がかさむことで，経済力の差が不公平を生じさせ，選挙の腐敗を招来する。

#### ②　目的の妥当性
民主国家において，選挙は公正に行なわれなければならない。この要請を否定する者はいない。しかし，判決は，a）不当，無用な競争とは何か，不正行為は違法行為とどう異なるのかについて，まったく説明するところがない。また，b）経済力の差が不公平を生じさせることの認識は，国民に対する蔑視に基づいているのではなかろうか。

選挙運動における不当，無用な競争とは何であろうか。有権者に対して，自

らの政治的信念を語り，当選した暁の展望を語り，懸命に投票を促す行為が不当，無用と評価されるケースはどのような場合であろうか。投票を強制し，強要し，対価を提示して投票を要請する行為は，犯罪である。これら犯罪に至らない活動が不当，無用と評価されるようなケースは思いつかない。それでも不当，無用な競争があり得るのだというのなら，それは，ものさしを欠いた，恣意的な判断を前提とせざるを得ないのではないか。

　また，経済力の差が不公平を生じさせるという点はどうか。これもまた，目的としての正当性を欠いている。立候補においては供託金を積まなければならない。この論理が通用するのなら，供託金制度を廃止すべきなのではないか[14]。立候補における経済格差に目をつぶりながら，選挙運動における経済力の差を論じるのは，理屈としてとおらない。昭和44年判決は，選挙の公正という，誰も否定しようのない目的を掲げているものの，この目的を支える理由は説得力を欠いている。

　また，上記説示は，昭和44年4月23日判決の1年後に最高裁が下した，八幡製鉄政治献金事件大法廷判決の次のような説示関係で，著しく均衡を失していないだろうか。

　　　「さらに豊富潤沢な政治資金は政治の腐敗を醸成するというのであるが，その指摘するような弊害に対処する方途は，さしあたり，立法政策にまつべきことであつて，憲法上は，公共の福祉に反しないかぎり，会社といえども政治資金の寄附の自由を有するといわざるを得ず，これをもつて国民の参政権を侵害するとなす論旨は採用のかぎりでない。」[15]

　政治献金は，政治過程に対する影響力の点で，事前運動をはるかに凌駕する。それにもかかわらず，政治献金に伴う腐敗は立法政策に委ねられ，事前運動に対しては過剰ともいうべき制約を課す。国民の参政権に対する包括的禁止に目をつぶりながら，会社の政治献金の自由を語る姿勢に説得力はあるだろうか。

---

14）毛利透・小泉良幸・淺野博宣・松本哲治『憲法II人権〔第3版〕』（有斐閣・2022年）415頁。

15）最大判昭和45年6月24日民集24巻6号625頁。

## (2) 選挙運動の自由の性格

### ① 選挙運動の自由と憲法上の根拠

つぎに，選挙運動の自由とは，憲法上どのように評価されるのかを見ることにしよう。

多くの憲法学説は，選挙運動の自由が憲法21条1項によって保護されると解釈している。昭和44年4月23日判決もまたこの点を認めている。したがって，選挙運動の自由も公共の福祉による制約を受ける。論点は，選挙運動の自由への制約をどのように正当化するのかに向けられる。

この点について，昭和44年4月23日判決は何も触れるところがない。伝統的公共の福祉論を繰り返しているにとどまっている。当然，憲法学説は，この姿勢に承服していない。

選挙運動の自由は，立候補の自由と密接に結びついている。立候補の自由は，被選挙権とは異なる。被選挙権は，選挙において選出される資格（可能性）の保障を意味する。被選挙権は，憲法15条1項の「公務員選定罷免権」に含まれていると解釈する学説が多いが，むしろ国民主権原理から当然に導かれる国民の権利であると考えるべきではないか。選挙運動の自由も国民主権原理から派生する，当然の権利である。立候補の自由を制約することは，主権を制約するものであって，原則として許されない。制約が許されるには，「特段の理由，とりわけ憲法上の根拠が必要である」[16]。

また，選挙運動の自由は，表現の自由の中核にある。表現の自由は，民主主義にとっての生命線である。憲法21条1項は，民主主義あるいは国民主権原理の支柱を構成する。この自由を公共の福祉の一言で制約する姿勢を支持する憲法学説はない。たとえ，比較衡量による制約の正当化が必要であっても，その審査密度，レベルは合理性の審査では足りない。この点に関する憲法学の異論はないものと思われる[17]。

合衆国憲法においても，立候補の自由（the constitutional right to candidacy）は明文規定を欠いている。しかし，合衆国憲法制定の経緯や憲法全体の構造，

---

16) 長尾一紘「選挙に関する憲法上の原則（中）」ロースクール1979年9月号74頁。長尾一紘教授は，立候補の自由が普通選挙の原則によって保障されると述べている。立候補の自由の制約は，普通選挙の制約と同様な審査を要する。立候補の自由を全うするために必要な政治活動の自由もまた同様に考えるべきなのではなかろうか。

17) 長谷部恭男『憲法〔第8版〕』（新世社・2022年）315頁など。

あるいは判例理論の蓄積の中から，これを第1修正表現の自由の一つとして認めている。とくに，キャロリーヌプロダクツ社判決[18]，ストーン裁判官意見脚注4に触発された「政治過程論（political process）」は，表現の自由の優越的地位論（preferred position）と結びつき，表現の自由，投票の自由，候補者となる自由を基本的権利に列挙する根拠となった[19]。

## ② 選挙運動の自由の重要性

参政権や立候補の自由が民主主義そのものに直結した権利であることについては，多くの議論を必要としない。これらの権利は，原則として制約されてはならない。政治過程に対する国民の権利が制約されるならば，国家の正当性事態への疑念を生じさせるからである。本件のような政治活動規制は，本件被告人の利益を超えて，国家の正当性や国家行為の正当性にかかわる重大な問題を引き起こす[20]。

「人間は，自然によって国家的動物である」と述べたのは，アリストテレスであった[21]。国家共同体の中で生まれ，国家の機能に参与し，その役割を果たしていくことは，人間の本性（nature）に根ざしている。共同体の一員として生まれた人間は，家族，地域社会，国家との結びつきの中で，市民としての自覚と能力を育んでいく。政治に対する関わりは，それゆえ自然権の一つと考えられる。これは，個人の尊厳と結びつき，政治共同体の一員として承認されることへの要求，すなわち政治参加の権利へとつながっていく。

とりわけ，立候補の自由とこの自由から派生する選挙運動の自由は，共同体の運営にかかわるという，人間にとって根源的な権利の一つである。このような制約は，やむを得ない（compelling）理由なし制約することはできない。「そのような制限をすることなしには選挙の公正を確保しつつ選挙権の行使を認めることが事実上不能ないし著しく困難であると認められる場合でない限り，上

---

18) United States v. Carolene Products Company, 304 U.S. 144 (1938).

19) Nicole A.Gordon,The Consititutional Right to Candidacy,91 Pol.S.Q.471 (1976) 481-482. なお，アメリカ合衆国における，政治過程に対する裁判所の関わりについては，拙稿「政治資金規制と司法審査の役割」比較法雑誌49巻1号（2015年）1頁を参照。

20) 長尾・前掲注16) 72頁は，「自由の契機を欠く選挙は，もはや国家権力の民主的正当性の作用を果たしえず，選挙としての法的意義を有するものではない」と述べている。

21) アリストテレス『政治学』（牛田徳子訳　京都大学学術出版会・2001年）6頁。

記のやむを得ない事由があるとはいえず，このような事由なしに国民の選挙権の行使を制限することは，憲法15条１項及び３項，43条１項並びに44条ただし書に違反するといわざるを得ない」（上記最高裁大法廷判決）のである。

選挙の現実においては，現職あるいはその土地に地盤を有する者，さらにいえば世襲議員が圧倒的に有利な立場にある。しかも，選挙戦が短縮されればされるほど，この傾向は強まる[22]。地盤も看板ももたない新規参入者がこのフィールドで公平に戦えると信じている者はいないだろう。事前運動の禁止は，形式的平等がもつ実質的差別効果にかかわる問題でもある。現職に過大なアドバンテージを与える制度を認めることにならないだろうか。

## (3) 選挙運動規制の性質と内容

### ① 内容規制としての選挙運動規制

冒頭で述べたとおり，公選法が禁止する事前運動とは，「特定の選挙について，特定の候補者の当選を目的として，投票を得又は得させるために直接又は間接に必要かつ有利な行為」を指すものとされている。あるいは，選挙運動とは「特定の選挙に，特定の候補者の当選をはかることを目的に投票行為を勧めること」であり，政治活動，すなわち「政治上の目的をもって行われるいっさいの活動から，選挙運動にわたる行為を除いたもの」と区別される[23]。

この定義によると，事前運動として禁止されるのは，特定の候補者の当選をはかる」活動となる。これは，表現の内容に照準を合わせて制約を試みる点で，表現内容規制の典型例といわなければならない[24]。当選を目指して行われる表現を制約する意味では，ひとつのトピックを制約する主題規制に該当する。同時に，当選のために，志などを表明することを禁止する点で，見解（観点）規制に相当する。これらは，表現規制の体系上，検閲に匹敵する規制効果をもっている。

すなわち，内容規制が許されないのは，「話してもよいこと」と「話してはいけないこと」を国家が決定する点で，検閲に近いからである。有権者の視点

---

22) 飯田健・上田路子・松林哲也「世襲議員の実証分析」選挙研究26巻２号（2010年）150頁。

23) 東京都選挙管理委員会事務局「選挙 Q&A（選挙運動と政治活動）」https://www.senkyo.metro.tokyo.lg.jp/qa/qa-katudou/

24) 市川正人『憲法〔第２版〕』（新世社・2022年）145頁。

140　第 2 部　政治過程と表現の自由

から考えると，候補者の見解を十分に知る機会を縮減することで，情報操作に近い規制効果をもつ。事前運動禁止はどの候補者に対しても等しく適用されるため，これを内容中立規制と見る向きもあるが，適切ではない。当選という主題そのものを包括的に禁止する点で，これは内容規制の属性をもつ。

### ②　過小包摂と過大包摂

事前運動の禁止は，当選にかかわる表現を規制する点で，内容規制である。それ以上に，この規制は，目的を実現するには不十分（過小包摂〔underinclusive〕）であり，また過剰（過大包摂〔overinclusive〕）である。

公選法は，事前に行われる活動でも，一般的な政治活動を禁止の対象から外している。しかし，多くの学説が指摘するように，この両者の区別は相対的で，流動的，すなわち文脈依存的である。もし，「無用な競争を招き，これが規制困難による不正行為の発生等により選挙の公正を害するにいたるおそれがあるのみならず，徒らに経費や労力がかさみ，経済力の差による不公平が生ずる結果となり，ひいては選挙の腐敗をも招来するおそれがある」というのなら，事前の政治活動も規制対象とせざるを得ない。したがって，事前運動の禁止は，目的に対して過小包摂となり，規制目的との関係で，合理的なつながりが否定される。

これについては，事前の政治活動が許されているのであれば，事前運動が禁止されても実害はないではないかとの批判があるが，的外れといわざるを得ない。制約を解く方が筋である。

一方で，上記規制目的を実現するのであれば，選挙の公正を実質的に阻害する活動のみを対象とすれば足りる（過大包摂）。実質的な阻害効果を判断することができないため包括的に規制するのだ，という主張は，表現の自由を規制する場合には採ることができない。

本件のように，同窓会名簿を頼りにはがきを35通送ったことが，はたして選挙の公正を阻害する行為といえるであろうか。選挙の公正を保とうとするのなら，実質的な違法性が認められる活動のみ規制すれば十分である。「実質的判断ができないから，形式的に包括規制を行なうのだ」，という主張は論理が破綻している。それは，選挙の公正を阻害しない行為まで規制対象としていることを認めているからである。

また，実質的判断を避けるなら，公務員の政治的中立性に関する判断[25]と著しくバランスを欠くことにならないだろうか。政治活動に対する制約に対し

て，国家は，とりわけ国家刑罰権は謙抑的であるべきではないか。

### ③ あいまいな区別による恣意的適用の危険性

公選法は，事前に行われる活動でも，一般的な政治活動を禁止の対象から外している。しかし，多くの学説が指摘するように，この両者の区別は相対的で，流動的，すなわち文脈依存的である。

「立候補」や「当選」のような，「選挙民に対し直接に投票を勧誘する行為又は自らの判断に基づいて積極的に投票を得又は得させるために直接，間接に必要，有利なことをするような行為，すなわち公職選挙法にいう選挙運動」[26]が禁圧の対象となる旨最高裁は述べている。だが，「積極的に投票を得又は得させる」とは何か，「積極，間接に必要，有利なこと」は何か。公選法違反事件に関する裁判所の判断は，蓄積されてきたとはいえ，そこには，どうしても「恣意」が入り込む余地がある。いわば，「後出しジャンケン」的な運用のおそれを否定できないのである。

## (4) 制約によってもたらされる効果

### ① 平等の名の下における不平等　厳しい参入規制

#### (a) 候補者に対する効果

つぎに，事前運動の禁止がどのようなインパクトを政治活動の自由や表現の自由に及ぼすのかを見ておきたい。

すでに述べたように，事前運動の禁止は，当該選挙区で立候補しようとする，新しい候補者への参入規制として機能する。新たに参入しようとする候補者は，皮肉にも，より多くの「経費や労力」を必要とする。政治参加，表現行為に先立ち，あらかじめ不利な立場からの参入を余儀なくされる。表現する地位に対する差別的な効果といってもよいだろう。事前運動の禁止の目的とは裏腹に，形式的な平等は，実質的な差別効果をもっている。新規参入者は，強固な地盤をもつ現職と争うことは容易ではない[27]。

---

25) 最判平成24年12月7日刑集66巻12号1337頁（堀越事件）。

26) 最判昭和53年1月26日刑集32巻1号1頁。

27) 合衆国最高裁判所は，政治資金規制の合憲性が争われた，McCutheon判決の中で，「ある者の政治的影響力を少なくするために，他者の政治的影響力を制約する」ことは許容されない旨述べている。McCutcheon vs FEC,134 U.S. 1434（2014）。ロバーツ首席裁判官法廷意見。

142　第2部　政治過程と表現の自由

　また，事前運動の禁止がもつあいまいさから，摘発をおそれて表現行為を思いとどまる候補者も出てくるであろう。あいまいな表現規制は，必ず萎縮効果を生じさせる。本件のように，事前運動ととられないよう，注意深く配慮がなされた事例においても，「実質的効果」という，法執行者の恣意による制約が課されることになるならば，この規制効果は選挙活動全体に対する萎縮効果をもたらすのである。

### (b)　国民の政治参加そのものに対する影響

　この参入コストが，国民の政治離れ，若者の政治離れ，投票率の低下，無関心の助長，地方選挙におけるなり手不足，既得権益の温存，そして世襲議員の増加による社会の階層化，固定化という，日本政治特有の問題の大きな原因となっている。供託金制度の廃止も含めて，政治に対する参入障壁を取り除かない限り，日本社会における政治の貧困は解決しない。

　事前運動は，候補者の利益にとどまるわけではない。支持者や一般市民と手を携えて，当選のための運動を繰り広げる行為は，市民の政治的自由の根幹にある。選挙権論の泰斗，長尾一紘教授は，この点について，次のように述べ，「現行の公選法は，選挙運動を著しく厳格な規制の下においている」と論難している。

　　「選挙運動は，主体，方法，時間の3点につき，原則として自由が保障されなければならない。すなわち，選挙運動の主体は候補者・運動員や政党等に限定されるべきものではなく，全国民がひとしく選挙運動に参加しうるものとされなければならない。方法についても，一般の刑事法上の犯罪や買収等実質犯に該当するものでない限り，自由な選択が許されなければならない。また，時間についても一定の期間を限るべきではない。投票日当日以外は，原則として自由が保障されなければならないのである」[28]

　今から40年以上前に公にされた長尾教授のこの意見に，耳を傾けるべきなのではないだろうか。

### ②　事前運動の禁止は内容中立的規制ではない

　事前抑制の禁止が，単なる時間，場所，方法の規制であれば中間段階の審査

---

28)　長尾・前掲注16)　75頁。

を適用する余地はあるだろう（その場合でも右から左に合憲性を認めるような審査は許されない）。しかし，事前運動の禁止は，選挙運動という内容（主題・見解）に依拠した時間規制である[29]。いずれの候補者に対しても等しく適用される点で，これを内容中立的規制と見る誤解があるが，いずれの候補者に対しても，「言っていいこと」と「言ってはいけないこと」を区別し，「言ってはいけないこと」を公にしたとき，これを刑罰によって禁圧し，さらには議員の失職まで定める規制は，内容中立的規制ではない。

ちなみに，時間・場所・方法の規制に関する合憲性審査基準は，①内容中立的であること，②重要な政府利益に奉仕するものであること，③代替表現手段を十分に確保しているものであること，によって判定される。事前運動の禁止は，②を満たすものの，①③を充足しない。①については，すでに述べた。③については，フランスのように，書籍による事前運動を全面的に許容するようなしくみになっていない点に致命的な欠陥がある[30]。

### ③ 規制目的と規制手段の不均衡

選挙の公正という，誰も否定できない目的を掲げ，これを刑事罰により禁圧し，さらには公民権まで停止させる方法は，すでに目的と方法の間に求められる比例原則に違反している。繰り返しになるが，選挙の公正を確保するのであれば，選挙の公正を実質的に侵害する行為のみを禁止すれば足りる。任意選挙の原則を否定するような買収や強要などは，明白に選挙の公正を害するであろう。しかし，文書配布，戸別訪問はどうであろうか。これらを容認する諸外国の選挙が不正であるとの話は聞かない。

また，これに刑事罰を科し，有罪確定の暁に失職させる制度の重さは，あまりに過剰である。目的の正当性からただちに規制の合憲性を認める論理は，憲法学の常識からは大きくそれている。制約の目的とそのための方法の間に求められるべき均衡を大きく失している。

それ以上に，選挙の公正を確保するために選挙運動を制限すること自体が，許されないパターーナリズムに該当する。昭和44年4月23日判決がいう，「常時選挙運動を行なうことを許容するときは，その間，不当，無用な競争を招き，これが規制困難による不正行為の発生等により選挙の公正を害するにいたるお

---

29）時間・場所・方法の形成とその合憲性については，拙稿『表現の自由 理論と解釈』（中央大学出版部・2014年）169頁以下参照。

30）拙稿・前掲注29）183頁。

それがあるのみならず，徒らに経費や労力がかさみ，経済力の差による不公平が生ずる結果となり，ひいては選挙の腐敗をも招来する」おそれは，国民に政治的な判断能力が欠けていて，放っておくととんでもないことをしでかし，国益に背く行動をしかねない，という，およそ国民主権国家では考えられないような想定を前提としている。

　国民は，それほど愚かであろうか。政府は正しく，裁判所はつねに間違わないという，すでに淘汰されたはずの無謬性神話にしがみついた見方なのではなかろうか。このような見方自体が，逆に民主的な選挙の実現を阻害していないであろうか。選挙運動規制の論理は，徹底した民への蔑視，国民に対する不信感に駆られたものである。事前運動の禁止を見ると，そこでは，憲法は変わっても，民に対する官の優越は決して変わっていないことが理解できる。この制度を維持することは，すなわち，主権者国民に対する裏切り以外の何物でもない。繰り返しになるが，今日このような包括規制を存置させている民主国家はわが国以外ない。

#### ④　選挙運動の準備行為か事前運動か

　ところで，本件において，前川氏の活動に対する法的評価を分けるポイントは，同氏が送付した，推薦はがきの作成依頼に係る 3 点セットが投票依頼行為に該当するのか，そうではなく選挙運動の準備行為に過ぎないのか，に集約される。この点について，大阪高裁判決[31]は，以下のように述べている。

　　「もっとも，依頼のうち，推薦人欄への署名（すなわち他の選挙人に対する推薦）を求める部分は，それが本件総選挙に当たっての推薦依頼であるという点で一応実質的な選挙運動準備行為であるといえる。宛名書きの部分は，これと一体をなす依頼とされていることにより，かろうじて選挙運動準備行為としての実質を有しているということができる。しかし，特定の選挙に当たって明確な支持者でも支援者でもない選挙人に対して候補者の推薦を依頼する行為は，直接的な投票依頼をするのと近い効果を有するものであるから，当該行為の相手方，時期，方法その他の具体的な事情によっては，推薦依頼に名を借りた投票依頼行為であって選挙運動に該当

---

31）大阪高判令和 5 年 7 月19日高刑75巻 2 号 1 頁（第 1 審：奈良地判令和 5 年 1 月18日 LEX/DB2557628，上告審：最判令和 5 年11月20日時報1828号 8 頁〔上告棄却〕）

すると認められる場合があるというべきである（最高裁判所昭和44年３月18日第３小法廷判決・刑集23巻３号179頁参照）。そして，本件行為の時期，方法，すなわち，時期が公示の直前であり，本件選挙はがきの推薦人欄への署名を求めて同はがきを同封し，内容を理解しようとすれば必然的に同はがきに印刷された投票依頼文言が目に触れるような依頼方法をとっていることからすれば，これは推薦依頼に名を借りた実質的な投票依頼行為であると強く疑われる行為である。」

「およそ，特定の選挙が施行されること，そして特定の人がその選挙に立候補することが予測され，あるいは確定的となつた場合において，或る者が，外部から，他の個人または団体に対し，その特定の人を当該選挙において支持すべき候補者として他の者または団体構成員に推薦されたい旨の依頼をする行為が，選挙運動の準備行為に過ぎないものであるか，あるいは推薦依頼に名を藉りた投票依頼行為であつて，選挙運動に該当するものであるかは，当該推薦依頼行為の相手方，時期，方法その他の具体的な事情によつて決定されなければならないところである。」

問題となる行為が選挙運動に該当するかどうかは，まず客観的，外形的に判断される必要がある。さもなくば，推薦をどの範囲に，どのような文言で依頼すると選挙運動に該当するのか，あるいは選挙運動の準備行為にとどまるのかを合理的に予測することが困難となる。原判決における「特定の選挙に当たって明確な支持者でも支援者でもない選挙人に対して候補者の推薦を依頼する行為は，直接的な投票依頼をするのと近い効果を有するものであるから，当該行為の相手方，時期，方法その他の具体的な事情によっては，推薦依頼に名を借りた投票依頼行為であって選挙運動に該当すると認められる場合があるというべきである」との説示は，依頼者において違法性を回避しようとする合理的判断を難しくし，ひいては裁判官の恣意による判断を許す結果となりはしないだろうか。

本件において，前川氏は，推薦葉書の作成依頼の３点セット，すなわち，葉書，葉書の書き方，返信用封筒を一緒に送付しているのであって，これらには外形的，客観的に投票を依頼する文言が用いられているわけではない。それゆえ，本件以来行為は，投票依頼ではなく，選挙の準備行為の依頼と考えることが素直な解釈なのではなかろうか。

原判決は，選挙活動の自由に対する制約という，民主主義にとって重大な規制効果を有する公選法の規定を拡大解釈する点で，刑罰法規の謙抑性に反するものである。このような判断が維持された暁には，本来規制対象となっていない，選挙運動の準備行為そのものへの恣意的な制約も許容されることになり，わが国の民主主義にとっても重大な影響を及ぼすことが必定である。

**結論**

選挙権と被選挙権は，国民主権国家において生命線ともいえる権利である。これを規制することは，いかなる理由からも許されない。選挙運動の自由もこれと同様に考えるべきである。これらが制約されるなら，国家の正当性そのものに疑念が生じることになる。それゆえ，他の民主国家では，選挙運動の自由が制限されていないことを直視しなければならない。

選挙の公正という，一見誰も否定できないような目的を掲げ，包括的に主権者の権利を制約することは原則として許されず，その制約なしには公正な選挙の実施が不可能であるとの立証が規制側には求められる。選挙権，被選挙権とは，「とにかく投票所に行き，一票を投じればよいのだ」というものではない。それならば，ルソーが嘲笑をもって描いた選挙から一歩も出るものではなかろう。選挙の公正を維持するという理由で，何ら実害を惹起しないような事前運動を禁止することは，背理というべきである。

公選法が定める事前運動の禁止規定は，文面上違憲である。少なくとも，選挙の公正を阻害するような実質的害悪を惹起しない事例に適用することは憲法に反する。本件は，まさにその事例そのものである。前川清成氏は，無罪である。また，前川氏の行為は，素直な解釈を施せば，事前運動には該当しない。「実質的効果」という無理な解釈によって，これを禁圧しようとする原判決は，おそらく学説の支持を得られないであろう。

国民が主権を行使するプロセスに障害があるとき，これを除去する役割は，政治過程そのものに期待することはできない。これは，最高裁の役割である。憲法に違反して参入障壁を上げ，既得権益を墨守する状態を国会が放置するとき，憲法の番人たる最高裁判所以外に，民主主義を救済する機関はない。

# 第 3 部

# 強制言論と違憲審査

第6章 強制言論の法理

## はじめに

「ひとを貶め，辱め，嫌悪させ，軽視するような表現を教会や国家が強制することはどういうことを意味するのであろうか。話せ，さもなくば処罰する！この種の強制は人の思想を侵すものである。人の心のプライバシーは自由の個人にとって欠かすことができない。かくのごとく，話さないでいる自由を否定することは話すことを否定すること以上に個人の尊厳を攻撃することになる」[1]。

合衆国憲法には，日本国憲法19条に相当する条文は置かれていない。内心の自由（freedom of conscience）は，第1修正表現の自由の前提として，あるいは裏返しの権利として保障されるといわれている。この権利は，ときに「沈黙の自由（right to keep silent）」や「表現しない自由（right not to speak）」と呼ばれることがあり，また「消極的表現の自由（negative speech right）」と総称される場合も少なくない。また，これらの問題状況を「強制言論法理（compelled speech theory）」として俯瞰する研究も豊富である[2]。

一方，日本国憲法の解釈では，憲法19条の位置づけは必ずしも明確ではない。多くの憲法例では，憲法19条のような条文は置かれておらず，むしろ合衆国憲法と同じ構成をとるものが多い。表現の自由（21条1項）には，その前提とし

---

1）Haig Bosmajan,The Freedom Not to Speak,196（1999）.

2）わが国の憲法理論においても強制言論に関する関心は高い。最近の論稿として，宮原均「謝罪の強制と言論の自由―アメリカにおける判例法理の分析―」東洋法学63巻3号（2020年）3頁，森口千弘「思想・良心の自由の前提条件―国家による言論強制と思考プロセスの自由―」早稲田法学94巻4号（2019年）609頁。君が代裁判などの判例を詳細に分析する浩瀚な論考として，渡辺康行『「内心の自由」の法理』（岩波書店・2019年）

て内心の自由が含まれなければ表現行為は空虚なものとなってしまう。したがって，19条がなくとも内心の作用は憲法上当然に保障を受けるはずである。このことを気にしてか，通説的見解は，憲法19条は，内心作用が絶対的に保障され（公共の福祉の制約を受けない），その保障内容は沈黙の自由であると理解してきた[3]。また，19条によって絶対的に禁止される国家介入を提示し，一定の外部行為の許容性はここから除外されるとする解釈もある[4]。

　そうすると19条の守備範囲と21条1項で保障される消極的表現の自由との関係はあいまいになる。そこで，19条で保障される内心を限定的に理解する学説が登場する。19条の思想良心とは，宗教的な信念や世界観を意味しており，単なる事実の認識や善悪の判断はこれから除外されるというのである。だが，宗教的な内心作用は，19条をもち出すまでもなく，20条1項などによって保障されているはずである。宗教告白を強いられない権利は，20条1項の守備範囲であることは明らかである。

　19条を絶対的保障と解釈し，その固有の機能を沈黙の自由とする解釈は，あるいは，問題解決を難しくさせてしまったのかもしれない。むしろ，19条が保障する自由は，脳の機能を含む精神的作用に直接働きかけ，個人の尊厳を根底から否定するような侵害（たとえば洗脳）を排除することに限定され，その役割は，精神的自由権保障の根拠を強固なものとする象徴と考えた方がよいのではないか。

　本稿では，合衆国最高裁判所において展開されてきた「強制言論法理」をスケッチすることで，日本国憲法における19条解釈に一石を投じようとする，いささか分不相応な企みである。そのため，まず，合衆国最高裁判所における強制言論の展開を祖述し，その後この問題に関する最新の判例である Ntional Institute of Family and Life Advocate vs Becerra（以下「NIFLA 判決」という）を分析する。これにより，合衆国における強制言論法理の現状を解明する。

---

　3）佐藤幸治『日本国憲法論〔第2版〕』（成文堂・2020年）245頁は，19条における沈黙の自由と21条1項によって保障される「表現しない自由」は重複しないとする。19条の自由は，人格的自律性の基盤を保障することにあり，「公表」を強いられる文脈以外の場面でも役割を果たすとする。なお，学説状況を明快に整理するものとして，渡辺康行・宍戸常寿・松本和彦・工藤達朗『憲法I基本権〔第2版〕』（日本評論社・2023年）165頁以下を参照。
　4）大石眞『憲法講義II基本権保障〔第2版〕』（有斐閣・2012年）138頁。

第6章　強制言論の法理　　151

これらの作業を踏まえて，日本国憲法における解釈の示唆を探りたいと思う。


# 1　合衆国最高裁判所における強制言論法理の展開

## ⑴　合衆国最高裁判所における強制言論の展開
### ①　強制言論の類型論

政府が言論を禁止もしくは制限するのではなく，言論を強制する場面はいくつかの種類に分けられる[5]。

まず，（A）特定の表現行為を行うよう強制する場面が考えられる。国旗に敬礼を求めたり，特定のメッセージを表示することを義務づけるような場面がこれに当たる。

（B）つぎに，他者のメッセージ表明を受け入れるよう強制する場面が考えられる。これは，さらに3つの場面に分類される。

（B1）　まず，いわゆる反論権として議論されてきた問題が生じる。ここでは，メディアの編集権と国家による言論の受容強制が対立する。また，より広い視点を提供するよう事業者に義務づけることの可否も問題となる。

（B2）　つぎに，団体が公金を特定の政治活動に支出をする際，その協力を反対者に求められるかという問題も含まれる。わが国でも問題となった，団体とその構成員の自由の問題である。

（B3）　また，私有財産の処分権（所有権や管理権など）に基づき，自分の財産上で行われる言論活動を受忍しなければならないかも問題となる。

（B4）　さらに，特定の憲法価値（平等や尊厳）を理由に特定団体や個人の活動に介入できるかが問われる。ここでは，男子のみに入会を認めている団体に対して女子の入会を義務づけることや一定の思想的傾向をもつ団体に平等や多様性の価値を受け入れるよう求めることなどが含まれている。

そして，（C）特定の専門職に対して一定の情報を開示させ，あるいは一定の事項を掲示するよう義務づけている法令もまた強制言論の問題として扱われ

---

5）強制言論については，多くの論者がさまざまな視点からの類型論を試みている。むしろ，強制言論は一つの問題ではなく，国家による作為強制を総称した問題群と呼ぶべきなのではなかろうか。ここでは，主として，Eugene Volokh,The Law of Compelled Speech,97 Tex.L.Rev.355（2018）を参考にして分類を試みた。

ている。

以下，順次検討することにしたい。

## ② （A）特定の表現行為を強制する場面

強制言論が憲法問題として明確に認識されるようになったのは，1943年のバーネット（Bernette）判決による[6]。エホバの証人の信者である少年たちが，自らの信仰に基づいて星条旗への敬礼を拒絶したことによって退学処分を命じられたケースにおいて，ジャクソン（Jackson）裁判官は，次のような有名な言葉を用いて，教育委員会の処分を憲法違反と判断した。

　「他者と異なろうとする自由は，どうでもよいことに限定されるわけではない。これは自由の単なる影と見られるかもしれない。その本質を試すものは，既存の秩序の核心部分に触れるものについて異なろうとする自由である。もし，憲法の星座の中に不動の星があるとするならば，それは，いかなる公務員も（上級から下級に至るまで）政治やナショナリズム，宗教やその体験に関して，正統なるものは何かを定めることはできないということであり，また自分たちの信仰について表明させられるよう強要してはならないということである」[7]

バーネット判決は，これより3年前に判示されたゴビティス（Gobitis）判決[8]を変更するものであった。この判決においては，エホバの証人の生徒を国旗への敬礼に強制しても憲法上の問題はないとの判断が示されていた。わずか3年での判例変更には何があったのか。そこには，第二次世界大戦をめぐり，闘うことを拒絶したエホバの証人に対する迫害が激化したことが反映しているといわれている[9]。このこともあってか，Bernette判決の説示は包括的で，緻密さに欠けている。信仰を根拠にして，世俗の義務をどこまで回避できるのか，その後の判例は大いに悩むことになった[10]。

バーネット判決は，30年以上の時を経て，1977年のウーリィ（Wooley）判決[11]に継承される。ニューハンプシャー州は，商用車以外の車両のナンバープレートに，同州の標語（Motto）である「自由に生きるかさもなくば死を

---

6）West Virginia State Board of Education vs Bernette,319 U.S. 624 (1943).

7）319 U.S. 642.

8）Minersville School District vs Gobitis,310 U.S. 586 (1940).

（Live Free or Die）」を他者から認識できるよう掲示する旨を義務づけていた。この義務が自らの信仰に抵触するとして，エホバの証人の信者たちが，この制約の合憲性について争ったのが本件である。バーガー首席裁判官法廷意見は，バーネット判決を引用しながら，同州法の合憲性を退けている。ただ，首席裁判官法廷意見が州法の合憲性を判断する際，オブライエン（O'Brien）判決を引用しながら，具体的な利益衡量を行っていることは注目に値する。すなわち，「州の対立利益が，上告人に対してナンバープレート上に州の標語を掲出させることを正当化するにふさわしいほど十分やむを得ざるものなのかどうかを当審では判断しなければならない」として，具体的利益衡量の結果，州の主張を退けたのである[12]。

　事業者団体全体としてラベル表示を行うため，その費用を個別の事業者から強制的に徴収することはどうか。この点について，合衆国最高裁の判断は分かれている。まず，1997年に判示されたグリックマン（Glickman）判決[13]では，カリフォルニア州で柑橘類を取り扱う事業者から共通の広告（genric advertisment）を掲出し，販売促進を行うため，事業者から広告費を徴収する措置が第1修正表現の自由に違反しないとの結論が示されている。本判決では，この措置を憲法違反と判断した原審第9巡回区控訴裁判所判決が覆されている。控訴裁判所判決では，この措置の合憲性が営利的広告規制の合憲性審査基準である

---

**9）** Vincent Blasi & Seana V.Shiffrin,The Story of W.virginia State BD.of Educ. v.Bernette,in Michael C.Dorf,ed.,Constitutional Law Stories,at 420（2009）．なお，本書は合衆国における国旗への敬礼の歴史やエホバの証人の歴史を簡潔に記載しており，きわめて有益である。エホバの証人関連事件が合衆国最高裁判所における表現の自由理論にいかなる影響を及ぼしたのかについては，高柳信一「戦間期における違憲審査制の機能転換」社会科学研究所編『ファシズム期の国家と社会(5)　ヨーロッパの法体制』（東京大学出版会・1979年）339頁参照。

**10）** これらの点について，太田信「信仰を理由とする一般的法義務の免除─Affirmative Action の類似性から─」中央大学大学院研究年報法学研究科編48巻（2020年）85頁参照。

**11）** Wooley vs Maynard,430 U.S. 705（1977）．

**12）** 430 U.S. 716．この論理に対しては，レーンクィスト裁判官反対意見の指摘が興味深い論点を提起している。すなわち，本件標語は，「In God We Trust」と同じであって，これをもって特定の者の信仰心を害するというのでは，連邦の通貨制度も機能しなくなるという。その意味で，本件標語はバーネット判決の国旗敬礼強制とは本質的に異なるというのである（430 U.S. 722）。

**13）** Glickman vs Wileman Brothers,521 U.S. 457（1997）．

154　第3部　強制言論と違憲審査

Central Hudson テスト[14]を満たしていないとしたことに対して，合衆国最高裁は，後に見るアブード（Abood）判決とケラー（Keller）判決に依拠しつつ，政治的思想的な不同意を含まないケースであり，拠出の目的が事業者団体の目的と関連性がある場合には，費用聴取を強制しても憲法上問題はないとの解釈が示されている[15]。

　グリックマン判決では，スータ（Souter），レーンクィスト（Rehnquist）首席，スカリア（Scalia），トーマス（Thomas）（一部）同意の反対意見が展開されている。ここでは，本件が営利的言論規制としても正当化できず，またバーネット判決やウーリィ判決の下でも許されないとする鋭い批判が展開されていた。

　他方，2001年の United Foods 判決[16]では，マッシュルーム販売取扱業者に対して，マッシュルームの販売促進のため，広告費を加盟事業者から徴収する旨を定めた連邦法の合憲性が問題となっている。ケネディ（Kennedy），レーンクィスト（Rehnquist）首席，スティーブンス（Stevens），スカリア（Scalia），スータ（Souter），およびトーマス（Thomas）各裁判官法廷意見は，Keller 判決の枠組みに依拠しつつ，カリフォルニア州での柑橘類販売には確立された販売促進のための秩序が存在するが，本件マッシュルームでは，むしろ事業者間の競争が優先されており，共同の判断のための資金拠出は予定されていないと述べている[17]。本判決では，法人たる事業者に対する言論強制が問題となっているためか，バーネット判決の論理については正面から検討された形跡は見当たらない。

　また，2003年に判示されたライブストック（Livestock）判決[18]では，連邦法（1985年牛肉販売促進および研究報）に基づき，畜産業者や牛肉生産事業者から資金を強制徴収して，広告や販売促進に用いることが争われている。スカリア裁判官は，次のように本件の争点を整理している。

　　「当審では，いわゆる強制的な表現について，これまで二つの判例カテ

---

**14)** Central Hudson Gas & Electric Co,vs Public Service Commission of NY,447 U.S. 557（1980）.

**15)** 521 U.S. 473.

**16)** United States vs United Foods,533 U.S. 405（2001）.

**17)** 533 U.S. 415.

**18)** Johanns vs Livestock Marketing Assn,544 U.S. 550（2003）.

ゴリーを扱ってきた。すなわち，真正の強制言論事例（true compelled-speech cases）がその一つであって，そこでは，自分が反対しているような表現もしくはメッセージが政府によって個人的に強いられるケースである。もう一つは，強制的資金拠出（compelled-subsidy cases）であって，私人によって行われる表現に対して，自分が反対している表現やメッセージに資金を拠出するよう政府によって求められるようなケースである。だが，当審では，これまで，政府が政府自身の言論に対して資金提供を強いるケースの結論については検討してこなかった。」[19]

このような前提に立って，スカリア裁判官は，バーネット判決からケラー判決に至る強制言論のケースをつぶさに検討する。そして，政府言論への協力強制は，ケラー判決における，労働組合の活動への参加強制に似ていると判断する[20]。すなわち，政府言論に対する市民の協力義務は，同じく半強制加入団体であるユニオンショップにおける組合員の協力義務に相当するというのである。これはまた，国家が徴税権を持ち，税収をどう用いるか自由であることからも検討が必要である。つまり，私的な団体が構成員から協力金を強制徴収するのとは異なり，国家による政策実現（スカリア裁判官は，これを「政府言論」と呼んでいる）への協力強制は，第1修正上の問題を生じさせないというのである[21]。

### ③ （B1）強制言論としての反論権，公正原則，放送義務

反論権（自らの意見とは異なる見解の掲載を国家によって強制する権利）は，表現の自由と対立しないか。合衆国最高裁は，反論権が憲法上許されないと判断してきた。1969年のレッドライオン（Red Lion）社事件[22]において，合衆国最高裁は，放送局に課されている連邦通信法上の公平原則（fairness dctorine）が憲法に違反しないと判断したのち，トーニロ（Tornillo）判決[23]においては，新聞社に対して反論の掲載を義務づけていたフロリダ州法が第1修正に違反して，新聞社の編集権を侵害するとの結論を明らかにしている。バー

---

19) 544 U.S. 557.

20) 554 U.S. 559.

21) 544 U.S. 562.

22) Red Lion Broadcasting Co.vs FCC,395 U.S. 367 (1969).

23) Miami Herald Publishing Co.vs Tornillo,418 U.S. 241 (1974).

156 第3部 強制言論と違憲審査

ガー首席裁判官法廷意見は，フロリダ州側から主張された反論権の正当化議論（多様な意見の発表を保障すること，新聞には資源の希少性が認められないこと）を一蹴して，たとえ反論のために必要な追加的負担が少なくとも，自らの意見と異なる意見の掲載を強制することは，新聞社の編集権を侵害すると結論づけている[24]。

少し系統が異なる判決として，1986年のパシフィックガス（Pacific Gas & Electric）社判決[25]を挙げることができる。ガスの供給を行う公益事業法人Pacific Gas 社は，料金通知書の余白を用いて，これまで数度にわたり自社の意見を掲示してきた。この記事の内容は政治的な意見表明に当たるものもあったところ，市民団体である「公益事業の料金を適正化に向けて（Toward Ulitity Rate Normalization）」がカリフォルニア州公益事業委員会に対して，この表現の禁止を求める措置を求め，また，この余白に市民団体の意見を掲示するよう義務づける決定を行った。これに対して，Pacific Gas 社側は，自らの表現の自由を主張して，同委員会の措置の違憲性を争った。

合衆国最高裁は，パウエル裁判官法廷意見によって，同社の主張を認めている。同裁判官法廷意見は，公益委員会の措置が，同社が反対している意見を強制的に掲示させることであって，「本件のような強制的なアクセス受容義務は，特定の見解に関する表現を処罰し，自ら同意していないアジェンダに適合するよう表現を変えることを強いるものである」と批判する[26]。ここで，法廷意見は，バーネット判決とウーリィ判決を引用し，また，トーニロ判決に依拠しながら，何を語り何を語らないのかの選択を強制することはできないと述べていることが注目される[27]。

Pacific Gas 社判決でもう一つ注目される点は，法廷意見が，本件命令を内容規制であると判断したことである。したがって，公益委員会側は，この命令がやむを得ない政府目的に対して，狭く定められた規制であることの立証を求められているが，狭く定められた点については否定され，また，内容中立的な制約であることも否定されている[28]。つまり，合衆国最高裁判所は，言論規

---

24) 418 U.S. 258.
25) Pacific Gas & Electric Co.vs Public Utility Commission,475 U.S. 1 (1986).
26) 475 U.S. 9.
27) 475 U.S. 10.
28) 475 U.S. 18.

制と同じく言論強制についても内容規制・内容中立規制の区別を問題にしており，内容規制に該当する強制については厳格な審査を行うとの姿勢をとっているといえる。

このことは，ケーブルテレビ事業者に対する放送義務（must-carry）についても当てはまる。合衆国最高裁判所は，2度にわたりケーブルテレビ事業者であるターナー（Turner Broadcasting）社から提起された，放送義務条項について，これを内容中立的であって，憲法には違反しないとの結論を明らかにした[29]。とくに1996年に判示されたターナー社Ⅱ判決では，放送義務条項が重要な政府利益の実現に奉仕するものであって，必要以上に事業者に対して負担を課すものではないとの説示がなされている[30]。

したがって，政府が民間の事業者（私人）に対して，事業者が必ずしも同意していないような表現の掲載あるいは放送を義務づけるような場合には，その強制が特定の表現内容（見解）を押し付けるものなのか，幅広く多様な表現を受け入れるよう求めるのかによって，その許容性が判断されているようである。

### ④ （B2）団体の活動と構成員の協力義務

エージェンシーショップの組合が構成員に対して，政治活動への資金提供義務を課すことができるか。1977年のアブード判決[31]は，資金支出の対象となる活動と組合の目的の間に関連性があるかどうか（germaness）によって判断するとの方向性を明らかにしている[32]。この「関連性テスト（germaness test）」はその後も継承され，1984年のエリス（Ellis）判決[33]や1986年のハドソン（Hudson）判決[34]でも確認されている。

強制加入の弁護士会が行う活動はどうか。合衆国最高裁判所は，1990年のケ

---

29) Turner Broadcasting System vs FCC,512 U.S. 622（1994）;Turner Broadcasting System vs FCC,520 U.S. 180（1996）.
30) 520 U.S. 214.
31) Abood vs Detoit Board of Education,431 U.S. 209（1977）. なお，この判決については，拙稿『近代憲法における団体と個人―結社の自由概念の再定義をめぐって―』（不磨書房・2004年）324頁以下を参照願いたい。
32) 431 U.S. 232.
33) Ellis vs Railway Clerks,466 U.S. 435. 運送業に携わる事務職員からなる労働組合に対して，方針に反対する組合員から活動費を徴収することができるかが争点となっている。ホワイト裁判権法廷意見は，ユニオンショップにおける組合活動は，組合の目的の範囲内でのみ強制可能である旨述べている（466 U.S. 455-6）。
34) Chicago Teachers Union vs Hudson,475 U.S. 292（1986）.

ラー判決[35]において，「関連性テスト」が弁護士会の活動と構成員の協力義務についても適用されると判示している[36]。だが，その結論は，弁護士の協力義務を否定するものであった。銃規制や原子力兵器削減のような活動は，ここの会員が判断すべき事項であって，懲戒権をもって強制するにはなじまない問題であるという[37]。アブード判決の「関連性テスト」は，この問題に対する確立された判断枠組みになっていると考えてよい。

しかし，最近になって，このテストに対する疑問が提起されている。2014年に判示されたハリス（Harris）判決[38]では，イリノイ州で実施されている介護プログラムで働く労働者とその労働者を排他的に代表する組合の間での組合費支払い義務の存否が問題となっている。アリート（Alito）裁判官法廷意見は，本件で問題となった労組は公務員の組合であって，アブード判決の基礎とは異なるという。つまり，公務員労組の場合，組合員に対して強制できる活動の範囲は狭くなり，政治的な見解がかかわる問題については強制はできないというのである[39]。

もっとも，「関連性テスト」については，アブード判決が下された直後から様々な異論が出されていた。たとえば，ケラー判決の1年後に判示されたレーナート（Lehenert）判決[40]では，「関連性」テストの解釈について，法廷意見が形成されないという事態が生じている。事案は，教職員組合が組合員から集めた組合費を上部組織に上納しようとしたところ，組合員がこの支出は組合活動とは無関係であるとして，その差し止めを求めたものであった。ブラックマン裁判官相対多数意見は，「関連性テスト」を狭く解釈し，組合が行うロビー活動に対する支出は「関連性」が認められないとの結論に達している[41]。これに対して，マーシャル裁判官補足意見は，「関連性」を広くとらえ，ロビー

---

35) Keller vs State Bar of California,496 U.S. 1 (1990).

36) 496 U.S.

37) 496 U.S. 15.

38) Harris vs Pat Quinn,134 S.Ct.2618 (2014). なお，この判決については，拙稿「組合費の強制徴収と結社の自由 Harris vs Pat Quin,134 S.Ct.2618 (2014)」比較法雑誌50巻1号（2016年）299頁を参照願いたい。

39) 134 S.Ct.2634.

40) Lehenert vs Ferris Fuclty Association,500 U.S. 507 (1991). なお，本判決の詳細については，拙稿・前掲注31) 333頁を参照願いたい。

41) 500 U.S. 519.

活動の中にも組合員に協力を義務づけてもよい活動があると解釈している[42]。

　組合の目的や活動との「関連性」は，一義的に定めることができない。この判断はどうしても個別の利益衡量によらざるを得ない。それゆえに，レーナート判決スカリア裁判官意見が指摘するように，より客観的な指標が必要となる。それは，組合の法律上の義務（the union's statutory duties）を参照することであって，組合の設立運営を認めている法律の趣旨を解釈することによってのみ解明できる事柄であるとの考え方にも説得力が認められる。

⑤　（B3）財産管理権と言論行為の制約

　パブリックフォーラム上での表現規制は内容中立的でなければならない。これは長きにわたって形成されてきた判例理論である。しかし，私有財産についてはどうか。財産に対する処分権を有する私人は，自分の財産上で行われる表現行為を受任しなければならないのか。あるいは，政府の活動を受け入れなければならないのか。

　1980年，合衆国最高裁判所は，プルーンヤード（PruneYard Shopping Center）判決において[43]，カリフォルニア州憲法上，州民には，施設内で表現を行う権利があるとの主張に与する判断を示している。事案は，ショッピングセンター内で，国連のユダヤ人問題に対する対応を批判する高校生たちがビラ配りをしようとしたところ，同施設の管理人から退去を求められたことに端を発している。高校生たちは，この施設内で表現活動を行える権利があると主張して州裁判所に訴えを提起した。カリフォルニア州サンタクララ地方裁判所はこの訴えを退けたが，控訴裁判所は原審を破棄して，カリフォルニア州憲法は，商業施設が民間の施設であったとしても，表現活動を行うことを保障しているとの判断を示している。

　合衆国最高裁判所は，レーンクィスト首席裁判官法廷意見により，この判断を維持した。同意見は，ウーリィ判決に依拠しながら，ショッピングセンターが施設利用者を区別していないこと，入退自由（that is open to the public to come and go as they please）であること，そして，本件では管理者が同意していない意見を強制しようとしているわけではなかったということによって，高校生側の主張を認めている[44]。このような強制は，私有財産権を侵害しない

---

42) 500 U.S. 542.

43) Prune Yard Shopping Center vs Robins,447 U.S. 74 (1980).

44) 447 U.S. 87.

160 第3部 強制言論と違憲審査

というのである。

プルーンヤード判決とは争点を異にするが，2006年合衆国最高裁判所は，FAIR 判決において，大学（ロースクール）敷地内で軍関係者がリクルート活動を行うための立ち入りを義務づけた連邦法（the Solomon Amendment）の合憲性について判断を下している[45]。

本件事例で同連邦法を争ったのは，ロースクール等の教員団体（Forum for Academic and Institutional Rights, Inc.（FAIR））であった。ところで，この連邦法は，徴兵活動に協力しない大学に対して連邦の補助金を交付しない旨定めている[46]。これに対して，大学が協力しないのは，軍による同性愛者への差別への批判が理由であるとき，補助金の不交付は，大学の見解に対する差別であって，また連邦政府の政策を押し付けるものであり，大学の第1修正上の権利を侵害すると FAIR 側は主張した。

ロバーツ首席裁判官法廷意見は，教員団体側の主張を退けている。その理由はおおむね，以下のように要約できる。

　本件連邦法は，大学の表現を規制するものもなく，特定の表現を受け入れることを強いるものでもないという。その理由はやや晦渋であるが，同法は，ロースクールに対してリクルーターを受け入れることを強制したのではなく，他の団体（ローファーム等）のリクルーターがキャンパスに入り，学生にアクセスするのと同様に扱ってほしいとしているだけであって，受け入れるか否かの選択は大学に委ねられていると解釈するのが同法の趣旨に合致している[47]。また，リクルーターの受け入れを条件にして補助金を交付するのは，政府言論で問題となる「憲法上許されない条件（unconstitutional condision）」には該当しない。なぜなら，軍の活動は連邦憲法によって定められており，軍への人材確保は連邦議会の権限に属しているからである[48]。要するに，「ソロモン修正条項は，ロースクールが言

---

[45] Rmsfeld vs Forum for Academic & Institutional Rights,Inc,547 U.S. 47（2006）.

[46] 10 USC§983（2000 ed）. 同規定は，いずれの高等教育機関も軍の採用担当者が他の採用担当者と平等にキャンパスにアクセスできることを拒否している場合，一定の連邦補助金を受給する資格を失うと定めていた。

[47] 547 U.S. 59.

[48] 547 U.S. 59-60.

おうとしていることを制限しているわけでも，何かを語ることを要求して
いるわけでもない。」[49]

　ロバーツ首席裁判官は，続けて，本件で争点となった補助金は言論（speech）
ではなく，行動（conduct）に近いと述べる。そして，「ロースクールが主張す
るような強制言論は，ソロモン修正条項での行動への制約に付随するもの（に
過ぎないもの）であることは明らかである」と述べている。そして，合衆国最
高裁判所における強制言論の事例を振り返る。曰く，「当審の判決で強制言論
が違憲と判断されたどの事例も話者自身のメッセージが妥協するように強いら
れた言論によって影響を受けるという事実から生じている」。本件では，「軍関
係者のメッセージがロースクールの言論に影響を及ぼしたわけではない。なぜ
なら，ロースクールは，面接官やリクルーターを受け入れる際，何かを話して
いるわけではないからである」[50]。
　ロバーツ首席裁判官による強制言論法理の理解は，公権力が私人に対して，
特定のメッセージを話すよう強いること，あるいは特定のメッセージを受け入
れることを強いることを典型事例としているようである。そうすることで，本
判決において，補助金の支給許否と軍関係者のリクルーターの受け入れ問題を
切断し，受入れを拒絶することによる制裁を課しているわけでも，受け入れる
ことによる利益供与を促しているわけでもないとの理解に到達していると解釈
することもできる。リクルーターの受入れを拒むのは大学の自由であり，この
点で強制の契機は生じていないと考えているともいえようか。

### ⑥　（B4）憲法あるいは道徳的な価値による強制の可否

　たとえば，平等を実現するために差別的なスタンスをとっている団体に特定
のメッセージを受け入れることを強制できるだろうか。あるいは，多様性の価
値を実現するため，閉鎖的な団体に対してこれまで拒んできた者の入会を強制
できるであろうか。合衆国最高裁判所は，これまでいくどか，このディレンマ
に直面してきた。
　1984年，合衆国最高裁判所はジョイシーズ（US Joycees）判決では[51]，18
歳から35歳までの男性にのみ会員資格を認めていた非営利団体（US Joycees）

---

49）Id.
50）547 U.S. 63.
51）Roberts vs US Joycees, 486 U.S. 609（1984）.

162　第3部　強制言論と違憲審査

が，公民権法，あるいは差別を禁止していたミネソタ州法に違反するのではないかが争われた。ブレナン裁判官法廷意見は，結社を表現的（expressive）なものと親密（intimate）なものに二分し，表現的結社に関する法規制は，通常の表現の自由の法理でその合憲性が判断されると述べている。本件では，差別禁止という憲法上の価値は，ミネソタ州にとって「やむにやまれぬ（compelling）」であることを認定して，US Joycees 側の主張を退けている[52]。

翌年には，ハーレイ（Hurley）対 IAGB Boston 判決[53]において，セントパトリック祭で行われる，ウエスト・ボストン在住の在郷軍人会主催のパレードにおいて，ゲイ・レズビアン団体の参加が拒絶されたことが争われている。争点は次のとおりである。

マサチューセッツ州公共施設法では，公共施設における差別を禁止しているが，同在郷軍人会主宰のパレードで参加を拒否されたゲイ・レズビアン団体が，この排除が憲法違反に当たるとして訴えを提起した。これに対して，スータ裁判官法廷意見は，「いなかる参加団体も個人の組織者によって伝えられるメッセージに影響を及ぼすから，州裁判所による本件州法の適用は，上訴人（在郷軍人会）に対して，自分たちのパレードにおける表現行動の内容の変更（alter the expressive content）を要求する命令を行うものである」と述べ，「このような手法の用い方は，自分自身のメッセージ内容を自律的に選択するという，第1修正の根本的なルールを侵害するものである」として，ゲイ・レズビアン側の主張を退けた[54]。

2000年には，アメリカンボーイスカウト（America BoyScout 対デイル（Dayle））判決[55]で，同性愛者であることをカミングアウトしている者に対して入会を拒絶したボーイスカウトの措置が問題となった。合衆国最高裁は，5対4の僅差で，同性愛者を同会に入会させることは，ボーイスカウト側の第1修正上の権利を侵害するとの判断を下したのである。

本件では，「公共施設（public accomodatuion）」における差別行為を禁止したニュージャージー州法の合憲性が争われている。レーンクィスト首席裁判官法

---

52）486 U.S. 624.
53）Hurley vs Irish-American Gay,Lesbian,and Bisexual Group of Boston,515 U.S. 557（1995）.
54）515 U.S. 572-3.
55）Boyscout of America and Monmouth Council vs Dale,530 U.S. 640（2000）.

廷意見は，ボーイスカウトのような公益活動を行う団体もまた「公共施設」に含まれるとする。そして，ボーイスカウトは，ジョイシーズ判決の区別にいう「表現的なもの」に分類されるとする。その上で，本件のような事例に適用される審査基準は，オブライエン判決のような中間段階審査ではなく（Dale 側はこれを求めていた），より厳格な審査に服すると述べている[56]。そして，具体的な行為が州法が禁止する差別に該当するかどうかは，ボーイスカウトの目的や性質が，成員資格を強制することによって深刻な負担を被るものであるかどうかによって判断され，本件では，会員資格の強制が "severe intrusion" に当たるとして，ボーイスカウト側の主張が認められている。

　ただ，これら判決において，合衆国最高裁判所は，同性愛者への差別を認めたわけでもなければ，会員資格や参加資格から同性愛者を排除することを積極的に肯定しているわけでもないことに注意しなければならない。同裁判所の判断は，会や集会の目的と適合しないような成員資格や参加資格を国家が強制することの可否について判断したのにとどまる。逆に，同性愛者の集会に異性愛の身が正当であると主張する団体の参加を強制することが認められないように，多様性の確保と多様性の強制は異なるとの理解がその判断の根底にある。

　一方で，一定の傾向性を持つ団体に対して，平等や多様性の理念に基づく国家介入が行われようとするとき，当該団体の目的や趣旨を変質させてしまうような介入は憲法違反となることが明らかにされている。したがって，ジョイシーズ判決とハーレイ，デイル両判決との違いは，成員資格を限定している団体の設立目的や趣旨と資格の限定との間の関連性によると考えることができる。

　つぎに，やや特殊な事例として，2018年のマスターピースケーキ（Masterpiece Cake）社判決[57]を挙げることができる。事案は，同性愛者間の婚姻に際して，これを祝福するためのウエディングケーキを注文されたMasterpiece Cake 社が，自らの宗教心を理由に，この作成を拒絶したところ，

---

56）530 U.S. 659.

57）Masterpiece Cakeshop, Ltd. v. Colorado Civil Rights Commission, 138 S. Ct. 1719 (2018). 詳細は，次の論稿に譲る。樋口哲平「同性愛者の平等保護と信教の自由との対立—アメリカ合衆国最高裁判所判例を参考にして—」中央大学大学院年報49号（2020年）4頁以下，大林啓吾「ケーキ屋が同性カップルにウェディングケーキの販売を拒否したことに対して，コロラド州の人権委員会が差別に当たるとして是正命令を求めたことがケーキ屋の信教の自由を侵害するとした事例—マスターピースケーキショップ判決—」判例時報2379号（2018年）116頁参照。

164　第３部　強制言論と違憲審査

カップル側から，作成拒絶は，差別を禁止したコロラド州法に違反するとして，同州の人権局に是正措置を求めたというものである。ケネディ裁判官法廷意見は，ケーキ社側の宗教の自由を根拠にした作成拒絶に与し，人権局の措置が憲法に違反すると判断している。この事例もまたここに分類することができるであろう。

### ⑦　（C）専門職に対する情報開示義務および表示強制

医師や弁護士のような専門職については，患者や依頼者の判断に供するため，一定の情報開示義務が課されている。わが国においても医師法は一定の情報開示義務を課している（医療法６条の２・６条の３）。その根拠は，専門職と一般市民との間にある情報格差の是正に求めることができよう[58]。

1985年，合衆国最高裁判所は，ザウダラー（Zauderer）判決[59]において，弁護士広告に費用を開示するよう求めたとしても憲法には違反しないと判示した後，レイリィ（Railey）判決[60]において，公益法人が事業を遂行するために必要な資金を集める，ファンドレイザーの委託料と開示義務と消極的表現の自由についての判断を下している。

ノースキャロライナ州慈善活動促進法は，慈善活動団体の資金獲得を専門のファンドレイザー（fundraise）に委託することを認めていた。この委託は「合理的な報酬」によるものでなくてはならないが，その基準として，慈善活動団体が受領する金額の20％を上限とする場合，20％を超え35％の間の場合，35％を超える場合の三段階に分け，20％超については，委託した慈善活動団体がかかわる事項についての情報拡散を含まない資金獲得活動の場合は，不合理の推定を受けること，35％超の場合は，委託団体に関する情報以外の事項についても情報提供をしなければ資金獲得ができないことの立証がある場合を除き，不合理とみなす旨の規制をおいていた。この規制に対して，慈善活動団体から第１修正の権利を侵害しているとの主張が提起されたのが本件である。

論点は多岐にわたるが，ブレナン裁判官法廷意見は，本件のような情報開示義務について，「沈黙を強いる場合と言論を強制することは，保護される言論については同じである」[61]として，トーニロ判決を引き合いに出し，本件のよ

---

58）拙稿『表現の自由　理論と解釈』（中央大学出版部・2014年）51頁以下を参照願いたい。

59）Zauderer vs Office of Diciprinary Council,471 U.S. 626（1985）.

60）Raily vs National Federation of Blind,478 U.S. 781（1985）.

うな言論強制は内容規制として，その合憲性を審査すると述べている[62]。その結果，本件規制は狭く定められたものとはいえないとして，その合憲性が否定されたのである[63]。

　以上，合衆国最高裁判所における強制言論法理の展開を一定の類型に従って検討してきた。強制言論に部類される問題は多様であって，類型間で問題状況が共有されているわけではない。バーガー首席裁判官がいう「真正強制言論」と「活動への協力義務」は，その及ぼすインパクトは異なっていると考えることもできるだろう。しかし，上記のような判例の展開を通観して，合衆国最高裁判所が強制言論に対して厳しい姿勢を示しているとの傾向は読み取れるように思う。そして，この傾向が露見したのが，いかに見るNIFLA判決であるといえる。以下，少し詳しく分析することにしたい。

## (2)　NIFLA 判決[64]
### ①　事実の概要
　カリフォルニア州では，2018年「生殖の自由，説明責任，包括的なケアおよび透明性に関する法律（The California Reproductive Freedom, Accountability, Comprehensive Care, and Transparency Act, FACT ACT）」を制定し，主として中絶手術に関する情報提供を行う政策を実施していた。同法は，第一次医療を提供するクリニックに対して，妊娠した女性に，無料もしくは低廉な費用で中絶ができる旨などを告知する義務を課していた。これらクリニック中，州から公認されていない医療機関（unlicensed clinics）には，当該クリニックが「（中絶医療等の）医療サービスを提供するような認定を受けていないこと」を告知する義務を課していた。本判決の争点は，この要請が第1修正に違反するかどうかである。

---

61）478 U.S. 797.

62）Id.

63）478 U.S. 803.

64）NATIONAL INSTITUTE OF FAMILY AND LIFE ADVOCATES (NIFLA), et al.vs BECERRA, Attorney General of California, et al. 138 S.Ct. 2361 (2018). なお，本判決については，すでに詳細な紹介と分析が行われている。参照，井上嘉仁「判例研究　NIFLAの言論がプロフェッショナル・スピーチ（専門職言論）ではないとされた事例」広島法学43巻1号（2019年）68頁。

166　第３部　強制言論と違憲審査

　州から公認されたクリニックは，(1)妊婦に産婦人科用超音波検査や出生前の医療を実施できること，(2)否認や避妊方法に関するカウンセリングを実施していること，(3)妊娠検査や妊娠診断を実施していること，(4)産婦人科用超音波検査や妊娠診断，妊娠に関わる選択肢を提要していることを保護者などに広告すること，(5)当該期間は中絶施術を実施していること，(6)患者からの健康情報を収集するスタッフやボランティアがいること，を要件として公認を受けられることになっていた。

　ただし，同法には，連邦政府が運営している医療機関や Medi-Cal 提供医療機関，あるいは「家族計画，医療へのアクセス，ケアおよび処置プログラム法（the Family Planning,Access,care,and Treatment Program (family PACT program)」に登録されている医療機関について適用を除外する条文が置かれていた。

　FACT 法の適用を受ける医療機関は，政府が定めた告知文を掲示することが義務づけられていた。それは，「カリフォルニア州では，（連邦医薬食品局（FDA）が承認した避妊方法を含む），包括的な家族計画サービスや妊娠時のケア，あるいは該当する女性に対して中絶手術を無料あるいは低廉な料金で提供するプログラムがあります。これらを利用するかどうかの判断にあたっては，郡の社会福祉事務所に連絡してください（として電話番号を掲示すること）」であった。同州の中には，これら文言が数種類の言語で表示されることを求めていたところもある。該当する医療機関は，この文言をクリニックの待合室，に掲示し，印刷物をすべての患者に配布することを義務づけていた。

　州が主張する同法の目的は，公認された医療機関の告知義務を含み，カリフォルニア州民が，自分たちに提供される医療についての情報を得ることで，一人ひとりの生殖に関する意思決定ができるようにすることであった。

　一方で，FACT 法は，州から公認されていない医療機関（unlicenced covered facilities）にも適用されることになっていた。同法は，これら非公認機関についても公認機関と同様な医療適用義務を課していた。また，これら機関は「カリフォルニア州で公認されていない医療機関であり，上記医療サービスを直接提供し，管理する認定を受けた医療機関ではないこと」を表示する義務を負っていた（カリフォルニア州健康安全法附§123472(b)(2)）。この表示は，公認された医療機関と同様に医療機関の入口に掲示し，少なくとも一つの待合場所に掲出することが義務づけられている。

　上告人である「家族と命を擁護する全国協会（National Institute of Family

and Life Adovocates〔NIFLA〕）は，このカリフォルニア州法が，内容に基づく言論強制であって，合衆国憲法第1修正に違反すると主張し，差し止め等を請求したのが本件である。下級審，第9巡回区連邦控訴裁判所は，原審カリフォルニア州地方裁判所による「訴えの利益が証明されていない」との判断を維持すると当時に，問題となった表示強制は，「専門職に関わる言論（professional speech）であって，より緩やかな審査基準で合憲性の審査が行われる」と判示している。

合衆国最高裁では，トーマス裁判官（ケネディ，ロバーツ首席，アリート，ゴーザッチ各裁判官同調）が法廷意見を述べる。

### ② トーマス裁判官法廷意見

トーマス裁判官は，まず，原審，第9巡回区連邦控訴審裁判所が本件表示強制を「専門職にかかわる言論」に分類し，緩やかな審査基準で合憲性を導き出したことを批判する。本件で問題となった表示強制は，内容規制に他ならないというのである[65]。したがって，厳格審査が適用されるべきことになる。

ただし，弁護士広告における広告表示規制については，それが「事実に関わり，異論のない事項（facutul,noncontoroversial information）」につき開示義務を課すような場合と表現内容に及ぶものであっても，対象となる行為への制約が言論に対する付随的規制となるような場合は，内容規制への厳格審査の適用外となることも確認している[66]そして，一つ目の例外については，ザウダラー判決を引きながら，以下のように述べている。

　「当審の先例は，一定の文脈では，強制開示を強いる法律に対してより低次の審査基準を適用してきた。たとえば，同判決において，当審は，臨時費用に基づいて自らのサービスを広告する弁護士に対して，依頼者において必要とされる料金を開示せよと求めるルールを維持したことがある。営利的言論だけにかかわる開示義務や弁護士業務を利用するための条件について『純粋な事実に関し，異論のない情報を開示させるようなルールは，不当なものでなく，過剰な負担を強いるものでなければ』維持されなければならないと判示した……これらの判示は，本件で問題となっている公認

---

65）138 S.Ct.2371.
66）138 S.C.2372.

されたクリニックとはまったく関係ないものである。むしろ，本件で問題
となっている開示義務は，まさに中絶という異論のある問題を含む，州が
後援しているサービスに関する情報をクリニックに開示させようとするも
のである）。本件で問題となる公認されているとの告知は，インフォーム
ドコンセントの要求ではない。あるいは，専門職の業務に関する規制でも
ない。この告知は，医療手続に対するインフォームドコンセントを促進し
ようとするものでもない。実際，これは手続ですらない。これが適用され
るのは，カリフォルニア州法の適用を受ける医療機関とその患者の間の相
互関係であって，医療手続が進められ，提供され，実施されているかどう
かには関係がない。もし適用される医療機関が医療手続を提供するならば，
この告知はその手続のコストや利益に関する情報を何ら伝えていないので
ある。」[67]

　そして，本件で問題となっている，「公認されているとの告知は，言論を言
論として規制するものに他ならない」と結論づけている[68]。
　法廷意見は続けて，表現内容規制の問題に言及する。

　　「上に述べた二つの文脈―ザウダラー判決と専門職の行動―の他では，
　当審の先例は，長きにわたり専門職の第１修正上の権利を認めてきた。た
　とえば，当審は，弁護士の営利的ではない言論を内容によって制約する法
　律に厳格審査を適用してきた……言論に対する内容規制の危険性は専門職
　の言論にもみられる。他の種類の言論と同じく，専門職の言論を内容に
　よって規制するのは，政府が正当な規制利益を追求しようとするものでは
　なく，気に入らない思想や情報を抑圧しようとする特有のリスクを示して
　いる。」[69]

　つまり，専門職が行う言論活動であることの一言をもって，これを通常の言
論の自由から除外する理由にはならないとの立場が表明されたことになる。
　トーマス裁判官は，続けて「それ以上に，政府が専門職の言論内容を管理し

---

67) Id.
68) 138 S.Ct.2374.
69) Id..

ようとするとき，最終的に真理が勝ち残るような，制約されることのない思想の自由市場を維持できなくなってしまう」として，思想の自由市場論を援用する。さらに，「専門職の言論もまた正確に定義するのが難しい」と述べ，それゆえに，政府が恣意的に特定団体の言論を制約することにつながりかねないとの警戒感を明らかにしている[70]。その上で，「要するに，カリフォルニア州も第9巡回区控訴審裁判所も専門職の言論を通常の第1修正の原理から排除するような別のカテゴリーとして扱う，説得力のある理由を示せていないのである」との結論に達している。

そして，カリフォルニア州の主張を，以下のように述べて退けている。

　「（第1修正の通常の原理から）除外する理由が存在する可能性を排除する必要もなければ，公認の有無に関する告知義務が中間段階の審査基準ですら満たさないがゆえに，このような可能性を排除する必要もない。カリフォルニア州は，公認の有無を告知する義務をひとつの理由で正当化しようとしている。それは，低所得の女性に対して，州が支援するサービスがあるとの情報を提供することである。この理由は本質的な州利益であると仮定しよう，しかし，それでも公認の有無に関する告知義務は，この目的を実現するには十分狭く定められているわけではない。」[71]

さらに，カリフォルニア州が主張する，低所得の女性への啓発についても，これを過少包摂（widely undeinclusive）である」と指弾する。仮に，この目的によって制約がなされているならば，適用される医療機関は包括的にならざるを得ないはずであるが，本件規制は，多くの適用除外を認めている。「これら医療機関は，公認の有無に関する告知義務から，何の理由もなく除外されている。この過少包摂は，政府が主張する利益を実際に実現しようとしているのかどうか，むしろ特定の話者や見解を不利に扱っているのではないかという，重大な疑問を提起するのである。」[72]

このように述べながら，法廷意見は，審査基準の設定とその適用の論を進め

---

70）Id.at 2375.
71）Id.at 2375.
72）Id.at 2375-6.

170 第3部 強制言論と違憲審査

ている。そして，本件では，ザウダラー判決において採用されたような審査基準は適用されず，またザウダラー判決において採用された審査基準の下でも，情報開示義務は正当化されず，また不当な負担を言論に対して強いることはできないとされたのであるから，本件告知義務もまた，同様に考えなければならないとされる旨判示されている。「当審の先例は，情報開示義務が純粋に仮定的なものではなく，潜在的に現実となるような害悪への救済となることを要求している。さもなくば，そのような告知義務は，保護される言論を委縮させるリスクをもつものとなる。カリフォルニア州は，公認されているとの告知義務が不当で不必要に言論への負担を課しているものではない，との立証責任を負う。そして，カリフォルニア州は，この責任を果たしていない」[73]と述べている。

つまり，「非公認の告知義務は，主として妊娠にかかわる医療サービスを提供する機関にのみ適用される。つまり，妊娠検査を提供する旨を広告し，あるいは提供する機関は非公認の告知義務の適用対象となる。しかし，通りを挟んで，避妊器具を広告販売するような機関は，たとえ妊婦が公認されているに違いないと考えそうなものであるのに，除外されているのである。話者が誰であるのかを基準にした言論規制は，『そのメッセージが自分と一致しているような話者の負担を州が軽減するというリスクを冒すことになる』」[74]として，本件規制を第1修正に違反すると結論づけたのであった。

なお，法廷意見に加わったケネディ裁判官は，「本件における明らかな見解による差別は，憲法上の重大関心事項である」[75]との立場から同意意見を述べるが，ここでは省略する。

③ ブライア裁判官反対意見

これに対して，ブライア裁判官は，義務に対して厳格審査を適用したことを批判する。合衆国最高裁の先例は，専門職の言論を法廷意見のようにとらえてこなかったこと，むしろ，法廷意見は「（本件で問題となった法律が）長きにわたって維持されてきた，医療や安全に関する法律とは異なるとすることによって，明確な基準もなく，合理的なものとして明確であったアプローチに置き換えようとしている」と批判する[76]。その上で，法廷意見の姿勢をロック

---

73) Id.at. 2377.
74) Id.at. 2378.
75) Id...

ナー時代の再来ではないかと論難する。また，ロックナー時代ですら，経済社会政策立法を違憲と判断する場合でも，医療関連法律については州政府に敬譲を示す審査を行っていることを指摘する。

法廷意見は，本件州法を内容規制であると認定しているが，これまで合衆国最高裁が厳格な審査を適用してこなかった領域にまで厳格審査を適用するとなると，この審査が希薄化されないかとの疑問をも呈している。そして，道徳的価値による区別を行ったり，中絶に対する考え方による区別を行ったりする点で内容規制と認定するのではなく，争点となっている州法に近接した先例を詳細に分析する方が適切な姿勢なのではないかとの疑問を投げかけている[77]。

ブライア裁判官は，ケイシー（Casey）判決で争われた告知義務も本件で問題となった表示義務もいずれも医療の手続（medical procedure）に関わる点で共通していると指摘する。また，法廷意見は，本件州法の表示義務が大病院について適用を除外していることから，内容規制（見解規制）を認定しているが，本件州法の目的は低所得の妊婦への情報提供であるから，この批判も当たらないとの見方を示している[78]。

ブライア裁判官は，また，本件のような「州から公認されているか」との表示義務は第1修正とはまったく関係がないと述べている。なぜなら，この義務は医療サービスを提供するに当たって，当該医療機関が何について診療するのかの情報を提供するだけであって，中絶に対する姿勢を表示させるものではないからである。また，たとえ，表示義務が課されたとしても，医療機関は自らの考え方（中絶に対する賛否）を自由に表明できるのであるから，これを憲法違反とするには当たらない。さらには，ザウダラー判決が述べるように，「純粋な事実に関する，異論のない情報」を表示させることは，何ら憲法上の問題

---

[76] Id. 2381.

[77] 中絶に関するインフォームドコンセントを問題とした事例はいくつかあるが，ブライア裁判官反対意見は，1983年のアクロン判決（Akron v.Akron Center for Reproductive Health.Inc.462 U.S. 416 (1983)）とこれを受け継いだ1986年のソーンバーグ判決（Thornburgh v.American Colledge of Obstrricians and Gynecologists 476 U.S. 747 (1986).）を引き合いに出し，これら判決で，合衆国最高裁がインフォームドコンセント関連州法を憲法違反と判断したのは，「妊婦の同意を得るために情報提供を行おうとするのではなく，中絶を思いとどまるよう説得するため情報提供を行うことを意図していた」ことが理由であったと述べている。

[78] 138 S.Ct.2386.

172　第3部　強制言論と違憲審査

を提起しない。これらのことから，ブライア裁判官反対意見は，本件法廷意見が先例の趣旨に反しているとの結論に達している[79]。

　強制言論の問題をめぐっては，保守派裁判官たちが一様に厳格審査の適用を主張しているのに対して，リベラル派に属する裁判官たちは，州や連邦の決定を尊重しようとの姿勢を示している[80]。この対立は，中絶をめぐる法政策にとどまらない[81]。保守派裁判官たちにとって，言論禁止と沈黙禁止は違いがない。このような難問に対して，学説はどのように応接してきたのであろうか。つぎに，合衆国における憲法理論の状況を検討して，わが国の憲法解釈への示唆を得たいと考える。

# 2　強制言論の法理

## (1)　強制言論をどうとらえるか

### ①　表現の自由解釈論としての強制言論

　マスターピース（Masterpiece Cake）判決やNIFLA判決は，今から80年近く前に判示されたバーネット判決を第1修正解釈の中心的論点に引き戻した。しかも，80年前とは異なる文脈と意味において，強制言論の問題に脚光を浴びせている。自己の信念に基づき，表現を拒むことができるか。たとえ，その強制が平等や多様性という憲法上の価値にかかわるものであっても，これを否定することができるのか。マスターピース判決では同性愛を否定する信念を，NIFLA判決では中絶を否定する信念を，強制言論の名の下に保障する結論を導き出した。平等権や患者の知る権利を後退させてまでも，個人の信念を重んじたのである。

　両判決において争われた強制言論は，同性愛や中絶という道徳的判断を二分する問題であったことも，合衆国最高裁判所の判断を左右したことは間違いな

---

79)　Id.2387.

80)　合衆国最高裁判所における表現の自由判例の動向については，大林啓吾・溜箭将之編著『ロバーツコートの立憲主義』（成文堂・2017年）191頁以下〔大林啓吾〕が明快に整理している。

81)　大林・溜箭編著・前掲注80）131頁〔小竹聡〕参照。

い。リベラルな政策や法制度に対して，保守的な不服従が勝利を収めた事例であると整理することもできるであろう。しかし，憲法解釈論から見ると，この両判決には，近時の合衆国最高裁判における大きな地殻変動の一端を垣間見ることができると思う。それは，内容規制に対する警戒心を主題規制に移行させる傾向と表現の自由の関心を話者から聴者へと移行させる傾向とも一致している[82]。

　合衆国最高裁判所においては，トーマス裁判官を中心として，表現規制に対する厳しい姿勢が顕著になっている。NIFLA判決ブライア裁判官反対意見では，ロックナー時代の再来と批判する傾向が見て取れるようになっている。表現規制における，「情報パターナリズム」[83]への嫌悪感が強制言論の分野にも表れているとでもいえようか。

### ②　なぜ強制言論は許されないのか

　この傾向は，強制言論の場面においては，内心の自由の拡大解釈，あるいは内心の自由からの離脱による強制否定の論理として表れている。

　バーネット判決において，ジャクソン裁判官法廷意見は，エホバの証人の生徒の信仰から国旗への敬礼義務を否定していた。ウーリィ判決も同様であって，ここでは個人に対する言論の強制が問題となっていたはずである。しかし，その後の強制言論判例は，フルーツ栽培業者や市民活動団体のように，内心をもたない者に対する強制が問題となっているのであって，争点の構造が異なっている。では，なぜ強制言論は憲法上の問題になるのか。ここではいくつかの根拠を検討しよう。

### ⒜　内心の自由

　まず，第1修正表現の自由には，内心の自由（freedom of mind）が当然前提とされており，ここには沈黙の自由（right to keep silent），話さない自由（right not to speak）が含意されているとの根拠が考えられる。ただし，この正当化は内心を観念できない団体への強制言論には適用できない。

　ところで，第1修正表現の自由が内心の自由を保障しているかについては，根強い批判が展開されている。たとえば，L.アレクサンダー（Larry Alexander）

---

82)　The Supreme Court-Leading Cases-First Amendment-Conpelled Speech-Nasional Institute of Family & Life Advocate v.Beccera-,132 Harv.L.Rev.347, at 353（2018）.

83)　拙稿・前掲注31）104頁。情報規制は個人の判断権への介入であって，許されないパターナリズムであり，厳格審査を適用するとの姿勢を「反情報パターナリズム」と呼んでおきたい。

174　第3部　強制言論と違憲審査

は，いかなる国家行為も内心は侵害できないと主張している[84]。国旗への敬礼が強制されても，意にそぐわないステッカーを貼ることを義務づけられても，それ自体は内心を侵害しないというのである。そのようなことで内心は改変させられないし，いささかも揺るがない。国語の授業で宗教的な意味をもつ詩を暗唱させられたとしても，それが自己の信仰を揺るがすことはない。そのようなことで神は怒るだろうか。むしろ，そのような強制は，国語能力の育成では望ましいことなのではないか[85]。強制が憲法に違反するのではなく，憲法に違反する強制が排除されるべきなのである。

　同様に，シャウァーも表現の自由と内心の自由は直接的関係に立たないと述べている。

　　　「私たちは，黙って考えることができる。考えるために話したり書いたりする必要はない。私たちが黙って考えているとき，私たちの思考は政府のサンクションを越えている。たしかに，思想は政府規制の影響を受けることはあり得る。プロパガンダはその一例である。しかし，沈黙の思考それ自体は処罰から免れているし，沈黙にとどまっている限りは，外部への表現やコミュニケーションとは明らかに異なっている。」[86]

　さらに，L.シャロフ（Laurent Scharoff）も，内心なるものを定義づける努力は無意味であること，そして，内心の自由は表現の自由から導き出せないとして，強制言論法理と内心の自由を切り離すべき旨を主張している[87]。また，Steven H.Shiffrin も同様な立場に立ち，強制されたところで，人の心は変わらないと指摘している[88]。

　これらはいずれも，内心を憲法問題とすることが不適切だとする主張といえよう。人の心の内にあるものは国家による影響を受けない。したがって，内心

---

84) Larry Alexander,Compelled Speech,23 Const.Com.147,at 156（2006）.

85) Id..

86) Frederick Schauer,Free speech：a philosophical enquiry, at 52（1982）.

87) Laurent Scharoff,Listner Interests in Compelled Speech,44 Cl.W.L.rev.329,at 338（2008）.

88) Steven H.Shiffrin,What is Wrong with Compelled Speech,24 J.L & Pol.499,at 505（2014）.

を規制することは、自由に対する侵害としては観念しがたい。これは、憲法以前の問題である。これら憲法学説が示唆するものは小さくない。これについては後に触れる。ここでは、内心の自由が強制言論の排除を説明する根拠にはならないという点のみ確認しておきたい。

内心との関係では、強制言論は思考プロセスを歪曲するとの主張もある。熟慮のプロセスは自由であって、強制になじまない。強制された思考には、その者の知的な一貫性（coherence）が欠けている[89]。それゆえに、強制の契機は排除されなければならない。

この議論にもいくらかの説得力はある。ただし、自由に思考するために不可欠な知識は強制によって与えられる場合があることも否定できない。頑なに進化論を受け入れない生徒にも、その学問としての意義をカリキュラムの中で教えることは否定できないのではないか。

(b) 表現の自由の保障根拠との関係

強制言論が排除される理由は、表現の自由の保障根拠によって説明されるとすることも考えられる。表現する自由があるならば、表現しない自由があるはずだと考えることも不自然ではない。この論理では、表現の自由の保障根拠が強制言論を排除する今異なる。

(A) 民主主義の要請は強制言論法理を説明できるか

まず、表現の自由の保障根拠として挙げられるのは民主主義の要請である。表現規制は民主過程を歪曲し、民主主義を根幹から否定する[90]。しかし、民主主義から表現の自由を正当化する立場に立っても強制言論の排除を否定することにはつながらない。なぜなら、この理論は、可能な限り多くの言論が相争うことによって、望ましい結論に達することを前提としているため、争うことを回避する自由は、ここで保障される必要はないからである。むしろ、多くの主張が対立関係に立つよう、話すこと（あるいは他者の主張を受け入れること）を強いられる場合も肯定されないであろうか。反論権も作り方次第で、この要請に応え得る[91]。このことはまた真理の探究の価値についても当てはまる。

(B) 個人の自律は強制言論法理を説明できるか

つぎに、個人の自律の価値からの正当化はどうか。個人の自律（autonomy）を

---

89) Id.at 510.

90) Alexander Mikelejohn,Free Speech and its relation to Self-Government（1948）.

91) Scharoff, supra note 87 at 406.

176　第3部　強制言論と違憲審査

どうとらえるのかによって答えは変わっても来ようが，他者から介入を受けないで自己決定を行うこととしてとらえた場合，話すことを強いられない権利は，憲法上の権利として認められるように思う[92]。ただし，自律を尊厳（dignity）と結びつけて考えるなら，この権利を団体に認めることは難しい。たとえば，「会社の尊厳」なる概念は言葉の乱用に近い。また，L.アレクサンダーのように，人はそれ自体で尊厳の主体であるが，人に何かを強制しても，そのことからただちに尊厳を損なうことにはならないとの指摘もある[93]。社会における人間は，何らかの形で強制の中に生きている。裁判における証言拒否がにわかに認められないことが刑事被告人や証人の自律を否定することにはならない。

　また，政府による価値の植え付け（inculcation）を問題にする考え方もここに分類できるであろう。政府は価値中立的であるべきで，国旗の尊重や州のモットーを押し付けることは許されないと考える立場である。しかし，価値の植え付けを否定するなら，人間の自由や平等性についてもまた押し付けることが許されなくなるのではないか。そうなると，共和制の精神や連邦制の前提も揺らぐことになりはしないか。国家は，程度の差こそあれ，強制の契機を前提にして成り立っている。したがって，この立場から強制を排除することもまた適切とはいえない。

　自律と関連して，自己実現（self-development）から表現の自由を正当化する学説についても同様なことがいえる。十分な自己実現を可能にするためには教育の力を借りざるを得ない。教育には強制の要素が伴う。自己実現を全うさせるためには，むしろある段階での強制が認められなければならない。

　(c)　表現規制の害悪は強制言論法理を説明できるか

　視点を変えて，表現規制がもたらす危険性から強制言論法理を説明できるかどうかを検討しよう。

　表現規制は表現行為を委縮させ，また，判断の過程や議論を歪曲し，自由な批判という民主制の根本的価値を損なう。それゆえに，厳格審査を原則とする。では，表現を強いることは，表現を禁止もしくは制限することと同程度に危険であるといえるだろうか。

　この点で，M.コービン（C.M. Corbin）の議論が参考になる[94]。コービンは，

---

　92）Thomas Scanlon, A Theory of Freedom of Expression,Phil & Pub.Aff.vol.1.no2 (1972).

　93）Larry Alexander,supra note84 at 158-9.

第6章　強制言論の法理　　177

強制言論（強制的情報開示）を考える上で，以下のような二分法を用いること
が有益であるとする[95]。

| | |
|---|---|
| 営利的（commercial） | 非営利的（non-commercial） |
| 事実（fact） | 意見もしくは思想（opinion/ideology） |
| 情報伝達（inform） | 説得（persuade） |
| 感情的（emotional） | 合理的（rational/informed） |

　そして，この二分法を用いて，強制される言論の内容や性質によって，憲法
上の許容性を判断していこうとする。たとえば，たばこ広告における表示義務
の強制は，営利的表現に関して事実を情報伝達するものであって，その性質は
合理的判断を可能にするものである。よって，このような強制は憲法上許され
る[96]。しかし，医療機関に対して，中絶を思いとどまらせるような表示を強
制すること（その逆もある）は，非営利的表現に対して，特定の意見を表明さ
せることで説得しようとするものであって，結局のところ，政府の思想を強制
させるものであるから，表現過程を歪曲する[97]。
　この観点から NIFLA 判決を見ると，カリフォルニア州政府が試みたのは，
医療機関を通じて，より安価な中絶医療の利用可能性もあるという情報の提供
であって，たとえそれが判断への介入を伴うものであったとしても，許されな
い操作には該当しないとの評価が下されている[98]。
　コービンの議論は，強制の可否をより細かな指標を用いて吟味していこうと
する試みであって，十分参照に値する。ただし，マスターピース判決のように，
平等を促進する法律に基づいて一定の作為を強制するような場合は，これら二
分法ではどのように扱われるのかなど，検討を要する点も残されている。また，
コービン自身が指摘しているように，話者に視点を合わせたアプローチでは，
強制言論の事例を一貫した論理で説明することはできない。なぜなら，個人に
認められる内心なるものは団体には認められず，個人の自律と団体の自律にも

---

94) Caloline Mala Corbin,Compelled Disclosure,65 Ala.L.Rev.1277（2014）.
95) Id.at 1284-1291.
96) Id.at 1312.
97) Id.at 1324.
98) Id.at 1349.

178　第３部　強制言論と違憲審査

同じ価値が認められるわけでもない。また民主プロセスへのかかわり方も異なっている。

　このような隘路から抜け出るため，L.シャロフは，聴者の権利に着目する[99]。強制言論が憲法上許されないのは，話者ではなく，表現の受け手の権利を侵害するからだと主張するのである。

　(d)　強制言論と聴者の権利―「誤帰属（misattribution）」の観念―

　聴者の観点から強制言論法理を分析するに際して，L.シャロフは「誤帰属（misattribution）」観念に着目する[100]。「誤帰属」は，L.シャロフが用いる文脈においては，本来その発話者の本心ではないにもかかわらず，それを本心であると誤解してとらえられることとして用いられているようである。国旗への敬礼が強制されたとき，国家への忠誠心がないにもかかわらず，その光景を見た他者から，その者が国家への忠誠心もっていると誤解されることが典型的なケースであるといえよう[101]。ある者に発言を強制することは，その者の内心を侵害するわけではない。これによって侵害されるのは，その発話を受け取る側である，とL.シャロフはいう。

　L.シャロフは，この視点の転換をロスコー・パウンド（Roscoe Pound）のJurisprudence に依拠しながら説明する。憲法上の権利は個人の権利としてではなく，Social Interest に着目しながら解釈されなければならない[102]。ある者に表現を強制することは，「情報の総混合量（total mix of information）」を歪曲する。たとえば，ある分野で権威とされる者に発言を強制することによって，公衆は誤解を余儀なくされる。また，組合費を政党に寄付することが組合員全員がその政党を支持しているとの誤った情報を与えることになる。バーネット判決でいえば，国旗への敬礼を強制することで，クラス全員が愛国心をもっているとクラスメイトに誤解を与えてしまうことが「誤帰属」の例として挙げられる[103]。

---

99）Scharoff, supra note 87 at 367.

100）Id.at 368. 誤帰属とは，「自分が感じている生理的な喚起や，既知感，親近感，知覚的流暢性などの内的・主観的感覚の原因を，本来の原因ではない別の要因に帰するという現象に対して適用されている」。外山みどり「誤帰属過程における認知の顕在性―潜在性」学習院大学研究年報63巻（2012年）78頁。

101）Scharoff, supra note 87 at 368.

102）Id.at 374.

第6章　強制言論の法理　　179

　L.シャロフは，誤帰属に焦点を当て，聴者の認識を歪曲する場合を強制言論として排除するべき旨主張する。したがって，誤帰属を生じさせる強制のみが憲法上の問題となる。ウーリィ判決レーンクィスト首席裁判官反対意見が指摘するように，州のモットーをナンバープレートに貼付する義務を課したところで，「自由をさもなくば死を」という標語を受け入れていると思う者がどれほどいるであろうか。

　一方，強制の契機が強く働けば働くほど，その発話行為が本心から出たものだとの印象は薄くなる[104]。そうすると，強制しても誤帰属が起きない以上，聴者の利益は侵害されないため，国家による強制言論を許容する余地が広がらないか，というパラドクスに直面する。「何をどこまでどのように強制することが憲法上許されないのか」を問うところから始まった問題が，「強制しても誤帰属は起きない」という結論に置き換わったとき，強制言論を論じる意味はなくならないのであろうか。したがって，「誤帰属」の観念を軸にして，聴者への侵害を視野に入れることには意義があるが，話者への侵害の内容や態様，程度をまったく考慮しないことには与しえない。話者と聴者へのインパクトを考慮した姿勢が求められる[105]。

---

103)　Id.at 400. Scharoff は，教室などで行われる集団的儀式（group ritural）がもつ同調圧力にも言及している。これは，集団の中で一斉に儀式が行われることによって，儀式の内容には同意できないにもかかわらず，同調せざるを得ない圧力が生まれるというのである。この指摘は，特にわが国の「空気」を考えるとき，興味深い視点を提供している。

104)　Id.at 368.

105)　聴者＝情報の受け手の利益は，話者の表現の自由を正当化しないとするのは，故 C.Edwin Baker であった。この点についてはすでの他の論稿で触れているので，ここでは触れない。拙稿「営利的広告規制と情報パターナリズム」法学新報124巻7・8号（2017年）101頁以下（本書第9章所収）を参照願いたい。これは，高橋和之「人権論の論証構造─人権の正当化論と人権制限の正当化論」（3・完）ジュリスト1423号（2011年）73頁の問題意識とも似通っている。ただし，合衆国の表現の自由理論は，この点についてあまりこだわらないようである。そもそも，権利は個人の利益に奉仕するものなのか，集団（We the People）に属するものを個人が行使しているものなのか，という視点の違いもあるだろう。その点で，表現の自由は，単なる個人的な自由にとどまらないと理解されているのではないだろうか。See Morgan Marietta,A Cirtizen's Guide to the Constitution and the Supreme Court（2014）at 69.

180 第 3 部 強制言論と違憲審査

## (2) 強制言論への対応

### ① 強制言論法理の非一貫性

多くの論者が指摘するように，合衆国最高裁判所における強制言論法理の適用には一貫性が欠けている[106]。日常的に考えると，およそ一切の強制を排除することは考えられない。公教育におけるカリキュラムには強制の契機が含まれている。個人の尊厳や平等の理念を共有するため，人権作文を生徒に課すことも行われる。公務員の任用に際する宣誓の義務も強制であることは否定できない。排外主義的な思想をもつ中学生に対して，平等を題材にした作文を書かせることは許されないとはいえまい。問題なのは，強制それ自体ではなく，憲法上容認されない強制があることなのではなかろうか[107]。

### ② 複合的視点の必要性

したがって，許される強制と許されない強制を仕分けするには，複合的な視点に立つほかない。

この点について，N.スターンは，強制が排除されるケースでは，必ず何らかの積極的な価値の侵害が控えていると指摘する。たとえば，ウーリィ判決では，政府メッセージを強要することが内容規制と比肩するような権利侵害が控えているという。貼りたくもないステッカーを貼らされることは，強制によって自己の表現が変更させられるのであって，これは形を変えた内容規制と呼んで差し支えない[108]。他方，アブード判決で問題となった組合費徴収は，自己の財産を意思に反して取り上げる収用（taking）に近い。このように，強制が排除されるべき場合には，宗教の自由や財産権，プレスの自由など積極的な憲法価値の侵害が必ず控えている。

さらにスターンは，これら憲法価値の侵害を正当化する事由として以下の6点を挙げ，強制言論が許される場合を定式化しようとしているのである[109]。

① パブリックフォーラム（の設置運営コストの支出義務）プルーンヤード，FAIR判決など
② 政府言論 ジョイシーズ判決

---

106) See eg.Nat Stern,The Ubordinate Status of Negative Speech Rights,59 Buf. L.Rev.847（2011）.

107) Alexander,supra note84 at156.

108) Stern,supra note 106 at 919.

③　営利的言論　Gluckman 判決
④　間接的制約　FAIR 判決
⑤　言論と区別される行動への制約
⑥　介入が十分正当化されない場合


　①～③は強制の対象となるトピックに，④⑤は強制のあり方に，⑥は立証の程度にそれぞれ焦点を合わせているものと考えられる。

　スターンの解釈によると，消極的権利（negative rights）の侵害は，通常の積極的な権利（affirmative rights）の侵害を審査する枠組みで検討することが可能となる。そして，近時の合衆国最高裁判所判例もまたこの傾向にあるものといえよう。医療機関に対して中絶情報の掲示を義務づけることは，医師の（あるいは医療機関の）表現の自由を侵害することであって，内容規制に該当し，厳格審査に服さなければならない。つまり，表現を禁止・制限する場面でも，表現を強制する場面でも，適用される審査基準は同じということになる。異なるのは制約の態様であって，自由に対する侵害の観点からは，両者は向けられる方向の違いでしかなくなっている。すなわち，①～⑥は強制言論が内容規制に該当することを阻害する条件であって，これ以外での強制は厳格審査に服すると考えるべき項目であるといえる。

### ③　内心の自由から表現の自由へ

　本稿の冒頭で整理したように，強制言論で問題となる権利関係は，次の3つの場面に分類できる。


(A)　特定の表現行為を行うよう強制する場面が考えられる。国旗に敬礼を求めたり，特定のメッセージを表示することを義務づけるような場面

(B)　他者のメッセージ表明を受け入れるよう強制する場面。

(C)　特定の専門職に対して一定の情報を開示させ，あるいは一定の事項を掲

---

109)　Id.at 928-9. この中で，スターンが挙げている，⑤間接的制約と⑥言論と行動の区別は，「君が代伴奏事件最高裁判決」で採用された，「外部行為に対する間接的制約」を思わせるような論理が示唆されており，興味深い。同判決における判断枠組みは，オブライエン判決の規制類型論と類似しているようにも思われるが，合衆国最高裁と同様，言論を禁止する場面と言論を強制する場面でも，衡量する手法は同じということであろうか。

示する義務が問題となる場面

　これらの問題群は，強制される他者のメッセージと自己のメッセージが対立する点で共通している。その点で，強制言論とは，消極的表現の自由あるいは沈黙の自由として構成するより，表現の自由そのものとして構成した方がより実りある議論が可能となるのではなかろうか。

　内心は絶対的に保障されるというとき，内心の自由を侵害する国家行為は利益衡量によって正当化されないことを意味している。だが，「内心」を定義づけるのは難しい。定義づけられたとして，「内心の自由」として保障される範囲を確定するのはさらに困難といえる。それゆえに，合衆国最高裁判所判例は，侵害されてはならない内心とは何かを考えるのをやめ，表現しない自由も表現する自由と同じ姿勢で審査する姿勢へと移行している。

　「内心はいかなる理由があろうとも侵害できない」とは，よほど例外的なやり方[110]でない限り，内心を侵害することは，実際には考えられない，ということを意味している。信仰は強ければ強いほど，外部圧力に屈することはない。踏み絵を強いられても，信仰は揺るぐことはない。問われるべきは，内心が強制的に開示させられる場合であって，これは，国家が望ましくないと思っている思想内容に制裁を与えることと同義である。シャロフが指摘するように，「良心の自由（freedom of mind）」として扱わなければならない問題の範囲は，意外と狭い[111]。

　国家の強制に対して，「内心の自由」で対抗するのは，丸腰で戦いを挑むに等しい。むしろ，表現の自由の問題として対処した方が実りある議論ができるのではなかろうか。その際，表現の自由は，「表現するかしないか，するとしてどのような表現をどのように行うか」の意思決定を含む権利として構成すべ

---

110）身体などを拘束した場所において，繰り返し国家の公認思想を植え付けるような思想統制は，間違いなく内心それ自体を侵害し，内心の自由への直接的侵害と考えなければならない。バーネット判決があのような強力な説示によって，国旗への敬礼義務を否定した背景には，戦時におけるエホバの証人たちに対する差し迫った迫害があったことについては，すでに述べた。この状況下，教室という逃げ場のない空間で，退学処分という強制装置を用いて，国旗に対する敬礼を強制したことがあった。これは，ブライア首席裁判官がいう pure compelled speech の事例であった。しかし，ウーリィ判決にはこのような背景は控えていない。そこでは，Five Free or Die という政府言論に反対する表現活動が行われていたに過ぎない。

きなのではなかろうか[112]。

### ④ 具体的適用

#### (a) 見解や主題の発話を強制する場合

まず，何か発話することを強いることや特定の主題や見解について発話を強制したり，情報を開示させる規制は内容規制として，厳格審査を適用することになる[113]。バーネット判決のような事例は，純粋強制言論として，違憲の推定を受けると考えてもよい[114]。

次に，農産物の販売に際して，Californina furits のようなラベルを貼付させることは，その目的がやむにやまれぬもので，その実現手段が必要最小限度にとどまっているかどうかを審査することになる。ただし，それが販売方法の制約に関わり，付随的に農産物販売業者の表現に制約を及ぼすような場合は，付随的規制として中間段階の審査基準を適用すべきことになる。あるいは，このラベルが一種の政府言論とみなされる場合は，緩やかな審査基準で合憲性が判

---

111) Scharoff, supra note 87 369: ただし，ここには重要な留保を付ける必要がある。心は脳と同義なのか，心の動きは脳の作用そのものなのかについては論争がある。私にはこの論争に立ち入る能力も知識もないが，仮に心の大部分が脳の作用によって説明できるとしよう（「脳還元主義」Neuro-Reductionism）。その場合，脳の作用に介入することは内心の自由を直接侵害するものといわなければならない。もちろん，このような介入は内心の自由の問題にとどまらず，人格の否定以外の何物でもない。Michel S.Pardo & Dennis Patterson,Minds,Brains,and Law,33 (2013). 脳還元主義を採るかどうかは別として，fMRI 等を用いて，内心を探知するような捜査活動は内心の自由を直接かつ重大な方法で侵害するのではないだろうか。

112) 私は，表現の自由を民主主義や真理の発見，自己実現などの実体的な価値に結び付けて正当化するのではなく，「中身はともかく，自分自身で自分の物語（narrative）を編んでいくために必要な権利」ととらえるスーザン・ウイリアムスの見方に一日の長があるように思う。強制によって自分が作ろうとする物語を阻害されることは，表現によって物語を作り出すことを禁ずることと変わりはない。Suzan H. Williams,Truth,Autonomy,and Speech, (2004).

113) Notes,Two Models of The Right to not Speak,133 Harv.L.Rev.2359 (2020), at 2362.

114) 合衆国最高裁判所における厳格審査の形成と展開については，尾形健「厳格な基準—その形成過程へと至る『物語』の素描—」山本龍彦・大林啓吾『違憲審査基準—アメリカ憲法判例の現在—』（弘文堂・2018年）33頁以下を参照。「その形成は，その時々の時代状況や社会的・経済的諸条件のもとにおいて，裁判所の役割をめぐるアメリカ市民の理解を反映した歴史的経緯があったことも，確認してよいように思われる」とする。この評価は的を射たものと思われる。

断されることになろう。NIFLA 判決は，むしろ政府言論の問題としてとらえるべきなのではないだろうか[115]。マスターピース判決も平等や多様性を実現するという政府言論として扱われるケースであった。

(b) 団体活動への強制参加

アブード判決のラインはどうか。所属する団体の活動と構成員の言論が食い違うケースである。この場合，裁判所には，対等な私人（弁護士会は私人ではないが）間の紛争に対して，いずれの表現を優先させるべきかの判断が求められることになる。ちょうど，名誉棄損やプライバシーが争点となるように，裁判所には利益衡量が求められる。その利益衡量こそが「関連性」テストであり，「追加的負担」テストであった。ここでは，強制される表現行為（表現のみならず，寄付のような行動も含まれる）がその団体の活動目的や種子の範囲内にあるか，強制加入団体（実質的に入退会の自由が制限されている団体を含む）の場合，目的の範囲内にある活動に参加させることが，（強制的に加入させているという負担に対して）追加的な負担として正当化できるかどうかを検討する必要がある。

(c) メディアへの規制等財産権への制約

公正原則や反論権についても同様なことがいえる。強制内容が特定の主題や見解を受け入れることであれば，厳格審査に服することになろう。そうではなく，様々な主題や見解を幅広く放送せよという強制であれば，内容中立規制として，中間段階の審査に付せられるべきである。トーニロ I II 判決は，まさにこの事例であった。

一方，プルーンヤード判決や FAIR 判決は，自己が管理する財産上で，他者の言論を受け入れるよう強制されている事例である。同判決では，私有財産であっても，無差別に人を受け入れているような場所では，表現行為も受忍すべきであるとの結論が下されている。逆に，軍のリクルーターの受け入れを条件に補助金が交付されるケースは，補助金の目的と他者の言論を受け入れることとの間の関連性が問題となる。合衆国最高裁判所判例は，この結び付きを認めなかったが，大学側の被る損失との関係で検討すべきことは多い。

(d) 付随的規制

FAIR 判決では，軍のリクルート活動への協力とその見返りとして交付され

---

115）Mala Corbin, supra note 94 at 1351.

る補助金の関係を付随的な制約とみなしている。合衆国憲法によって認められている軍隊への人材確保を Solomon Amendment によって図ることは，正当な目的である。これに協力する大学への補助金交付は，軍のリクルート活動に反対する大学を差別したものではない。ただし，リクルート活動への協力の有無が補助金獲得に影響を及ぼす。しかしこれは，Solomon Amendment の付随的な効果に過ぎない[116]。

この論理は，ジョイシーズ判決やデイル判決，あるいはハーレイ判決で問題となった，差別を禁止する法律や平等を積極的に実転するために制定されている法律についても適用可能である。平等や多様性を実現するための法令は言論を強制するものでも，言論を制約するものでもない。その結果，特定の団体の表現活動に制約を課すことになっても，これは付随的規制として，中間段階の審査を適用すべきであるとも考えられる[117]。

(e) 営利的言論

営利的言論についても同様に考えてよい。合衆国最高裁判所判例上確立されたセントラルハドソンテストの適用によって，強制的な情報開示の合憲性が判断される。ただし，近時の判断傾向を反映してか，ソレル判決ケネディ裁判官法廷意見は，営利的言論の分野においても，情報流通それ自体を制約する規制に対して厳格審査を適用していることはすでに述べたとおりである[118]。もっとも，セントラルハドソンテストの厳格化によって，いずれの審査基準を適用しても同じ結論が導き出されたのかもしれない[119]。

---

116) 547 U.S. 47 (2006).

117) 拙稿『表現の自由　理論と解釈』（中央大学出版部・2014年）169頁以下を参照願いたい。

118) 564 U.S. 553.

119) 海野淳史「営利情報の開示強制と表現の自由―米国法上の議論の分析を通じた一考察―」情報学会雑誌36巻1号（2018年）47頁は，会社情報の強制開示に関するテーマを扱いつつ，その背景にある判例の傾向や学説の状況を簡潔かつ明快に提示している，きわめて有益な文献であり，本稿もまた学ぶところが多かった。ただし，本稿は，営利情報の強制開示は内心の自由の問題にはなり得ないとする立場に与するものである。

## (3)　強制言論としての君が代伴奏，起立斉唱の強制
### ①　通説の立場

　最後に，合衆国最高裁判所や憲法学説の分析を踏まえて，強制言論法理が日本国憲法の解釈論に対して示唆するものを探究しておこう。

　内心の自由を保障する独立した条文をもたない合衆国憲法では，第1修正の中に内心をいかに位置づけるのかが議論の中心であった。逆に，憲法例としては珍しく，憲法19条をもつ日本国憲法では，「思想良心の自由」とは何か，それは他の精神的自由権に関する条項とどのような関係に立つのかが議論されてきた。

　この問題に関して，スタンダードな解釈を提示している芦部信喜は，明治憲法下で行われた内心の侵害への反省から定められた19条は，「思想良心」を広くとらえ，「第一に，国民がいかなる国家観，世界観，人生観をもとうとも，それが内心にとどまる限りは絶対的に自由であり，国家権力は，内心の思想に基づいて不利益を課したり，あるいは特定の思想を抱くことを禁止することができない，ということである」[120]と述べている。そして，その規範的効果は，国家による内心の強制的開示の禁止，すなわち「沈黙の自由」にあるとする。「踏み絵」や強制的アンケートなど，内心を推知することが禁止される。

　一方で，19条を狭くとらえ，20条との差別化を試みる学説もある。ただ，そもそも「思想・良心」をどうとらえるのかの議論が展開されていること自体がこの問題の難しさを物語る。たとえば，「思想・良心」を「信仰に準ずる世界観，主義，思想，主張を全人格的にもつことを意味する」[121]と定義づけたとしても，「世界観とは何か，主義と単なる意見の違いは何か，菜食主義は主義に含まれるか」など，さらに問題を増やすだけなのではないかとも考えられ，あまり有益な議論は期待できそうにない[122]。

　この標準的解釈によると，憲法19条は，内心作用を絶対的に保障するものであるが，外部に表現する段になると，それが宗教的表現であれば20条1項が，

---

120)　芦部信喜（高橋和之補訂）『憲法〔第8版〕』（岩波書店・2023年）161頁。
121)　佐藤・前掲注3）244頁。
122)　ただし，19条における沈黙の自由と21条1項が保障する消極的表現の自由の守備範囲は異なるとする，注目すべき学説がある。毛利透・小泉良幸・淺野博宣・松本哲治『憲法Ⅱ人権〔第2版〕』（有斐閣・2017年）153頁。たとえば，記者の証言拒否は21条1項の問題であるとする。

一般の表現であれば21条1項が，学問研究に関わるものは23条が保障するということなる。これらの場合，19条は，表現行為の背景にあり，それらを支える橋頭堡との扱いを受ける。

最高裁判例もまた，この解釈に影響を受けている。謝罪広告事件[123]では，絶対的に保障される「思想・良心」とは何かをめぐる定義の議論が行われた。内申書への記載事項が争点となった事例においても，「思想」と「客観的事実」が区別され，事実の記載は思想を推知させないと判断されている[124]。

### ② 二つの君が代関連判決

#### (a) 「君が代」伴奏事件

以上のような前提は，二つの君が代関連判決においても変わるところはない[125]。まず，君が代伴奏拒否事件における判決の論理を整理しておこう。法廷意見は，おおむね次のように述べて，処分の取り消しを否定した。

> 学校行事において「君が代」の伴奏を拒否することは，その者の歴史観や世界観に基づく選択ではあろうが，一般的にはこれと不可分に結びつくものではない。本件職務命令は，直ちにその者の歴史観や世界観それ自体を否定するものではない。「君が代」の伴奏をするという行為自体は，音楽専科等の教師にとって通常想定されうるものであり，伴奏を行う教諭等が特定の思想を有するということを外部に表明することは困難である。「全て公務員は全体の奉仕者であって，一部の奉仕者ではない」（15条1項）から，職務命令には従わなければならない。学校教育法でも小学校教育の目標として「郷土及び国家の現状と伝統について，正しい理解に導き」と規定され，学習指導要領でも「国歌を斉唱するよう指導するものとする」と定められているところから，この職務命令が思想・良心の自由を侵害するものとはいえない。

---

123) 最大判昭和31年7月4日民集10巻7号785頁。ただし，法廷意見は，正面からこの定義を定めることを避け，侵害に対する程度論で問題を処理している。

124) 最大判昭和63年7月15日判時1287号65頁。

125) これら二つの判決については，渡辺・前掲注2）77頁以下に包括的かつ詳細な分析と検討がある。また，渡辺康行「『日の丸・君が代訴訟』を振り返る―最高裁諸判決の意義と課題」長谷部恭男編『論究憲法―憲法の過去から未来へ―』（有斐閣・2017年）279頁以下参照。

188　第3部　強制言論と違憲審査

　少し乱暴な整理を行うと，本判決は，「君が代」伴奏には，伴奏にあたる教員の思想・良心は含まれないと考えている。「君が代」伴奏を拒否する根拠には，演者の思想・良心があるかもしれないが，伴奏を拒否することと「君が代」に対する消極的評価は「一般的には結びつかない」という（逆に，「君が代」を演奏することと「君が代」に対する否定的評価も必然的には結びつかない）。「君が代」に否定的評価をもつ音楽教師が不承不承演奏していても，それは聴者には推知できないことが多い。

　つまり，君が代伴奏事件で音楽教師の内心をよりどころにして結論を導き出すことには相当な困難が伴う。伴奏拒否を内心から出たものととらえるか，無関係ととらえるかもまた評価の問題に帰着するからである。

　一方，この問題を表現の自由の判断枠組みで検討するなら，「君が代」という一定のコンテンツ[126]をもつ作品を強制的に弾かせることが憲法21条1項で許されるかと構成できる。これは自己が望まない表現を強いる点で明確な内容規制に相当する。もちろん，これはバーネット判決のように，頑なな宗教心に裏打ちされているわけではないから，ただちに違憲とすることは難しい。それゆえ，厳格審査が適用される場面であったと考えられる[127]。やむにやまれぬ目的に対して必要最小限の制約であるかどうかが吟味されなければならない。

　まず，学校の儀式における国家の演奏が行事においてやむにやまれぬほど必要であるかどうかは，評価が分かれる[128]。仮に目的審査を通過しても，これが必要最小限度の制約であったかどうかには疑問が残る。公立学校の入学式・卒業式における教育職公務員への職務命令という特殊性も判断要素の中には組み込まれなければならない。ただ，これは必要最小限度の制約の判断に際して，

---

126）「君が代」に思想性が欠如しているなら，国家と呼ぶには値しない。国家とは，国民や国家という目に見えない存在を可視化するものであるから，いずれの国家にもその国のストーリーが反映されていなければならない。

127）厳格審査（strict scritny,strigent scritny）の目的は，真の規制目的をあぶり出す（smoke out）ところにある。目的達成手段を厳しく問うことによって，本当の規制目的が何であったのかをあぶり出すのである。Anita K. Blair Constitutional Equal Protection, Strict Scrutiny, and the Politics of Marriage Law,47 Cath.K.Rev.1231 (1998)；Caleb C. Wolanek&Heidi Liu,Applying Strict Scrutiny: An Empirical Analysis of Free Exercise Cases,78 Mont.L.Rev.275 (2017).

128）入学式や卒業式で「君が代」を演奏することが目的なら，音楽教諭に職務命令を出してまでも強制し，これに反した者を懲戒処分にすることは，厳格審査を通過しない。

積極的要素としても，消極的要素としても評価できる難しさがある。公的儀式における公務員は，自己の表現（「君が代」を伴奏しないという表現）を優先する権利はないともいえようが，少なくとも録音での実施や他の教員への依頼の余地が残されていたなら，必要最小限度の制約であったとは評価できないのではないか。

　公立学校における公的行事で「日の丸」を掲揚し，「君が代」を斉唱することは，一種の政府言論であるととらえることもできる。そうすると，内容規制に対する厳格審査は回避される。しかし，政府言論が厳格審査に服さないということと，それを強制することはまた別問題である。「日の丸」掲揚，「君が代」斉唱の差止めを求める訴えには理由がないが，そのことが教員への義務づけを正当化するわけではない。

　(b)　「君が代」起立斉唱事件

　ここで最高裁は，おおむね以下のような説示によって，損害賠償請求を棄却した。

　国旗としての「君が代」の掲揚および「君が代」の斉唱は，慣例上の儀礼的所作として，の性質を有するものであり，上告人の歴史観ないし世界観を否定することと不可分に結びつくものとはいえず，本件職務命令は，上告人の歴史観ないし世界観それ自体を否定するものということはできない。また，特定の思想をもつことを強制したり，これに反する思想をもつことを禁止したりするものではなく，特定の思想について告白することを強要するものということもできないから，個人の思想及び良心の自由を直ちに制約するものと認めることはできない。

　もっとも，「日の丸」や「君が代」に対して敬意を表明することには応じ難いと考える者が，これらに対する敬意の要素を含む行為を求められることは，個人の歴史観ないし世界観に由来する行動（敬意の表明の拒否）と異なる外部的行為（敬意の表明の要素を含む行為）を求められることとなり，その限りにおいて，その者の思想及び良心の自由についての間接的制約になる面があることは否定しがたい。このような間接的な制約が許されるか否かは，職務命令の目的及び内容並びに上記の制限を介して生じる制約の態様を総合的に較量して，当該職務命令に上記の制約を許容し得る程度の必要性及び合理性が認められるか否かという観点から判断するのが相当である。

190 第3部 強制言論と違憲審査

「君が代起立斉唱」判決は，「君が代伴奏」判決とはまったく異なる構成をとっている。「君が代起立斉唱」判決は，外部行為に対する制約が内心に対する間接的制約になることを正面から認めている。これは，もはや伝統的な19条の論理からははみ出ている。論理構成としては，FAIR 判決ロバーツ首席裁判官の付随的規制論に酷似している（もちろん，その淵源は O'Brien 判決であるが）。本件における教員への義務づけの目的は，各教員の思想を制約するものではなく，むしろ，儀式を静穏に実施するための起立斉唱義務であって，その規制効果が教員の思想に影響を及ぼすことはあり得る。しかし，それは「間接的制約」である[129]。この説示は，表現規制に対する審査と区別できない。

もっとも，本判決では，付随的制約に際して，合衆国最高裁判所で用いられる中間段階の審査が適用されているわけではない。付随的規制論に触れた意味は，「これが思想良心の自由を直接的に侵害するものではない」との立場をレトリカルに表現したに過ぎない。中間段階の審査を適用し，「重要な利益のためより制限的ではない手段が用いられているか」が精査されたとき，判決の結論が支持できるかどうか，いささか不明なところもある。また，シャロフが指摘する「集団的儀式（group ritual）」特有の問題，すなわち，集団での行為強制は想像以上の同調圧力をもたらし，情報の受け手に対する誤帰属を生じさせ，「みんなが信じているのだ」との誤解をもたらすことには注意が必要である。抗いきれない状況に置かれた者への強制それ自体には，より大きな警戒感をもって臨むべきかもしれない[130]。

もちろん，このような問題が控えているからこそ，最高裁は，「君が代」には法的な根拠があり，公務員に対して，適法な行為を適法な職務命令で強制で

---

129）判決は「間接的制約」という用語を用いているが，むしろ「付随的制約」と呼ぶ方が適切であったのではなかろうか。わが国において用いられる，「付随的制約（規制）」の概念は，「間接的制約（規制）」と相互に互換的に用いられている。しかし，「付随的」とは incidental の訳語であるのに対して，「間接的」とは secondary を指しているのであって，この両者は厳密には区別されるべきなのかもしれない。ただし，わが国の最高裁においては，要するに「表現そのものもしくは表現の内容を狙い撃ちした規制ではない」として，審査基準を緩和する論理で用いられていることは警戒すべき事柄のように思われる。合衆国最高裁判所における付随的規制論は，中間段階審査を導出する前提であって，合憲性を導き出す前提ではない。長谷部恭男「表現活動の間接的・付随的制約」戸松秀典・野坂泰司『憲法訴訟の現状分析』（有斐閣・2012年）232頁以下参照。

130）Scharoff, supra note87 at 399-400.

きるとの主張を展開したのであろう。しかし，職務命令による起立斉唱強制が，儀式の円滑な遂行にとって，より制限的でない手段であったかどうかは，判断が難しい。

**結論**

本稿の結論は，以下のとおりである。

① 強制言論法理において「内心の自由（freedom of mind）」にこだわると，問題解決が難しくなる。憲法解釈論として内心（心）を取り上げるのは，明快な問題解決につながらない。合衆国最高裁判所や学説もまた，内心から外部行為へと着目する。わが国の最高裁判所が用いた「外部行為に対する間接的制約」論もまた，従来の19条解釈から一歩外に出た解釈である。

② 言論を規制する場合も強制する場合も同じ審査基準で対処すべきである。この両者はコインの表と裏であって，異なるアプローチを考える必要はない。ただし，強制言論の合憲性審査については，誤帰属など，考慮すべき独自の論点はある。

③ 日本国憲法の解釈としては，19条の登場する場面は限定される。それは，内心そのものを強制的に改変させたり，強制的に開示させるという異常な場面に限定されるべきである。これらはただちに憲法違反となる。それ以外の行為は多くの場合，外部行為を伴うものであるから，表現の自由の一場面として対応すれば十分である。ただし，表現の自由の制約に適用される審査基準の確立が必要ではあるが[131]。

審査基準に依拠することは，憲法問題を相争うすべての立場に同じ土俵を提供するところにメリットがある。これはゲームのルールである。強制言論という，「内心」や「思想」，「良心」といった，とらえどころのない問題を扱う場面では，なおさら基準が必要なのではないか[132]。

---

131) 渡辺・前掲注2）290頁は，「君が代起立斉唱」事件を契機に，むしろ比例原則による審査を深化させていくべきであるとする。これもまた説得的な提言であって，検討に値する。

192　第3部　強制言論と違憲審査

---

132）伊藤健『違憲審査基準論の構造分析』（成文堂・2021年）は，合衆国最高裁判所に
　おける違憲審査基準論の現状を詳細かつ綿密に分析しており，本稿もまた学ぶところ
　が多かった。違憲審査基準論は，ともすれば硬直化し，ステレオタイプな議論を誘発
　するように思われるが，ゲームにおいてプレイヤーが共有すべきルールとしての性格
　をもっている。ちょうとアメリカンフットボールにおけるルールのように，攻守双方
　とアンパイアがフィールドでどのように振舞うことでゲームメイクがなされるのかを
　示す「基準」なのではなかろうか。

| 第 7 章 | 大阪市入れ墨調査事件 |
|---|---|
| | ―自己決定と情報調査拒否権― |

### はじめに

　公務員は，内部調査にどこまで応じなければならないのであろうか。一般的には開示が求められない情報の強制収集にどこまで応じなければならないのであろうか。大阪市入れ墨調査事件[1]は，これらの点をはじめ，公務員の勤務関係や公務員の人権について興味深い論点を提供している。

　一連の君が代裁判を通じて，公務員に対する作為の強制が争われ，最高裁判決に対する批判も根強い[2]。一方で，無制約な懲戒権行使に対しては，最高裁自身も歯止めをかけようとしている。大阪市入れ墨調査事件は，このような流れの中で生じ，争われているという性格をもっている。とくに大阪市では，職員に対するアンケートという名目での強制的な情報収集が行われており，すでにこれを違憲，違法であるとする判決がある[3]。調査の内容は，組合活動という職員個人の思想内容に関わるものではないにせよ，入れ墨の有無もまた，個人の自己決定の帰結に関わるものであるため，慎重な取扱いが必要であった。

　この点について，大阪地裁判決，大阪高裁判決[4]。いずれも調査目的の正当性を認めた上で，入れ墨情報の性格づけにおいて結論を異にする判断に至ったのである[5]。

　本稿は，大阪地裁判決[6]と大阪高裁判決を素材として，公務員のプライバ

---

1) 大阪市「職員の入れ墨調査について」は，この調査に従わなかった者の所属年齢等を公表している。www.city.osaka.lg.jp/jinji/page/0000175974/html

2) 代表的な論考として，渡辺康行「『日の丸・君が代訴訟』を振り返る」論究ジュリスト2012年春号108頁。

3) 大阪地判平成27年1月21日判時2299号71頁。なお，大阪高判平成27年12月16日判時2299号54頁（控訴審）

4) 大阪高判平成27年10月15日裁判所ウェブサイト（上告審・最決平成28年11月9日LEX/DB2554440〔上告棄却・不受理〕。判決文については，在間秀和弁護士から提供を受けた。ここに記して感謝申し上げたい。

194 第3部 強制言論と違憲審査

シーと調査への協力義務の適否について検討を進めるものである。その上で，厳密には差別につながる情報とはいえないものの，それでも秘匿に値する情報の収集を拒む権利があることを示すことにしたい。いわゆる「消極的言論の自由（negative speech right）」の考え方が，この問題を解く上で有益であることを提示したいと思う。

# 1 大阪市入れ墨調査判決

## (1) 事実と争点

### ① 事実

大阪市では，市職員が入れ墨を見せ，子どもたちを畏怖させたなどという新聞記事を受けて，全職員に入れ墨をしているかどうかを調査することとした。この調査の目的は，「職員の入れ墨が社会問題となっており，人事配置上の配慮を行う観点から，日常生活を行う上で目視可能な部位への入れ墨の有無を把握する」ことと，「入れ墨に関わる服務のルールを検討するに当たり，職員の実態を把握する必要がある」ことにあった。このうち，前者は強制的な調査であり，後者は「肩から手の指先まで及び首から上，膝から足の指先までの部分以外に入れ墨のある職員に対して，任意回答による調査を実施する」ものであった。 本件原告は，被告大阪市が設置する病院局に勤務する職員である。原告は，この調査に対して，自分の信条に基づき提出しないこととしたが，上司等から調査票の提出を執拗に求められた。その結果，調査への回答を拒否したのは本件原告のみであった。

この拒絶行為に対して，被告病院局長は警告書を交付して，本件調査に回答しないことは，地公法32条が定める上司の職務命令に従う義務に違反し，同法29条1項が定める懲戒事由に該当するとして，ただちに回答するように警告したが，原告はこれを拒んだ。その結果，原告に対して戒告処分が行われたとい

---

5）本件調査および組合活動に関する調査を受けて行われた，人事異動の違法性を認めたものとして，大阪地判平成26年12月17日判時2321号16頁（控訴審・大阪高判平成27年6月18日判時2321号10頁，上告審・最決平成28年11月24日 LEX/DB25544704〔上告棄却・不受理〕）がある。

6）大阪地判平成27年2月16日裁判所ウェブサイト。

第7章 大阪市入れ墨調査事件 195

う事例である。原告は，被告大阪市に対して，処分の取り消しと損害賠償を求めて訴えを提起した。

② **争点**

(a) 被告大阪市の主張

被告大阪市は，入れ墨をした職員に対する市民からの苦情に対応する必要性や，市議会からも対応を求める声が上がったこと，入れ墨をした職員から不安感や威圧感を市民が感じないよう適切な人事配置を行う必要性があったことを主張し，あわせて，調査の手段が「市民等の目に触れる可能性のある部位に限定している」こと，共通の書式を用いていること，そして自主申告による（上司らが目視して確認するのではない）合理的な方法であることを主張した。また，回答を義務づけなければ，人事配置という目的を実現できないことを挙げている。

本件調査が個人情報保護条例[7]が掲げる「その他社会的差別の原因となるおそれがあると認められる事項に関する個人情報」に該当するかどうかという点については，「本件調査によって収集した本件入れ墨情報は，対象者が入れ墨を施すに至った事情や主観的理由に立ち入るものではなく，思想・信条・宗教のように，対象者の人格や精神作用の基礎に関わる情報ではないし，入れ墨についての捉え方や見解は様々であろうが，いずれにせよ，入れ墨は，かような見解があり得ることを認識した上で，本人が自己の意思に基づき施したものであって，一般に，趣味，嗜好あるいは身だしなみに関する情報である」として，本件入れ墨情報は，差別情報等には当たらないとしている。

また，仮に本件入れ墨情報が差別的情報に当たるとしても，法令等で収集できる情報であるから収集可能であると述べる。これは，職員に対する人事情報

---

7）大阪市個人情報保護条例6条 実施機関は，個人情報を収集しようとするときは，個人情報を取り扱う事務の目的を明確にし，当該明確にされた事項の目的（以下「事業の目的」という。）の達成に必要な範囲内で，適正かつ公正な手段により収集しなければならない。

2 実施機関は，思想，信条及び宗教に関する個人情報並びに人種，民族，犯罪歴その他社会的差別の原因となるおそれがあると認められる事項に関する個人情報を収集してはならない。ただし，次の各号のいずれかに該当するときは，この限りでない。
 (1) 法令又は条例（以下「法令等」という。）に定めがあるとき
 (2) 事務の目的を達成するために必要不可欠であると認められるとき

の収集という包括的な権能に基づくものである。本件調査に応じなかったことは，職務命令に反する行為であることが明らかであって，職場の組織秩序を現実に著しくかく乱した。また，この職務命令は，客観的に違法であることが明白でない以上，職員はこれを拒否することができない。

本件処分は，戒告処分であって，処分それ自体によって職員の法的地位に直接の職務上ないし給与上の不利益を及ぼすものでないから，本件処分には裁量権の逸脱濫用はない。

(b) 原告の主張

これに対して，原告は，本件調査が憲法13条，21条に違反することなどを主張している。このうち，プライバシー権の侵害については，身体における入れ墨の調査は，個人的かつ私的な身体的特徴に関する情報であり，その個人の思想信条等に関する事項ともなり得るセンシティブな情報であって，その開示はプライバシー権を侵害する。これら情報を強制をもって収集することは，プライバシー権の侵害として許されない。

また，入れ墨をするかしないかは，自由および幸福追求の権利が保障する自己決定の権利に属する事柄であり，法律によって禁止されていない事項であるが，本件調査は，入れ墨があること自体を否定的にとらえる価値観を一方的に押しつけるものである以上，調査結果をもって人事配置上の配慮事項とすることにより，入れ墨を入れることを実質的に禁止する効果をもつものであって，憲法13条が保障する自己決定の自由を侵害する。ましてや，被告大阪市が平成11年に制定した「大阪市人権行政基本方針」では，人事行政の基本理念の一として，「画一的な価値観を押しつけるのではなく，一定のルールの中で人々の多様な生き方を受け入れ，それぞれがお互いの多様な生き方を認め合うこと」が定められているが，本件調査は，「この基本理念に反し，入れ墨をしている者は，すべて他者に不安感や威圧感を与える人物であるという評価を宣伝し，差別を助長するものであって，本件調査を基礎付ける正当な目的ということはできない」と述べている。

このような事情を背景とする本件処分は，違憲，違法であるから，本件調査への解答を命じる職務命令も違憲，違法である。

## (2) 第一審大阪地裁判決の概要

大阪地方裁判所は，おおむね次のような理由に基づいて，原告の請求を認め

た。

A）　入れ墨行為の性質について

A1）　入れ墨は，それ自体では人格，思想，信条，良心等の内心に関する情報となるものではないが，反社会的組織の構成員に入れ墨をしている者が多くいることから，入れ墨をしていることは個人の経歴に関する情報となり得るものであり，かつ本件新聞報道後に公務員である本件施設職員が入れ墨をしていたことに対して市民から批判する意見が多数寄せられていることからも明らかなとおり，入れ墨に対して抵抗感や嫌悪感を示す者は多く，個人の名誉または信用に関わるプライバシー情報であるとはいえない。

他方，入れ墨は，自己の身体に関する限り，その施術は個人の自由に関する事項といえ，近時はファッションとして入れ墨をする者も多数存在するところである。そして，憲法13条は，国民の私生活上の自由が公権力の行使に対しても保護されるべきことを規定していると解されるので，個人の私生活上の自由および入れ墨をするかしないかを決定する自由を有するものと解される。

A2）　もっとも，上記自由も無制限に保護されるものではなく，公共の福祉のために必要がある場合には相当の制限を受けることは，憲法13条に定められているところである。そして，前記のとおり，近時はファッションとしての一として入れ墨を施す者もいることからすると，入れ墨をしていることは，反社会的組織に所属していたことをただちに意味するものではなく，必ずしも個人の経歴を示す情報となるものともいえないため，これを秘匿したいと考えるか否かも個々人によって異なる。また，本件調査は，視認または撮影などの方法によって職員の身体に入れられている入れ墨の形状，模様等を直接情報として収集するものではない，本件調査票に自ら記入させる方法によって，本件調査部位に限り，本件刺青情報を収集するものであり，その情報のみから当該個人の経歴を直ちに推認することができるものではない。

A3）　上記のような本件調査により収集する本件入れ墨情報の性質および内容に鑑みると，本件調査が入れ墨をしている者のプライバシーや自己決定権を侵害するものとして憲法13条に反するか否か，また違法となるか否かを判断するに当たっては，他のより制限的でない他の手段が存在しないことま

で要するものではなく，本件調査の目的の正当性，調査の必要性および手段の相当性等を考慮して判断するのが相当である。

B）　調査目的の正当性について

このような観点から，判決は，本件調査の目的を検討する。そして，それが，「市民の目に触れる可能性のある部位に入れ墨をしている職員の有無を把握し，当該部位に入れ墨をしている職員が市民等に接する機会の多い職務に従事している場合には，より市民等に接する機会の少ない職務を担当させるために，所属内の分担替えや配置換え，所属間移動などの人事配置を行うことであったと認められる」とする。そして，「これは，正当な目的であると認められる」とする。また，「公務員が入れ墨をしているという事実が市政に対する強い批判を招いているのであるから，入れ墨が市民等の目に触れることにより市民等が不安感や威圧感をもつことがあり得るため，そのような事態が生じないようにするとの本件調査の目的が不当であるということはできない」と述べている。

C）　手段の相当性について

ついで，判決は，手段の相当性の審査に移る。そして，次のように述べる。

C1）「本件調査は，人事配置上の配慮を行うことを目的とするものであるから，かかる目的を達成するためには，市民等の目に入る可能性のある場所についての本件入れ墨情報を確認すれば足りるところ，本件調査では，調査の対象部位を本件調査対象部位に限定しており，かつ化粧の一部としての眉，アイライン，唇の皮膚に針等で色素を入れる施術である，いわゆるアートメイクを本件調査対象から外しているなど，職員のプライバシーを過度に制限することのないように調査対象範囲を限定している。」

C2）「また，調査対象者のプライバシー保護の観点からも，書面により回答する方法であれば，自己の認識に基づいて本件刺青情報を記載し提出すれば足りるから，面談を実施して聞き取り調査や目視による確認調査を行うという方法よりも望ましい方法であるということができる……さらに，本件

調査は，本件調査対象部位に関する本件入れ墨情報の回答は任意ではなく，これを回答することを義務づけるものであるが，病院局長は，後述の通り，地方公営企業である病院局の管理者としてその職員に対する指揮監督権を有し（地方公営企業法15条2項），また，各職員の上司として職務に関連する事項につき命令することができるのであり（地公法32条），職務を執行する際の身だしなみに関する事項についても職務に関連する事項として職務命令の対象とすることができるのであるから，各職員に対して本件調査に回答するよう命じてこれを義務付けることも病院局長の職務権限の範囲内であるということができる。そして，本件調査の回答を任意とすると，回答しない職員が多数出てくることは容易に予想することができるところであり，各職員の本件入れ墨情報を把握した上で，人事配置上の配慮を行うという本件調査の目的を必ずしも達成することができないことになり得るのであるから，回答を義務づけることは合理的な方法であるということができる」。

そして，結論として，「本件調査の目的は正当であり，本件調査の必要性及び手段の相当性も認められる。したがって，本件調査及びこれに回答することを求める本件職務命令は，憲法13条に反するものとはいえない」との結論が示される。


### D）　憲法21条違反の主張に対して

ついで，判決は，本件調査が憲法21条に違反するとの原告の主張を，次のように述べて退けている。

「原告は，本件調査により本件入れ墨情報を収集することは，表現の自由に対する萎縮効果をもたらすとして，憲法21条に反する旨主張している。しかし，人の内心における精神作用を外部に公表する精神活動として入れ墨を入れることが一般的であると認めるに足りる証拠はなく，むしろ，服装，身なり，外観などの自己決定権の問題として憲法13条による保障が及ぶか否かが検討されるべき問題であると解される。憲法13条により保障される自由も，公共の福祉のために必要がある場合には相当の制限を受けるところ，本件調査の目的の正当性，調査の必要性及び手段の相当性が認められることは前述のとおりである。」

200　第3部　強制言論と違憲審査

E）　個人情報保護条例違反の主張に対して

E1）　「企業管理者は管理者が指揮監督することを定めているところ（地方公営企業法15条2項），上記指揮監督権は，補助機関を構成している公務員が一つの組織体をなして秩序整然と最良の補佐をなすことを担保するために認められている権限であるから，管理者は，必要があるときに，必要な方法によって補助機関の職員の職務の執行につき積極的に命令し，また，消極的にその義務に違反しないようにあらゆる措置をとることができ，その措置には職員の身分取り扱いに関する事項について種々の調査を行うことも含まれると解するのが相当である。」

E2）　「しかしながら，地方公営企業法9条2号及び15条2項並びに被告が主張する根拠規定は，一般的な人事行政に関する指揮監督権限を包括的に定めた規定であるか，被告内部の事務分掌の規定であるが，これらの包括的な指揮監督権限又は事務分掌規定により情報の収集が可能であるとすると，職員に関する限り広範に差別情報を収集することが可能となり，個人情報保護条例6条2項1号が原則として差別情報の収集を禁止したことの趣旨が没却されるおそれがある。」

E3）　「また，同条例6条2項1号が，法令等に基づく場合に差別情報の収集を許容する趣旨は，情報の収集に具体的根拠がある場合には，情報収集の必要性が存在することが前提となっている上，個人情報の取扱いも法令に従って合理的になされると考えられるからであると解されるところ，情報の収集について具体的な場面における情報の収集について定めた規定であればその趣旨は当てはまるが，一般人事行政に関する包括的な指揮監督権を定める規定又は事務分掌規定に基づく情報収集の必要性の有無及び取扱い方法は，個々の事案によって大きく異なり得るから，かかる包括的な指揮監督権限の規定及び事務分掌規定を同項1号にいう『法令等』に含めることが，同条2項の趣旨に沿うのかも疑問である。」

E4）　「しかも，同条例71条3項は，人事，給与，服務，福利厚生その他の本市の職員に関する事務のために取り扱う個人情報については，同条例6条2項2号に基づき差別情報等を収集する場合には同条4項及び5項を適用しない旨定めている。包括的な指揮監督権に基づく差別情報の収集が同条2項1号により可能なのであれば，あえて同項2号による差別情報等の収集を

前提とした同条71条3号のような規定を設ける必要性に乏しいから，同条例は，人事等の職員に関する事務のために取り扱う差別情報は同条例2項2号により収集することを予定していると考えられ，したがって，一般人事行政に関する包括的な指揮監督権を定める規定又は事務分掌規定は，同項1号の『法令等』に含まれていないことを前提としていると解するのが合理的である。」

このように述べながら，判決は，本件調査が例外的に条例が収集を許容する事例に当てはまるかどうかを判断する。

E5)　「前述のとおり，人事上の配慮をより適切に行うために本件調査対象部位に関する本件入れ墨情報を調査する必要性はあったことは認められるが，病院局所管の病院では，看護師らが，接遇マニュアル等に基づき日々の身だしなみの点検を行っており，職員が入れ墨をしていたことにより職務に支障が生じたとは認められないことからすると，人事上の配置に支障を来すことが必然であったとまで認めることはできない……したがって，本件調査による差別情報の収集は，事務の目的を達成するために必要不可欠であったとまで評価することができないから，同号に該当しない……以上によれば，本件調査により特定の職員が入れ墨をしているとの情報を含む本件入れ墨情報を収集することは，同条例6条2項に違反し違法であり，本件調査に回答することを命じる本件職務命令も，同項1号及び2号に該当しないにもかかわらず差別情報を収集することを目的とするものであるから，同項に反し違法である。」

## 2　地裁判決の意義と疑問点

### (1)　上位規範たる憲法と個人情報保護条例の関係
#### ①　本判決の特徴
　本判決の論理は，巧妙であり，奇妙でもある。入れ墨調査が憲法に違反しないことを明言しながら，個人情報保護条例のレベルで違法判断を行った。上位規範には違反しないが，下位規範に抵触するという論理が成り立つのかどうか。

憲法が許すことを条例が許さないという理論構成があり得るのかどうか。本判決は，読むものを不安に陥れる。もっとも，憲法レベルでは市側の主張を容れながら，入れ墨調査を退けた点では，「名を捨てて実を取った」判決であるとも評価することはできるかもしれない。予想される上訴における審理を考えたとき，大上段の憲法論で市側を負かすより，技術的かつ個別的な条例レベルでの判断が選ばれたと考えることもできよう。救済優先の論理と評することもできる。

## (2)　本判決の疑問点
### ①　憲法13条の理解

入れ墨調査の合憲性を論証するに当たり，本判決は，調査の目的と手段の審査を行っている。それに先立ち，本判決は，入れ墨をするか否かは，憲法13条の自己決定権に含まれるとの判断を行っている。これは，一般的行為自由権説に立った理解と見ることができる[8]。しかし，入れ墨をしているかどうかという情報はプライバシー保護を受けないとするのが本判決の立場である。その理由は，判旨 A1，A2によると「入れ墨に対して抵抗感や嫌悪感を示す者は多く，個人の名誉又は信用に関わるプライバー情報であるとはいえない」こと，そして「近時はファッションとしの一として入れ墨を施す者もいることからすると，入れ墨をしていることは，反社会的組織に所属していたことをただちに意味するものではなく，必ずしも個人の経歴を示す情報となるものともいえないため，これを秘匿したいと考えるか否かも個々人によって異なる」ことに求められている。

だが，判旨を通じて，判決は，入れ墨情報が社会的差別の原因となる情報であることを前提にして個人情報保護条例の判断を行っている（判旨 E4，E5）。入れ墨情報は，憲法13条の保障範囲に属するプライバシー情報ではないが，個人情報保護条例によって保護されるプライバシー情報というものがはたして存在し得るのだろうか[9]。判決は，入れ墨が秘匿に値する情報ではないと断定していたはずである。この論旨を貫くのであれば，入れ墨情報は，個人情報保護条例上も「差別の原因となる情報ではない」との立場に立つしかないはずであ

---

8）このような論理は，在監者の喫煙の自由が問題となった　事件にも見られるところである。最高裁としては，憲法上カバーできる問題を広く捉え（構成要件レベルで除外しない），制約の可能性を実質的に検討する姿勢を示したものといえよう。

る。残念ながら，論旨には一貫性が認められない。

　あるいは，百歩譲って，「憲法上保護には値しないが，立法によって保護されるプライバシー情報というものがある」と判決は考えたと理解することも不可能ではない。そうすると，たまたま大阪市個人情報保護条例が差別情報の収集を禁止していたために入れ墨情報の収集が違法となるとの解釈が整合的な理解ということになるであろう。ならば，条例の定め方を変えれば，入れ墨情報の収集もまた可能となるとの判断が導き出されることになるであろう。しかし，そう解釈するならば，判旨A1，A2は不要である。

　また，憲法上保護されるプライバシー情報とは，思想や信仰，犯罪歴や病歴などのいわゆるプライバシー中核情報であって，その周縁部に属する情報は立法によって，その保護の要否，程度が決まると考えることも不可能ではない。しかし，判旨からは，そのような論理に基づいていることは読み取れない。

### ②　目的手段審査

#### (a)　審査の水準

　判決の特徴は，入れ墨情報収集の合憲性を目的手段審査によって検討した点にある。この点について判決は，「他のより制限的でない他の手段が存在しないことまで要するものではなく，本件調査の目的の正当性，調査の必要性及び手段の相当性等を考慮して判断するのが相当である」と述べる。すなわち，本件調査の適法性判断については，中間段階の審査より審査密度の低い審査で足りるとするのである。

　このうち，目的については，人事配置上の配慮，すなわち，「公務員が入れ墨をしているという事実が市政に対する強い批判を招いているのであるから，入れ墨が市民等の目に触れることにより市民等が不安感や威圧感をもつことがあり得るため，そのような事態が生じないようにするとの本件調査の目的が不当であるということはできない」（判旨B）という点であった。この目的については，被告大阪市側の主張を全面的に認めている。

　しかし，判決は，判旨E5において，この目的に対する調査の必要性を否定する。すなわち，「病院局所管の病院では，看護師らが，接遇マニュアル等に基づき日々の身だしなみの点検を行っており，職員が入れ墨をしていたことに

---

　9）佐藤幸治『現代国家と人権』（有斐閣・2008年）467頁。佐藤教授は，「いわゆる個人情報の保護は，あくまでもこのプライバシー権の保護のためのものであることを明確に認識すべきであると考えている」と述べている。

204　第３部　強制言論と違憲審査

より職務に支障が生じたとは認められないことからすると，人事上の配置に支
障を来すことが必然であったとまで認めることはできない……したがって，本
件調査による差別情報の収集は，事務の目的を達成するために必要不可欠で
あったとまで評価することができないから，同号に該当しない……以上によれ
ば，本件調査により特定の職員が入れ墨をしているとの情報を含む本件入れ墨
情報を収集することは，同条例６条２項に違反し違法であり，本件調査に回答
することを命じる本件職務命令も，同項１号及び２号に該当しないにもかかわ
らず差別情報を収集することを目的とするものである」との判断が示されてい
るのである。ここで採られた審査の水準は，中間段階の審査に相当するレベル
にある。

　(b)　入れ墨情報の性格と手段の相当性

　憲法上，入れ墨調査をすることは職員の配置上の配慮の観点から認められる
が，個人情報保護条例上は，本件調査が差別情報の収集を目的としたもので
あった，との論理はいささかわかりにくい。地裁判決が「入れ墨を施すことは
自己決定の権利のひとつに含まれるが，入れ墨をしているとの情報は秘匿され
るべき情報ではないものの，差別情報に該当するという判断」を行ったとする
と，この論理を理解するのは容易ではない。

　また，判決は，調査手段の正当性を認めている。だが，その認め方は，面接
による回答や目視による確認より穏当だったという程度のものでしかない（判
旨C1，C2）。これは，調査を行うこと自体の目的と手段の審査ではなく，調
査をするとした場合の目的と手段の審査でしかないことに注意を要する。つま
り，判決は，入れ墨調査を行ってもプライバシーを侵害するものではないから，
憲法上は許される。憲法上許されることを前提として，調査の目的と手段を検
討しているのであって，合憲性審査における目的手段審査とは性格を異にして
いることに注意が必要である。そうすると，結論は見えている。

　つまり，判決は，入れ墨調査の合憲性審査をしているようでいながら，合憲
性審査の基準とは異なる手法を用いている。そして，入れ墨調査の目的も手段
も相当であるが，調査の必要性がなかった点から，本件調査を違法と結論づけ
る点に，本判決の晦渋さがあるといえよう。

　③　強制力と制裁の問題

　他方，本判決には，調査の強制力，すなわち，職務命令に従わなかった場合
の制裁についての判断がない。調査の目的の合憲性，手段の適正さ，そしてそ

の制裁の程度を具体的に衡量するような手法は，本判決には見られない。調査に協力しない職員に対して，戒告という懲戒処分が科されることの重大さを判決はどう見たのか。あるいは，そもそも制裁付きで入れ墨調査をすることが憲法上許されるのかどうかの判断こそ求められたのではなかったか。その意味でも，本判決は，憲法判断としては物足りなさを残すものとなっている。

　個人情報保護条例違反の事例として片付けるのであれば，前段の憲法判断はいらない。むしろ，憲法判断があることによって，個人情報保護条例の判断に一貫性を欠く結果となっている。憲法判断を行うのであれば，入れ墨の持つ憲法上の意味について正面から向き合う必要があった。しかし，判決は，入れ墨が憲法13条によって保護されるとしながら，憲法論を避けている。あくまで個人情報保護条例の問題として処理した点に，この判決の限界があるといえよう。

　この事件において問われなければならなかった点は，「公務員が入れ墨をしているという事実が市政に対する強い批判を招いているのであるから，入れ墨が市民等の目に触れることにより市民等が不安感や威圧感をもつことがあり得るため，そのような事態が生じないようにする」（判旨B）ことから調査の必要性を導き出すことができたかどうかである。そのような事態を回避するには，懲戒処分付きの回答強制ではなく，職場での規律強化で対応することができなかったのかという点である。強制的調査ではなく，勤務時間内は入れ墨を隠すような職務命令で対応できなかったのかという点である。入れ墨が自己決定権の保障範囲に含まれるとして，それへの侵害がより穏当な手段でなされることは不可能であったのかどうか。この点こそが本件の本質であった。しかし，地裁判決は，この問題を迂回して，争点を条例解釈に限定してしまった。これが次に見る高裁判決にも影響を及ぼしている。


# 3　控訴審判決

## (1)　判決の概要
### ①　個人情報保護条例と入れ墨調査
　控訴審，大阪高裁判決は，憲法13条と21条に関する主張を簡単に退けた後，入れ墨調査が個人情報保護条例に違反するかどうかに論点を絞り込む。そして，次のように述べる

F）　大阪市個人情報保護条例６条２項該当性

「入れ墨を施す理由は，人によって様々であり，中には文化的・民族的背景を有する場合もあるものの，他方，装飾（ファッション）の一種との意識で入れられることもあって，必ずしも人格に深く関わるものではない。また，自己の入れ墨を秘匿したいと考えるか否かも個々人によって異なる」。

「このように，そもそも入れ墨をしているという属性とその者の人格との関係について一概に捉えることは困難なのであるから，社会生活において，入れ墨をしているという事実を一般的に知られることにより，特定の個人又はその関係者が社会的に不当な差別を受けるおそれがあるといえるかについても一概に論じることもまた困難であるというべきである」。

「加えて，反社会的組織の構成員に入れ墨をしている者が多くいることは公知の事実であるところ，他人に入れ墨を見せられることで不安感や威圧感を持つことは直ちに不当な偏見によるものであるということはできず，入れ墨をしている者に対して，その入れ墨を見せることを状況に応じて制約することは社会的にはおおむね容認されているものといえる。そのほか，本件全証拠によっても，入れ墨をしていることを理由とする社会的に不当な差別が広く行われていることを示すものはない」。

「これらのことからすれば，入れ墨をしているという属性は，人種，民族又は犯罪歴といった属性と同列に考えることは相当ではないものと考えられる……そうすると，本件入れ墨情報は，人種，民族又は犯罪歴に関する個人情報と同じ範疇に属するものと考えることはできないというべきであり，個人情報保護条例６条２項の「その他社会的差別の原因となると認められる事項に関する個人情報」には該当しないというべきである」。


G）　同条例６条１号該当性

「本件調査の目的は……明確であり，かつ，正当なものである。また，本件調査の必要性及び手段の相当性については……上記目的の達成に必要な範囲内で，適正かつ公正な手段により行われたものと認められる……したがって，本件調査により本件入れ墨情報を収集することは，個人情報保護条例６条１項に違反しない（なお，以上によれば，常務前の身だしなみの点検では

まかなえない場面があり得ることや，従来執務に支障が生じなかったとしても，控訴人としては，市政に対する市民等からの信頼を確保するために対応しなければならない状況であり，対応せずに執務に支障が生じた場合には，信頼失墜が甚だしいことが予想されることから，仮に入れ墨情報の収集が同条例6条2項に該当するとしても，本件調査による本件入れ墨情報の収集は，同項2号の『事務の目的を達成するために必要であると認められるとき』に該当し，同条2項に反しないといえる）」。

「本件調査は，地方公営企業である交通局の管理者である交通局長の命令に基づいて実施されたものであり，地方公営企業法は，管理者が地方公営企業の職員の任免，給与，勤務時間その他の勤務条件，懲戒，研修及びその他の身分の取り扱いに関する事項を掌理することを定めている（同法9条2項）ところ，上記指揮監督権は，補助機関を構成している公務員が一つの組織体をなして秩序整然と最良の補佐をなすことを担保するために認められている権限であるから，管理者は，必要あるときに，必要な方法によって補助機関である職員の職務の執行につき積極的に命令し，また消極的にその義務に違反しないようにあらゆる措置を執ることができ，その措置には職員の身分取り扱いに関する事項について種々の調査を行うことも含まれると解するのが相当である」。

H)　本件処分の適法性について

「本件調査は……適法であるから，交通局の職員に対してこれへの回答を命じる本件職務命令は，地公法32条に基づく適法な職務命令である。そして，被控訴人は同命令に違反して本件調査票を提出しなかったのであるから，被控訴人の当該行為は，地公法29条1項1号に該当し，また，職務命令上の義務に違反する行為であり，かつ全体の奉仕者としてふさわしくない非行でもあるから，同項2号及び3号にも該当するといえる……加えて，被控訴人は……上司が再三にわたって指導等をしたにもかかわらず，これに従わなかったのであり，職場の組織秩序を乱したことは明らかであるから，被控訴人が，本件職務命令違反によって，控訴人の公務の運営に支障を生じさせたともいえる……したがって，被控訴人の当該行為は，職員基本条例28条により，同条別表11号の『職務命令違反行為により，公務の運営に支障を生じさせるこ

と』に該当し，被控訴人に対しては，減給及び戒告のうちから，職員が行った非違行為の動機及び対応，公務内外に与える影響，当該職員の職責，当該非違行為の前後における当該職員の態度を総合的に考慮して，懲戒処分が行われることになる……交通局長は，このうち軽い方の処分である戒告処分を相当と判断して，被控訴人の行為について地公法29条1項1ないし3号並びに職員基本条例28条1項及び別表11号に基づき，本件処分をしたものである。被控訴人の挙げる諸事情を考慮しても，交通局長がした本件処分に裁量権の逸脱又は濫用があったとは認められない。」

## (2) 控訴審判決の特徴と問題点

### ① 枠組みと基本的な考え方

　原告（被控訴人）が行った憲法上の主張を退け，問題を個人情報保護条例に限定した点で，控訴審判決と第一審判決は同じ枠組みを採用している。また，本件処分権者には，職員に対する広汎な指揮監督権が認められるとする点においても両者は同じ土壌に立っている。両者の結論を分けたのは，入れ墨情報が差別を助長させる情報に該当するかどうかであったが，子細に検討すると，両者の間には入れ墨をするという行為をめぐる根本的な理解の相違があるように思われる。

　第一審判決は，入れ墨をする行為を憲法13条が保護していると考えていた（A1）。これに対して，控訴審判決は，入れ墨施す行為が「必ずしも人格に深く関わるものではない」と述べている（F）。この説示は，憲法13条をめぐる学説上「人格的利益説」に立つものであるように読める。幸福追求の権利の権利の間口を広く捉え，それに対する制約の可否，程度を利益衡量によって決定するというこれまでの判例の動向からは異質な系譜に属すると考えることもできる[10]。

　このような理解から，控訴審判決は，入れ墨情報が秘匿に値しない情報であると性格づけている。すなわち，控訴審判決によると，情報として秘匿に値する情報とは，「人種，民族又は犯罪歴」に限定して捉えられるのである。入れ墨は憲法上保護に値しない。また，個人情報としても秘匿に値しないとする判断が控訴審判決の結論に結びつく。

---

10) 最大判昭和45年9月16日民集24巻10号1410頁。

## ② 入れ墨情報の収集権限

両判決の違いは，入れ墨情報を収集する権限の理解においてより鮮明になる。第一審判決は，調査権限の範囲を地方公営企業法9条2号，15条2項の権限を限定解釈することで，調査権限の範囲を限定した。これらが定める調査権限を包括的に解釈すると，個人情報保護の目的が「没却される」とするのである。その上で，職員の人事に係る情報のうち差別情報に該当する情報の収集は，包括的人事権の中には含まれないと考えた。これに対して，控訴審判決は，このような理解を一蹴し，地方公営企業法から包括的な調査権限を導き出した。これは，あたかも職員に対しては，個人情報保護条例もしくはその趣旨が適用されず，むしろ大阪市職員基本情報による包括的支配権に服するとの解釈がとられたと見ることができる。いわば，端的な特別権力関係理論が控訴審判決の背景にあると解することもできるであろう。

## ③ 懲戒処分の適法性審査

第一審判決は，入れ墨情報の収集が違法であるとの前提に立ち，これに対する不服従への懲戒処分もまた違法であるとの判断を示していた。逆に，控訴審判決は，入れ墨情報の収集が適法であるとの前提に立ち，これへの不服従が「組織の秩序を乱した」と断定する。不服従が職務遂行をいかに阻害したかを論ずることなく，不服従がただちに「公務の運営に支障をきたした」というのである。不服従行為がもたらした弊害を認定することなく，いわば形式的にその害悪を導き出したのである。その上で，懲戒処分としては軽い戒告処分を選んだことには，裁量権の逸脱濫用はないと結論づける。

## ④ 控訴審判決の問題点

控訴審判決の論理を要約すると，次のようになる。

> 入れ墨は憲法上保護に値する行為ではない。それゆえ，入れ墨情報もまた秘匿に値しない。したがって，入れ墨をしているか否かの調査もまた適法である。これは，職員に対する包括的支配権から正当化される。その結果，入れ墨調査に従わなかった行為は，職務命令に違反するものとして懲戒に値する。その処分が戒告である以上は，懲戒権の逸脱濫用はない。

職員に対する包括的支配権を認め，それに対する司法審査を基本的に排除するのが特別権力関係理論の特徴であるとするならば[11]，控訴審判決は，私た

---

11) 鵜飼信成『公務員法〔新版〕』（有斐閣・1980年）69頁。

ちがすでに忘れかけたこの理論を現代によみがえらせたものといわざるを得ない。そして，この判断の出発点にあるのが「人格的利益説」であるとするならば，控訴審判決は，憲法学説からも検証の対象とされるべきである。「人格的利益説」に立ち，憲法上の主張を退けた後，制約の許容性を緩やかに認めるのが控訴審判決最大の問題点であるといえよう。

入れ墨情報を控訴審判決のようにとらえたなら，調査の対象や範囲には歯止めがきかなくなる。厳密に差別につながる情報でなければ，どのような事項でも回答を強制させられることにつながるのではあるまいか。職員の適正な配置という目的があれば，性的指向性も家族構成も，あるいは離婚歴すら調査対象となることもにわかには否定できないであろう。

# 4　入れ墨調査を拒むことはできないのか

## ⑴　職員に対する自治体の調査権限

### ①　入れ墨行為の法的性格

入れ墨は，人類の歴史とともに古い。それは，同じ部族に属してることのアイデンティティを表すこともあれば，自分が成長した一個の人間であることを表すアイコンでもある。また，わが国の場合は，反社会集団に属していることの表象としても用いられてきた。その意味は，社会や組織，文化によって異なる。入れ墨が社会的にマイナスなイメージを表すのかどうかは，文化や社会の文脈によって定まる[12]。

本件原告が主張するように，入れ墨を施すことは違法ではない。それが，憲法13条によって保障される行為であるかどうかには異論があろう。入れ墨が個人の人格的自立にとって不可欠な行為と認定されなければ，禁止されるかもしれない。本判決のように，一般的行為自由権説的な理解に立てば，その保障範囲は利益衡量によって定まる。

ところで，本件で問題となった調査は，「一定の範囲に入れ墨をしているかどうか」を答えよというものであった。回答を拒めば制裁が待ち受けている。

---

[12]　斎藤卓志『刺青墨譜―なぜ刺青と生きるか―』（春風社・2005年）および成実弘至編『コスプレ化する社会―サブカルチャーの身体文化―』（せりか書房・2009年）。

回答の結果，いかなる人事配置がなされるかは人事権者の裁量に任されるから，実質的に（回答者の意に反して）人事が行われる可能性は否定できない。「回答しなければ制裁を受け，回答したら意に反する移動が行われる」というのが，本件調査から導き出される結果である。

それゆえ，不利益を受けることが明らかであるにもかかわらず，回答を強制されることが憲法上許されるかどうかが問われなければならない。この点，質問が所属政党であったり，信仰する宗教である場合には，憲法19条の問題として構成することができる。組合運動の有無も同様である。これらの場合は，内心の強制的な探知に当たるため，憲法は調査を禁止するであろう。しかし，いうなれば「内心の中核的情報」には該当しないが，私事として他者に知られたくない情報の秘匿についても検討される必要がある。

自分自身の事柄について開示したくない情報がある場合，強制的な開示が許されるかどうかは，慎重な検討が必要である。

### ②　公務員の法的地位と自治体の調査権限

自治体は，その職員に対して何をどこまで調査できるのであろうか。この問題は，これまで明確には論じられてこなかった。この点で，大阪地裁判決は，入れ墨調査が市条例が定める収集禁止情報に該当する事項かどうかを基準にして，調査の可否を判断した。差別を助長させるような情報か否かが調査の適法性を決めることになる。しかし，個人情報保護条例は，問題となる情報が差別を助長するか否かによって，その保護の可否や程度を決めているわけではない。プライバシー権を実現する制度である個人情報保護条例は，個人情報に関する決定権が個人にあるとの理念に基づいて設計されているはずである。その意味で，調査できる対象を差別と結びつける解釈には違和感を覚えざるを得ない。条例が明示的に収集を禁じている情報でなければ自由に収集できるというわけではない。したがって，自治体がその職員を対象として調査できる事項は，職務に関連し，職務の遂行にとって必要不可欠な情報に限定されるべきである。

そのことを承知しているかのように，大阪市側は，本件調査の目的を人事の適正な配置に求めている。入れ墨をしている職員を住民の目に触れる部署から排除するために，この調査を行ったというのである。しかし，適正な配置という目的がただちに入れ墨調査を正当化するわけではない。一律かつ包括的な入れ墨調査が必要なのかどうかが問われるべきであるむろん，虚偽の申告を行うことは可能であって，その限りで調査の実効性には限界があるともいえよう。

212　第3部　強制言論と違憲審査

そうであるならば，職員の適正な配置という目的は十分に達成することはできない。虚偽申告に対する制裁が用意されていない以上（また虚偽が否かを判断する権限が大阪市に与えられていない以上），調査目的と調査との間には合理的関連性がない。

　一方で，職員側からすると，調査に対して誠実に対応しようとすればするほど不利益を受けるリスクが高まることをどう評価すべきであろうか。これは一種の自己負罪特権が適用される場面にも近い。不利益を被ることを覚悟で真実を申告するか，不利益を回避するために虚偽の申告を行うかというような選択を職員に強いることが合理的な制度設計といえるであろうか。調査には目的との間に合理的関連性が欠けている。

## (2)　入れ墨調査の構造
### ①　不作為の強制と作為の強制

　職務命令によって職員に対して回答を求め，不服従に対して制裁を科す構図は，君が代裁判に酷似している。調査に疑問をもつ職員に対して回答を強要する行為は，起立斉唱を拒む職員に対して制裁をもって強制を行う行為と同じ構造をもっている。一般的に言って，不作為を強制されるより，作為を強制されることの方が人格に対する侵害度は高いといえる。「したいことをさせない」ことより，「したくないことをさせる」ことで国家はその権力の存在を可視化しようとする[13]。その意味で，入れ墨調査も君が代の強制も国家の権力が生々しい姿で職員の前に立ち現れているケースと見ることができる。不作為の強制が自由権への侵害であるのと同様，作為の強制も自由権への侵害となる。不作為の強制の場合，公共の福祉の観点から，対立利益との衡量はある程度明確に行うことができる。交通の安全，都市の美観，名誉，プライバシー，性的道義観念等，対立利益は明確である。しかし，作為の強制の場合，強制の根拠となる対立利益は必ずしも明確ではない。それゆえに，作為の強制においては，その可否が厳しい審査基準で問われなければならない。

### ②　特別権力関係の残滓

　本件調査のような権力行使が行われる基礎には，特別権力関係の名残を見い

---

13)　そのような問題意識に立つ論考として，Haig Bosmajian,The Freedom not to Speak（1999）がある。

だすことができる。公務員に対して，国家は使用者として包括的支配権をもち，その支配権行使に対しては司法審査が排除される。一般的権力関係では許されない権力行使が国家と公務員という法律関係では許されるとするならば，それは特別な権力関係が成立しているとの考え方によらざるを得ない。君が代裁判や公務員に対する一連の懲戒処分事例を眺めてみると，そこには，特別権力関係の概念でしか説明できないような法実務がいまだ幅をきかせている。特別権力関係理論は，今日においても十分に淘汰されているわけではない。

しかし，猿払事件の射程が堀越事件によって狭められ，公務員の懲戒権行使に対する社会観念審査が判断過程審査に移行しつつある現在，包括的な指揮監督権を前提とするような法解釈が通用し続けるのは困難である。時代を数十年遡るような判断は，学説によっても厳しく評価されている。公務員の法律関係は，たとえ任用という処分によって始まるにしても，国家と個人との間の契約と考えなければならない。そこで職員は，国家の包括的支配権に服するとの合意を行っているわけではない。

本件における入れ墨調査の目的が人事の適正な配置の資料とする点にあるとしても，その目的が実現しようとしたものは，入れ墨をした職員によって，住民が畏怖させられないことであった。ならば，入れ墨をした職員に入れ墨を見せないような職務命令と違反に対する制裁処分で十二分に実現可能であったはずである。そのような直接的方法を用いるのではなく，あえて「衣服の下」にまで調査を踏み入れた理由は，はたして合理的に説明できるであろうか。

## (3) 調査拒否権の正当化

### ① 調査拒否権としての消極的言論概念

言いたいことを言わせられず，参加したくないことに参加させられない自由を消極的言論と呼ぶ。アメリカでは，団体の活動に対する不参加の権利として概念化され，今日の最高裁でもこれを用いた判断を見ることができる。この概念は，一方で，公立学校における星条旗への敬礼強制が問題となったバーネット判決[14]で注目され，また，市が掲げる政策を記載した掲示物の掲出を拒んだウーリィ判決[15]や構成員に対する協力義務が問題となったアブード判決[16]

---

14) West Virginia State Board of Education vs Barnette,319 U.S. 624 (1943).

15) Wooley vs Maryland,430 U.S. 705 (1977).

16) Abood vs Detroit Board of Education,431 U.S. 209 (1977).

でも用いられ，今では定着した概念となっている。

消極的言論概念は，言論活動が強制される様々な場面で用いられているが，その主たる守備範囲は，(a)意思に反する言論行為の強制の拒絶，(b)思想統制への拒絶，(c)団体の活動に対する協力義務（資金提供を含む）への拒絶，(d)自らの情報を強制的に開示させられることへの拒絶に分けることができるであろう[17]。入れ墨調査は，(d)のカテゴリーに分類される。日本国憲法の場合，この権利は憲法13条と憲法21条1項によって保障されている。

### ② 内心の自由と消極的言論

消極的言論の自由は，内心の自由を保障する19条と重なり合う。この両者はどのような関係にあるのであろうか。

日本国憲法19条に相当する条文をもたない合衆国憲法では，第一修正表現の自由に消極的な権利を認める必要があった。その点で日本国憲法においては消極的言論の自由の概念をあえて持ち出す必要はないのではないかとも考えられる。しかし，19条で保障される自由が絶対的と考えられてきた関係で，その射程は比較的狭くとらえられてきた。交通事故の報告義務や各種申告義務が19条の問題ではないとされてきたのがその例である。

事実についての報告義務が憲法19条に含まれないとすると，これら義務には絶対的に従わなければならないのであろうか。入れ墨調査は，まさにこの領域にあるといえよう。厳密には思想良心の問題とはいえないが，しかし，それを強制的に開示ないしは申告させることが一定の苦痛を伴うような場合，憲法は，これら情報を強制的に開示ないしは申告させられない自由を認めていると解する必要がある。

思想良心の自由が絶対的な保障であるとするならば，消極的言論の自由は利益衡量になじむ権利である。開示・申告強制の目的と内容，強制の程度，不服従における制裁の程度を総合的に衡量した上で，強制の是非が検討されることになる。病歴や犯罪歴，処分歴など，それ自体センシティブな情報の申告・開示強制に対しては，厳格な審査が適用されるべきである。目的がどうしても必要であるという点（compelling）とそれに対して申告・開示によるほか手段がないという必要性の立証が求められる。一方，本件のように，個人の自己決定

---

17) 拙稿『近代憲法における団体と個人—結社の自由概念の再定義をめぐって』（不磨書房・2004年）345頁以下参照。

の結果に対する情報の申告・開示強制に対しては，目的に対するより侵害的で
はない手段の探索が必要となる。

### ③　調査拒否権の正当化

では，このような消極的言論の権利はなぜ認められなければならないのであ
ろうか。それは，何を語り，何を語らないのかは個人の尊厳に直結した選択権
であるからである。ボスメイジャンは，「人間の尊厳，自己尊重，個人の自律，
そして高潔さ（integrity）」が消極的言論の権利の基礎にあると述べる[18]。同
様に，C.Edwin Baker もまた，個人の尊厳こそが消極的言論の根拠であると
する[19]。思想良心の自由の保護領域に属する情報でなくとも，あるいは，個
人情報保護条例が定める「人種，民族，犯罪歴」に該当する情報でなくても，
個々人が秘匿し，あるいはその開示を自らの意思で行いたいと思う情報はある
はずである。その気持ちは，一般的権力関係にあろうと特別権力関係にあろう
と変わるものではない。とりわけ，自己決定権の行使の結果，自分の身体に記
されたアイコンについていは，本人以外に開示決定権はない。

### ④　大阪市入れ墨調査事件への適用

自分の身体に入れ墨をしているという情報は，憲法19条が保障する思想・良
心の自由には含まれない。入れ墨行為が自らの宗教心や帰属する集団へのアイ
デンティティを構成することもあり得るが，それを宗教心や世界観そのものと
みなすことは困難である。したがって，憲法19条が保障する「沈黙の自由」の
保護領域からははみ出ることになる。

しかし，先に述べたとおり，入れ墨をする行為は，自己の身体に対する自己
決定の帰結であることは疑い得ない。それは，最高裁も認めるように，人格権
の一内容として保障される権利である[20]。身体に対する自己決定そのものが
憲法上の権利であるならば，その帰結を，誰にどの範囲でどのように開示する
かしないかを決定する権利もまた人格権から派生する権利として認めてよいで

---

18) Bosmajan,supra note at186.

19) 消極的言論の自由の根拠づけについては，拙稿・前掲注17）345頁以下に詳論した。
また，そこで言及した学説以降の展開については，他日詳論する予定であるが，消極
的言論の自由は，個人の人格への直接的侵害であるとする学説に聴くべきものがある
と考える。すでに故人となった C.Edwin Baker, Human Liberty and Freedom of
Speech, at 56 (1989) の主張は，今日もなお説得力を失っていない。

20) 最判平成12年2月29日民集54巻2号582頁。

あろう。そして，それはプライバシー情報の一つとして強制的開示から保障される権利と考えられる。

この点で，個人情報保護条例は，「社会的差別の原因となる情報」については，情報収集に制約を課している。情報収集作用への制約は自治体権限への制約という形式をとっているため，「情報を収集されない権利」としての側面がぼやけがちとなる。しかし，一人ひとりの市民からすると，個人情報保護条例が収集を限定している情報以外について，無制限な情報収集を認めていると解釈することには抵抗感が生じるであろう。憲法上保護されるべきプライバシー情報と個人情報保護条例が収集を禁じている「社会的差別の原因となる情報」は一致するわけではないからである。個人情報保護条例が収集を禁止している情報に該当しなければ，自治体が自由に情報収集できるとの帰結はグロテスクである。それは，プライバシー情報を憲法上の権利の中に位置づけていないことから生じる結果といえる。それゆえ，両判決が，憲法上のプライバシーについての判断を避け，もっぱら個人情報保護条例の解釈で問題を解決しようとしたことがこのような誤解の原因でもあった[21]。

憲法19条が保障する「沈黙の自由」の保障の範囲に含まれず，個人情報保護条例が定める収集禁止情報にも当てはまらないが，それでも人格権の一つに含まれる行為に関する情報こそ，本件における入れ墨情報であった。これら情報の収集が無制約に許されるわけではない。少なくとも，収集目的と収集行為の間に実質的関連性が必要とされなければならない[22]。

まず，自分の身体に入れ墨をしているかどうかという情報は，業務の適正な遂行とは直接的な関連性をもたない。入れ墨を施す動機が区々である以上，入れ墨をしていることが職員としての適格性に結びつくという認識は，職員には共有されていないであろう。住民からの苦情に応えるための直接的かつ実質的手段は，勤務時間内に入れ墨を人目に触れさせない不作為を求める職務命令である。これらの点から見て，本件の入れ墨調査は，目的と手段との間の実質的関連性を欠いている。

---

21) 最近のプライバシー権論について，宮下紘『プライバシー権の復権—自由と尊厳の衝突—』（中央大学出版部・2015年）参照。
22) 芦部信喜（高橋和之補訂）『憲法〔第8版〕』（岩波書店・2023年）132頁。

**おわりに**

　消極的言論の自由概念を用いて入れ墨情報の強制を考えたとき，大阪府が行った調査は，職員が行った自己決定の結果に直接介入するに等しいものであると考えるほかない。入れ墨をした職員がただちに住民を畏怖させるわけではない。問題は，そのような職員が職務中住民に入れ墨を見せることにある。ならば，問題の直接的な解釈は，調査ではなく，禁止に求められるはずであった。この点を迂回するため大阪市は，職員の適性な配置という包括的な理由を持ち出したと考えざるを得ない。入れ墨を見せないように求める職務命令では目的を達せないのか，との疑問に答えるのを回避するためである。その背景には，職員に対する包括的支配権の考え方，すなわち特別権力関係理論が控えている。

　このようなアナクロ的な思考方法によって職員の人格に足を踏み入れることが正当化できるとは考えられない。

　なお，最高裁は本件原告による上告を棄却した（平成28年11月9日）。

第 4 部

# 会社の言論と営利的言論

# 第8章 会社の言論
## ―社会的実在性について考える―

### はじめに

「助教授になったばかりの先生が会社法の判例を一緒に読んでくれるというのだが，君も参加しないか」とサークルの先輩に誘われて，丸山修平先生の研究室を訪ねたのは，1980年の5月末のことだったように思う。近寄りがたい秀才をイメージし，いくぶんか構えていたところ，研究室の奥に温和な笑顔を見つけ，ほっとした記憶が残っている。

「再来週から始めます」ということで，われわれに与えられたテーマは，「会社の権利能力」，すなわち八幡製鉄事件最高裁大法廷判決であった。2週間でいくつかの論文を探して読んだのはいいが，報告に手ごたえはなかった。しかし，このテーマがきっかけで，なぜか，私は会社法に向かわず憲法に向かってしまった。その後，この課題は，私の博士論文につながり，群馬司法書士会事件にかかわるきっかけとなった。もしあのとき，あのまま会社法に進んでいたらどんな人生が待っていたのだろうかと思うこともある。

丸山先生の記念論文集への誘いを受けたとき，私は，40年前に先生から与えられた課題をもう一度先生に見ていただきたいと思った。だが，いざ書き始めてみると，問題の大きさにたじろいだ。社会の中に占める会社の存在は，あまりに大きく，多様になっている。会社の人権享有主体性をどのように解釈しようと，問題は解決できそうにないことがわかったからである。

本稿は，八幡製鉄事件最高裁大法廷判決[1]（以下「大法廷判決」という）で述べられた「社会的実在」論を手がかりにして，合衆国最高裁判所や合衆国の学説を参考にしながら，私なりのアプローチを提示することにとどめた。結論は，きわめて平凡である。会社とは人々が人為的に作り出した制度であって，その制度の設計はわれわれに委ねられている。会社にも言論の自由は認められ

---

1) 最大判昭和45年6月24日民集24巻6号625頁。

るが，それは限られた範囲であって，社会が会社に期待している役割を超え，あるいはこれを蹂躙するような活動が禁止されても憲法上の問題は生じない。

## 1　八幡製鉄事件最高裁大法廷判決における「社会的実在」論と人権論

### (1)　憲法判例としての八幡製鉄事件

#### ①　八幡製鉄事件とは何だったのか

##### (a)　八幡製鉄事件最高裁大法廷判決の特質

八幡製鉄事件ほど研究され，多くのコメントがなされた最高裁判決は少ない。それは，この判例が法理論のクロスロードに位置するからである[2]。

大法廷判決には，会社の権利能力を確定する意義があった。営利法人の目的の範囲に関する従来の判例理論を確認し，これを政治献金に当てはめるという役割を担ったのである。その過程で，法人理論のあり方についても議論が派生していく。憲法の視点からすると，会社の人権という基礎理論そのものにかかわる問題にも言及する。さらに，民主主義における政治献金の問題あるいは会社の関わり方についての論点にも触れる。日本社会のあり方を規定した最高裁判決はいくつかあるが，八幡製鉄事件はその一つである。

憲法学説からの評価はどうであったか。人権の享有主体性を拡張した点での評価と会社（会社は多様であるが，本稿では主として株式会社を想定して論を進める）の政治献金を追認したことに対する消極評価が入り混じる。

しかし，八幡製鉄事件は株主代表訴訟であって，民事事件に過ぎない。判決の結論は，政治献金が会社の目的の範囲内の行為かどうか，政治献金を行うと決め，執行した役員に善管注意義務違反があったかどうかを認定すれば足りる問題であった。だが，最高裁は，半ば原告の主張に引きずられる形で，歴史的な憲法判断を下した。「いわでものことをあまりにいいすぎている」[3]との評価には頷けるところがある。付随的違憲審査制における憲法判断としては，異例

---

2）大法廷判決を扱う文献は膨大な数に上る。ここでは，最近のもののみを掲げる。毛利透「法人の基本権享有主体性」憲法判例百選Ⅰ〔第7版〕18頁，小泉良一「法人と人権」大石眞・石川健治『憲法の争点』78頁，川口恭弘「会社の政治献金」会社法判例百選〔第3版〕8頁，泉田栄一「会社の政治献金」会社法判例百選〔第2版〕8頁。

の判断であった[4]。純粋な民事事件における憲法判断のむつかしさを物語るようである[5]。

大法廷判決の意味は重い。その後最高裁は，Ⓐ強制加入団体の政治献金の適法性を判断する根拠として[6]，Ⓑ構成員の協力義務を確定する指標として[7]，あるいは，Ⓒ取締役もしくは理事の忠実義務ないしは善管注意義務違反を判断する枠組みとして[8]，また，Ⓓ政党制が憲法に内在している要請であることを確認する理由として[9]，大法廷判決を引用している[10]。また，会社の政治献金の可否を判断する下級審判決の基本的な枠組みとして，今日もなおその先例としての力をもち続けている[11]。

(b)　大法廷判決の骨子

大法廷判決は，次のように述べる。

「会社は，他面において，自然人とひとしく，国家，地方公共団体，地

---

3）鈴木竹雄「政治献金事件の最高裁判決について」商事法務研究531号（1970年）114頁。

4）実際には，最高裁判事の多くは，わが国の違憲審査制がアメリカ流の司法審査制度とは異なり，一般的抽象的な憲法判断を下したり，主文を導く中で，あるいはそれとは関わりなく，一般的な憲法判断をすることも可能であると考えていたのではなかろうか。少なくとも大法廷判決までは，そのような暗黙の理解があったように思われる。そして，それは必ずしも間違った憲法解釈であったとはいえないであろう。

5）判決主文に対する理由を判例とするならば，大法廷判決の場合，会社の人権享有主体性に関わる説示は判例としての意味をもたないと考えるべきであろうか。高橋和之「団体の人権主張適格」藤田宙靖・高橋和之編『憲法論集（樋口陽一先生古稀記念）』（創文社・2004年）25頁。

6）最判平成8年3月19日民集50巻3号615頁（南九州税理士会事件），最判平成5年5月27日集民169号57頁（大阪合同税理士会事件）。

7）最判昭和50年11月28日民集29巻10号1698頁（国労広島地区本部事件）

8）最判平成6年7月4日税務訴訟資料203号1905頁

9）最判昭和63年12月20日集民155号405頁（政党からの党員の除名と司法審査の可否），最判昭和56年6月15日刑集刑事222号65頁など。

10）ただし，会社の人権享有主体性に関しては，その後の最高裁判例の中で大法廷判決が引証されることはないため，本判決が憲法判例としての先例価値を失っているともいえる。参照，毛利・前掲注2）19頁。

11）福井地判平成18年8月30日判例集未搭載（なお，Lex/DB文献番号2813000（熊谷組政治献金等株主代表訴訟事件），同控訴審名古屋高判平成19年4月25日判例集未搭載（なお Lex/DB 文献番号2813003）。

224 第4部 会社の言論と営利的言論

域社会その他（以下社会等という。）の構成単位たる社会的実在なのであるから，それとしての社会的作用を負担せざるを得ないのであつて，ある行為が一見定款所定の目的とかかわりがないものであるとしても，会社に，社会通念上，期待ないし要請されるものであるかぎり，その期待ないし要請にこたえることは，会社の当然になしうるところであるといわなければならない……会社が，その社会的役割を果たすために相当な程度のかかる出捐をすることは，社会通念上，会社としてむしろ当然のことに属するわけであるから……これらの行為が会社の権利能力の範囲内にあると解しても，なんら株主等の利益を害するおそれはないのである。憲法は，政党の存在を当然に予定しているものというべきであり，政党は議会制民主主義を支える不可欠の要素なのである……したがつて，その健全な発展に協力することは，会社に対しても，社会的実在としての当然の行為として期待されるところであり，協力の一態様として政治資金の寄附についても例外ではないのである……会社による政治資金の寄附が……社会の一構成単位たる立場にある会社に対し期待ないし要請されるかぎりにおいてなされるものである以上，会社にそのような政治資金の寄附をする能力がないとはいえないのである……要するに，会社による政治資金の寄附は，客観的，抽象的に観察して，会社の社会的役割を果たすためになされたものと認められるかぎりにおいては，会社の定款所定の目的の範囲内の行為であるとするに妨げないのである。」

### (c) 大法廷判決における「目的の範囲」と社会的実在論

　大法廷判決は，会社が社会的実在であると述べる。同時に，会社が定められた目的の範囲で活動すべく，国家によって認められた法制度であることも認めている。会社が人工物であると同時に社会的実在であることは，どのようなことを意味するのか。大法廷判決は続けて，災害時における寄付をあげ，社会観念上期待，要請される活動は目的の範囲内の行為であると解釈する。

　しかし，この論理はすっきりしない。社会的に期待されたり，求められたりする行為を行うことは責務であって，権利ではない。むしろ，社会的な責務を果たすためには会社の目的の範囲を広く取っておく必要があるといいたかったのであろうか。この点について，松田二郎裁判官の意見が興味深い指摘をしている。

もつとも，理論的に考察するとき，「定款所定の目的の範囲」と「権利能力の範囲」とは，本来別個の問題であるべきであるが，わが国の判例がかかる理論に泥むことなく，法人は「定款所定の目的の範囲内」において「権利能力」を有するものとし，会社についてはその目的の範囲をきわめて広く解することによつて，会社の権利能力を広範囲に認めて来たことを，私は意味深く感じ，判例のこの態度に賛するものである。

　また，同様に大隅健一裁判官意見も次のように指摘している。

　　しかしながら，会社の目的と権利能力との関係の問題は，単に会社の法人たる性質から観念的，抽象的にのみ決するのは不適当であつて，会社の活動に関連のある諸利益を比較衡量して，これをいかに調整するのが妥当であるか，の見地において決すべきものと考える。

　営利法人としての会社においては，取引の安全の見地から，目的の範囲は広く解釈できるとした方がわかりやすかった。また，今日，多くの会社法学説が唱えるように，民法上の目的の範囲は，会社には適用されないとした方がよかったといえる[12]。要するに，権利能力の範囲は定款の目的によっては画定しきれない。同様に，定款の目的は，認められる人権の範囲とも一致しない。これは当たり前のことであって，法人格をもたないカラオケサークルには人権を認めないということがナンセンスであることを考えれば十分である。

(d)　会社の言論における二つの問題

　ところで，本来，会社の人権が争われるとき，そこには二つの問題が含まれる。一つは，会社が国家からの介入に対して主張できる権利，すなわち防御権の問題と，もう一つは会社が自由に行動することにより構成員の権利が侵害されるときの調整にかかわる問題である。八幡製鉄事件は，後者の問題を前者の問題にかかわらせることで争われた事件であり，大法廷判決以降争われた同種

---

12)　学説状況については，浜田道代「定款所定の目的と会社の権利能力」浜田道代・岩原紳作編『会社法の争点』12頁（2009年）を参照した。英国に端を発する Ultra Vires の考え方が解釈によって空文化されたとでもいえようか。参照，前田重行「会社の能力と目的の範囲」会社判例百選〔第6版〕6頁；北村雅史「会社の権利能力と目的の範囲」会社法判例百選〔第3版〕7頁。

226　第4部　会社の言論と営利的言論

の問題もこの図式によっている。

　しかし，この二つの問題は混同してはならない。仮に株主の全員一致で決議され，特定政党を支持する旨の意見広告を掲出することが行われた場合，構成員の思想良心への侵害はない。しかし，会社が政治活動の主体たり得るのかという問題は残る。現行の政治資金規正法が定める会社の政治献金規制（上限規制）が憲法違反である旨争われるような場合には，会社の防御権が問題となる。

　会社の政治的自由が肯定されたからといって，ただちに構成員の権利侵害が否定されることにはならないし，構成員の権利侵害がないからといって，会社の政治的自由が肯定されることにはならない（もっとも，後に触れるように，大法廷の論理からすると，会社に政治的自由があるとしても，その具体的範囲については立法裁量で決まるということになりそうである<sup>13)</sup>）。また，会社にも言論の自由が保障されるかという問題と株主の思想良心の侵害も別問題である。大法廷判決は，定款所定の目的の範囲を憲法を使って画定するという離れ業にこだわってしまっている。

　わが国では，司法権が「法律上の争訟」と同義であるとされ，原則として，個人の権利侵害がなければ憲法問題を争うことができない。政治資金規正法上の献金規制が憲法違反であると争えば話は別である。ただ，その場合でも政治資金の制限は立法政策に委ねるとされている以上，会社の言論規制が違憲であるとされる可能性は，限りなく低い。

　したがって，会社の言論に関する憲法論には，いまひとつリアリティがない。政治資金規正法には，会社が行える寄付の上限が定められているが，これは違憲なのではないかとか，憲法改正国民投票において，会社が意見広告を掲載することは禁止できるかというような問題が議論されにくいのである。ただ，将来このような現実の問題が議論されることがあるなら，どう考えたらよいのかを示しておく意義はある。そこで，まず大法廷判決が大上段に構えた「社会的実在」論から検討を進めていくことにしたい。

---

13) 法廷意見は次のように述べている。「さらに豊富潤沢な政治資金は政治の腐敗を醸成するというのであるが，その指摘するような弊害に対処する方途は，さしあたり，立法政策にまつべきことであつて，憲法上は公共の福祉に反しないかぎり，会社といえども政治資金の寄附の自由を有するといわざるを得ず，これをもつて国民の参政権を侵害するとなす論旨は採用のかぎりでない」。いずれにしても，会社の政治献金制は立法裁量に委ねられることになりそうである。

## (2)　大法廷判決における「社会的実在論」

### ①　社会的実在とは何か

#### (a)　ギールケと社会的実在論

　大法廷判決がいう「社会的実在」とはどのような存在なのであろうか。「自然人とひとしく，国家，地方公共団体，地域社会その他の構成単位たる社会的実在なのであるから」という説示は，理解するのに苦労する。社会において実在しているから権利が認められるというのなら，人と物の二元論にこだわる必要はなくなる。「実在している」という事実から「権利を認めるべき」という規範はただちには導き出せない。

　法律の世界において，実在とは証明の問題ではないということを教えてくれたのは，オットー・フォン・ギールケ（Otto uon Gierke）であった。法人実在論の唱道者，O. ギールケは，団体が社会的実在であることを直接証明することはできないという。「団体が社会的実在であることを証明することができないのは，自然人が社会的実在を証明することができないのと同じである」と，巧妙に挙証責任を転換すること以外，この問題には答えられない[14]。自然人であろうが，法人であろうが，法が作り出した「人格」であることには変わりがないというのである。では，実在する人格とはどういう概念なのであろうか。

　ギールケ理論は，W. メイトランド（William Maitland）によって英国に紹介された[15]。ギールケ理論は，その後，英国における多元主義の理論的な支柱となる。メイトランドを継承した，ケムブリッジ大学のアーネスト・バーカー（Sir Ernest Barker）は，ギールケ理論を掘り下げ，人格の社会的実在性は，経験によってしか確かめることはできないことを明らかにした[16]。社会の中で一定の役割を果たすべく法によって資格が与えられた法的人格（person morale）という意味では，自然人も法人（団体）も変わるところはないというのである[17]。自然人も会社も「今ここにある」ことを認めようということである。

---

14)　アーネスト・バーカー『近代自然法をめぐる二つの概念―社会・政治理論におけるイギリス型とドイツ型』（田中浩他訳　御茶の水書房・1988年）108頁参照。

15)　Otto Gierke, Political Theories of The Middle Age, Transraled with an introduction by F. Maitland（1996）.

16)　バーカー・前掲注14）113頁以下参照。

228　第 4 部　会社の言論と営利的言論

### (b)　社会的実在としての「人格」

　バーカーの紹介によれば，ギールケの「人格」には，物事を感知し，痛みや喜びを感じる主体としての「心理学的人格」，これを前提として，規範を認識し行動できる「道徳的人格」，そして「法的人格」の三種類があるという。法的人格は，法の世界において活動を行う資格が与えられている（わが国の通説的な言葉で言えば，「私法上の権利能力の帰属主体となる」）ことを意味している[18]。

　このうち，「法的人格」は，「心理学的人格」と「道徳的人格」を前提としない。あくまで法の世界で活動できる資格が与えられているにとどまる[19]。そして，法人が社会的に実在しているとは，法的意味での人格として活動していることを意味しているに過ぎない。会社には，痛みも，喜びもない。自分の世界観を表明し，物事の善悪を判断することもできない。多くの憲法理論が認めるように，言論の自由と「道徳的人格」が結びついているならば，会社の言論を保障するには，「道徳的人格」以外の理由を探さなければならない。それは，法的人格として実在するために必要な自由ということに帰着する。

　会社が社会的実在であることと，会社が人工的に作り出された制度であることは矛盾しない。ギールケ自身，会社が人為的なしくみであることを認めている[20]。そのようなしくみがどのように，またどの程度活動できるかを決めるのは法である。会社は，その結果法的人格を与えられる。会社の人権とは，法が会社に何を担わせるのかによって決まる問題である。憲法秩序を出発点にした民主的意思決定の規範のみらず，会社法制や証券取引の制度まで含めた法に

---

17)　法人を peroson morale, moral person と呼ぶが，これは法人に道徳的人格が認められることを意味しているわけではなく，「法的に与えられた権限もしくは資格をあらわすために用いられてきたもので，その際の道徳的人格には，なんら倫理的な意味は含まれていないのである」。バーカー・前掲注14) 101頁。

18)　バーカー・前掲注14) 100頁。我妻榮・有泉亨・川井健『民法 1 〔第 3 版〕』（勁草書房・2008年）63頁。

19)　団体（法人）が社会的実在であることと，その実在が人工的に作られたしくみであることは矛盾しない。自然人によって作り出され，法によって活動が承認されたとしても，その活動は，自然人と同じく社会な作用を営み，したがって実在であるとすることは何ら差し支えないからである。

20)　オットー・フォン・ギールケ『ドイツ団体法論第一巻ドイツゲノッセンシャフト法史第四分冊』（庄司良男訳　信山社・2015年）358頁およびバーカー・前掲注14) 123頁。

よって，会社の役割が決まる。

## ②　会社の言論と民主的意思決定論

### (a)　会社の言論と民主的意思決定論

　会社自体に頭や口があるわけではない。会社には思考力もなければ，良心というものもない。会社に「個人の尊厳」を観念することは不可能であるから，個人の尊厳にかかわる権利を認めることはできない。現実には，会社の言論は，会社の背景にいる代表者の言論である。結局，八幡製鉄事件で争われたことは，会社の代表者の考えを，会社という媒体と資金を使って会社の名で表明する自由があるのか，その自由は，会社内における少数意見者を犠牲にしてまでも保障しなければならないのかという問題であった。最高裁はこのことに気づいていたからこそ，次のような理由に頼らざるを得なかったではなかろうか。

　　「会社が，納税の義務を有し自然人たる国民とひとしく国税等の負担に任ずるものである以上，納税者たる立場において，国や地方公共団体の施策に対し，意見の表明その他の行動に出たとしても，これを禁圧すべき理由はない。のみならず，憲法第3章に定める国民の権利および義務の各条項は，性質上可能なかぎり，内国の法人にも適用されるものと解すべきであるから，会社は，自然人たる国民と同様，国や政党の特定の政策を支持，推進または反対するなどの政治的行為をなす自由を有するのである。政治資金の寄附もまさにその自由の一環であり，会社によつてそれがなされた場合，政治の動向に影響を与えることがあつたとしても，これを自然人たる国民による寄附と別異に扱うべき憲法上の要請があるものではない。」

　民主主義における意思決定の正当性は，その決定の影響を受ける者を決定プロセスに参加させることによって担保される。「代表なければ課税なし」の原則はここから生まれる。道徳的判断力とは無縁の会社に言論の自由を認めるためには，このような論理によらざるを得ない。ならば会社に選挙権を与えてはどうか。大法廷判決はこれを否定する。民主的意思決定プロセスの理論によって言論の自由を導き出したのであれば，会社に選挙権を与えるのも難しくはない。しかし，大法廷判決は，「政党への寄附は，事の性質上，国民個々の選挙権その他の参政権の行使そのものに直接影響を及ぼすものではないばかりでない」と述べ，選挙権は国民（自然人）固有の権利に劣る位置づけしか与えてい

230　第4部　会社の言論と営利的言論

ない。その意味では，「現行法上（1970年当時），会社の政治資金を禁止する法律がないから，これを行うことは可能である」といえば問題がこじれることはなかったのかもしれない。

### (b)　会社の人権共有主体性

　要するに，大法廷判決は，「会社は社会的実在であるがゆえに社会で活動が許されなければならない」ことを人権の享有主体と呼んだのである。しかし，このことから政治的自由を認めるのは，論理の飛躍がある。なぜなら，外国法人ですら，社会的実在であることから政治的自由が認められる必要が生じる。大法廷判決の論理を突き詰めると，外国法人も民主的決定の影響を受けるため，意思決定プロセスに関与させなければならないが，これは否定されている。民主的意思決定論によって，内国法人と外国法人の人権共有主体性を区別することはできない[21]。

　大法廷判決は，会社の人権，とりわけ言論の自由について，論理的な問題に決着をつけたというより，問題を生み出したというべきである。大法廷判決に対する憲法学の微妙な評価はここから生まれている。会社（あるいは一般的に団体）の人権享有主体性を否定する立場が唱えられ，会社が享有するのは（道徳的人格である自然人がもつ）人権ではなく，公共の福祉や個人の権利のために奉仕する「憲法上の権利」であるとする立場が有力になった[22]。むろん，どのような立場をとるにしても，社会的実在である会社がどのような言論の自由をもつのかという問題に直接的な答えを出すことはできない。むしろ，会社の言論とはどのような性質をもち，誰のいかなる権利や自由と対立するのかによって答えを探していくしかない問題である。そこで，以下，アメリカ合衆国の判例や学説を踏まえつつ，この問題を考えてみようと思う。

---

21)　ちなみに，大法廷判決は，人権の享有主体性について，内国法人については一般的にこれを認め，その種類や範囲については性質説をとり，外国法人にはこれを否定するように読める。しかし，たとえば，外国法人に対する著しく差別的な課税が行われたとき，この課税の無効性を争う外国法人が憲法14条1項の法の下の平等を主張することは許されないのであろうか。

22)　長谷部恭男『憲法〔第8版〕』128頁（新世社・2022年）。

## 2　会社の言論に対する制約について

### (1)　合衆国最高裁における Corporate Speech のあゆみ
#### ①　第1修正の享有主体としての会社
##### (a)　合衆国憲法における person と言論の自由

　合衆国最高裁判所の判例上，会社は実在としてではなく，法技術として扱われてきた[23]。英国における Ultra Vires 法理の影響なのであろうか，会社を自然人と同列に扱う法解釈は有力にはならなかったのである。合衆国最高裁は，ダートマスカレッジ事件において，大学の名称変更（college から University）は政府が介入すべき事項ではないと判断し，法人が合衆国憲法上にいう Person であることを初めて認めた[24]。ただし，本判決でマーシャル首席裁判官法廷意見は，大学の設立運営は自然人の契約の束であるとして，法人契約説的な立場をとっている。その一方で，会社が第1修正表現の自由の主体であることは，報道機関に関する事例を除いて，長く認められてはこなかったのである。表現の自由に関する古典的学説は，A. マイクルジョンにしても，T.I. エマソンにしても，いずれも個人を想定したものであって，団体もしくは組織が一個の主体となって第1修正の権利を行使できるとは考えてこなかったようである。ここには，合衆国憲法制定以来の反結社思想（セクトに対する警戒感）をうかがい知ることもできる[25]。

　この理解が決定的な転換点を迎えるのは，わが国の最高裁より遅く，1976年のことであった。まずは，会社の営利的言論の自由が，ついで政治的意見表明

---

**23)**　衆国における法人理論については，David Millon,Theories of Corporation,1990 Duke L.J.201に詳しい。邦語文献としては，早川禮子「アメリカにおける会社の法人論の展開」藤田・高橋編・前掲注5）63頁。また，拙稿『近代国家における個人と人権』164頁以下も参照願いたい。ただし，合衆国において，法人理論が会社の人権の問題にどれほどの影響を与えたのか疑問視する意見もある。Adam Winklert, Corporate Personhood and the Rights of Corporate Speech 30 Seattle L.Rev.863 at 867（2007）.

**24)**　Trustees of Dartmouth College v. Woodward, 17 U.S.（4 Wheat.）518（1819）.

**25)**　合衆国における団体の人権享有主体性については，木下智史『人権総論の再検討—私人間における人権保障と裁判所』（日本評論社・2007年）210頁以下に詳細かつ包括的な研究がある。

232 第4部　会社の言論と営利的言論

の自由が第1修正によって認められることになった。

### (b) 営利的言論の自由の展開

合衆国最高裁は，医薬品の価格広告が第1修正によって保障されるのかが争われたヴァージニア薬事委員会判決[26] において，これを認める判決を下した。その際に用いられたのが情報受領者の権利であった。ただし，営利広告の場合，虚偽または詐欺的な内容は規制される。これは営利広告と政治的表現との間にある「常識的差異 (commonsense difference)」によるとされる。この考え方は，1980年に判事されたセントラルハドソン社判決によって確立された。本判決によって，営利広告規制の合憲性は，セントラルハドソンテストと呼ばれる4段階審査基準で審査されることになった。

これは，①問題となる表現が違法な活動に関わったり，公衆を誤解させるようなものでなければ，②主張される政府利益が本質的であり，③規制利益を直接的に促進し，④必要以上に強力でないときに営利的広告規制が許されるというものである。以後，合衆国最高裁における営利広告規制はこのテストによって判断されてきた[27]。

セントラルハドソンテストは，その適用における厳格さのレベルについては，若干の紆余曲折を見たものの，かなり高度なレベルの審査基準として適用されており，現在では，実質的に虚偽もしくは詐欺的広告だけを規制できる状況となっているといえよう。さらに，営利的言論のカテゴリーを否定し，営利広告の内容が規制される場合には，厳格審査を施す判例も登場している。今日，営利広告であるがゆえに特別な規制に服するというような姿勢は維持できなくなっている[28]。

### (c) 政治的意見表明の自由

営利的言論への保障に遅れること2年，合衆国最高裁は，ベロッティ判決[29]

---

26) Virginia State Board of Pharmacy vs Virginia Citizens Consumer Council,425 U.S. 748 (1976).

27) この点については，拙稿『表現の自由　理論と解釈』（中央大学出版部・2014年）51頁以降参照。また，拙稿「営利的な広告の自由の規制」憲法判例百選Ⅰ〔第6版〕126頁および「営利的言論の自由」大石眞・石川健治編・憲法の争点（2008年）124頁などを参照願いたい。

28) 拙稿「営利広告規制と情報パターナリズム」法学新報124巻7・8号（2018年）77頁〔本書第9章所収〕。

29) First National Bank of Boston vs Bellotti, 435 U.S. 765 (1978).

において，会社の政治献金が第1修正によって保障される自由であると認める判断を下した。法廷意見を述べるパウエル裁判官は，会社の行う政治的表現も第1修正の核心部分に位置し，その利益は一般市民の知る権利に奉仕することにあると述べたのである。この判旨は，その後，公益事業者が行う政治的意見表明が争われた1980年のエディソン社判決[30]や1986年のパシフィックガス社判決[31]に継承される（いずれも法廷意見を執筆したのはパウエル裁判官であった）。

その後，この傾向には一定の揺り戻しが生じることになり，会社の行う政治献金の規制が維持されるケースも出てきた。しかし，合衆国最高裁は，2010年のシティズン・ユナイテッド判決において，会社の行う政治献金規制を実質的に全廃させるような判断を下した[32]。法廷意見を執筆したケネディ裁判官は，連邦政府が主張する政府利益である「腐敗の防止」が政治献金規制という手段では実現できない点を指摘する。連邦政府が規制する政治献金規制は過大包摂であり，また過少包摂であるというのである。

シティズン・ユナイテッド判決では，第1修正は誰のための自由なのかが厳しく争われている。反対意見を展開するスティーブンス裁判官は，「自然人とは異なり，会社はその経営者にとっては有限責任を負わせ（るにとどめ），『永続的な生命』をもち，所有と支配が分離され，財産の蓄積と分配について優遇措置を設け，それにより資本を集め，株主の利益に対して配当を最大化することで資源を開発する能力が強められている……会社には良心がなく，信念も感情もない……会社は憲法を定め，またその目的である『われわれ人民（We the People)』ではない」[33]と激しく法廷意見を批判している。

合衆国最高裁は，2014年のマッカチオン判決でも，会社の行う政治献金規制を違憲と判断する判決を下している[34]。ここでは，政治献金の総額規制を定

---

30) Consolidated Edison Co. of NY.vsPublic Service Commission of NY,447 U.S. 530 (1980).

31) Pacific Gas & Electric Co.vs Public Utility Commission of California,475 U.S. 1 (1986).

32) Citizens United vs FCC,558 U.S. 310 (2010). この判決については，村山健太郎「政治資金の支出制限と文面審査」憲法訴訟研究会・戸松秀典編『続・アメリカ憲法判例』40頁（有斐閣・2014年）に詳しい解説がある。なお，拙稿「政治資金規制と司法審査の役割」比較法雑誌49巻1号（2015年）1頁〔本書第3章所収〕参照。

33) 558 U.S. 424.

める連邦法の合憲性が争われたのであるが，法廷意見を述べるロバーツ首席裁判官は，「連邦議会は，単に政治献金の総額を減らしたいとか，他社の相対的な政治的影響力を強めようと，他の者の政治参加を規制しようとすることはできない」と述べている。そして，シティズン・ユナイテッド判決同様，連邦法の規制目的である腐敗防止の利益が広すぎることを排撃する[35]。これに対してブライア裁判官は，政治献金規制によって防止されるべき腐敗は広くとらえられるべきであって，それは連邦政府の裁量に任されるべき旨反論する[36]。

### ② 表現者の平等と受け手の利益

#### (a) 表現の自由の平等

このような判例の展開を促した理論的支柱は，表現者は平等であるべきだとする理念と表現の自由な行使によって利益を受けるのは市民であるとする考え方であった[37]。表現の自由の平等は，表現内容規制への厳格審査から派生する原理である[38]。表現内容を規制することは検閲に比肩する危険性をもつ。これは「何を話すか」のみならず，「誰が話すか」の規制にも適用されるべきであるから，表現主体の平等性が求められる。自然人であろうと会社であろうと，表現の自由のフィールドでは平等なプレイヤーとして扱われなければならないという。

一方で，表現空間（思想の自由市場と呼んでもよい）の自由を確保することで，多様な内容かつ多様な話者の表現が覇権を争い，あるいは真理を争うこと

---

34) McCutcheon vs FCC,134 S.Ct.11434 (2014). この判例に関する研究として，落合俊行「アメリカ連邦選挙資金法制における寄付総額規制の憲法学的考察 McCutcheon v. Federal Election Commission 事件連邦最高裁違憲判決（2014年）の法理」法経論集（愛知大学）204号（2015年）73-128頁。

35) Id.at 1461.

36) Id.at 1465. なお，拙稿・前掲注32)「政治資金規制と司法審査の役割」17頁。

37) この点については，拙稿・前掲注27)『表現の自由』169頁以降参照。

38) 表現の自由の平等とは，「表現規制には内容規制と内容に関わらない規制があること，表現規制は原則として許されないこと」を意味する。この考え方は，1972年のモズレイ判決（Police Department of Chicago vs Mosley,408 US 92 (1972) サーグッド・マーシャル裁判官法廷意見に端を発し，ケネス・カースト（Kenneth Karst, Equality in the First Amendment,43 U.Chi.L.Rev.20 (1975)）やジョフリー・ストーン（Geoffrey R.Stone, Restrictions of Speech because of its Content:Peculiar Case of Subject Matter Restrictions,46 U.Chi.L.Rev.81 (1978)，さらにはマーティン・レディッシュ（Martin H.Redish,Content Distinction,34 Stan,L,Rev.113 (1981) などによって理論化され，今日では確立された憲法理論になっている。

が可能となる。表現の受け手は，この多様性から自分の考え方を形成し，真偽の判断を行うことができる。この空間に国家が手を入れることは許されないと考えるのである[39]。

### (b) 合衆国最高裁における会社の言論

今日，会社が言論の自由の主体たり得ることは，合衆国においても確立された法理となっている。ある調査によると，合衆国で争われる表現の自由事例のうち，会社がかかわるものは60％に達しており，勝訴率は営利的言論のケースで55％に達しているといわれている[40]。この数字が表すように，今日，言論の自由の主体もしくは担い手として，会社は個人を凌駕する存在になっており，会社の言論は，今後の第1修正のあり方を左右するところにまで達しているといえよう。

このことから，今日，個人ではなく組織が言論の自由の地平を切り開いていくありさまを institutional turn と呼び，個人を想定した表現の自由理論から，組織に着目した理論構築を目指すべきだとする学説も唱えられている[41]ところである。もちろん，言論の自由の institutional theory に会社が含まれるかどうかについては議論があるが，言論の自由理論のありよう自体の変革もしくは再構築は避けることが難しい。言論の自由は，これまで個人をベースにして構築されてきた。言論の自由を自己統治と結びつけ，あるいは自己実現の手段として位置づけ，真理を見極める（あるいは真理について合意する）手続ととらえてきた，伝統的表現の自由理論にも修正が求められている。会社の言論は，このような問題状況の中でとらえ直す必要がある。

---

39) さまざまに対立する意見を自由に表明させ，あらゆる者の政治参加を認めるべきであるとの考え方を「敵対的民主主義」と呼ぶ。この観点から合衆国最高裁の判断を是認するものとして，Martin H.Redish,The Advisory First Amendment, (2013);Money Talks, (2001). やや視点は異なるものの，同じく合衆国最高裁の傾向に賛同するものとして，Larry Ribstein,Corporate Political Speech,49 Wash. & Lee L. Rev. 109 (1992).

40) John C. Coates, IV, "Corporate Speech and the First Amendment: History, Data, and Implications," Harvard Law School, February 2015.

## (2) 会社の言論──ひとつの考え方

### ① 内在的視点と外在的視点

#### (a) 問題のありよう

大法廷判決が下されてから今年でちょうど50年を迎える（2020年時点）。すでに，この問題は，会社には言論の自由が認められるかという単純な思考方法では到底太刀打ちできない難問になっている。たとえ，会社の言論の自由を否定しても会社が社会において実在しているがために，その政治的影響力を消し去ることはできないからである。

この50年の間に会社の社会的実在の意味も変わり，表現のありようも多様化している。政治献金によらずとも，会社はさまざまな媒体とツールを用いて自らの立場を表明できるようになっている。会社の社会的責任論が叫ばれ，コーポレートガバナンスへの社会的な認識が高まる一方で，社会責任投資による会社統治へのコントロールも行われるようになっている。会社は，SNSを用い

---

41) その代表たるフレデリック・シャウアーは，組織的言論に会社を含ませてはいない。Frederick Schauer,Towards an Institutional First Amendment,89 MINN. L. REV. 1256 (2005).その理由についての明言はないが，多種多様な組織のうち，第1修正によって保護されるものとそうでないものの区別をどう行うのかについては疑問が提起されている。Dale Carpenter,The Value of Institutions and the Values of Free Speech, 89 MINN. L. REV. 1407 (2005).一方，シャウアーの考え方を会社に適用し，会社に対する証券取引法上の制約が憲法上許されると考えるものに，Michael R. Siebecker, Corporate Speech, Securities Regulation, and an Institutional Approach to the First Amendment, 48 Wm. & Mary L. Rev. 613 (2006) がある。また，ポール・ホーウィッツは，会社にも公的議論に一定の寄与をする可能性がるが，それは教会や大学，政治組織のようなインフラストラクチャーではないと考えている。Paul Horwitz,First Amendment Insutitutions,244 (2013).一方，ジョセフ・ブロッチャーは，明確ではないものの，会社の営利活動に関わる言論は第一修正のうえで重要な役割を演じると考えているようである。Joseph Blocher,Institutions in The Marketplace of Ideas,57 Duke L.J.821 (2008).わが国においても，制度の観点から表現の自由理論を組みなおそうとする試みがなされている。阪本昌成『表現権理論』（信山社・2011年）がある。阪本は，これまで支配的であった表現の自由理論，とくにその基礎付けとしての思想の自由市場論を問い直す（41頁）。様々な言論が真理の探究を目指して競争するイメージは正しくなく，思想に真偽などないという立場から，ideaを「思想」ではなく，「知識」と読み替えることを提唱している（44頁）。この観点からすると，会社の言論も思想の自由市場に寄与するところは大きいということになりそうである。同様な視点に立つものとして，Jonathan Weinberg, On Commercial-and Corporate-Speech, 99 Marq. L. Rev. 559 at 599 (2016).

た批判にさらされる一方で，各種プラットフォームを操作することで，自分たちの社会的評価を作り出す技術も高めている。GAFA のような巨大企業が登場し，世界規模で多くの人々の日常生活に重大な影響を与えるようにもなっている。

他方で，企業規模（会社の規模）が大きくなればなるほどステークホルダーは多様化し，価値観や政治的立場も多様化していくことは避けられない。つまり，会社の社会的影響力が高まるほどに会社構成員の思想良心は拡散し，会社の政治的活動が構成員そのものの考え方と対立する可能性は高まってくる。このとき，「会社における通常の意思決定手続を経ているから，少数意見者は黙れ」といえるかどうか。たとえば，電力会社において原理力発電所の再稼働を促進したいと考える経営陣と再生可能エネルギーへのシフトを志向すべきだとする経営陣が対立したとき，原子力発電所再稼働に積極的な政党への政治献金を，通常の手続で（取締役会の多数などで）決定することは適切なのであろうか。また，会社に関わる多くのステークホルダーの考え方や利益，社会一般の利益との調整はどう考えるべきなのであろうか。

(b) 内在的視点と外在的視点

このような難問を前に，憲法の解釈論は何をなし得るのであろうか。ここでは，ひとつの試論として，内在的視点と外在的視点を分けて考えることにする。

内在的視点とは，会社とはどのような組織で，会社の言論とはどのような活動を意味するのかを考える作業を指す。また，外在的視点とは，そのような会社に言論を認めることで，社会はどのような影響を受けるのか，民主社会はそれにどう対応するのかにかかわっている。

A) 内在的視点

A1) 会社の言論とその性質　まず，内在的な視点に立って，会社の言論を考えてみよう。結社の自由によって作られた組織 = corporation は，個々の自然人が自発的に結合する行為の自由であるから，原初的な自由の一つといってよい。しかし，会社は，自由に設立できる状況でも，有限責任にふさわしい運営を義務づけられ，ステークホルダーを保護する制度を前提にして活動するものであるから，さまざまな法規制によってコントロールされている[42]。

また，会社の人権とは，構成員の個別的な人権の総和なのか，あるいはそれ以上もしくはそれ以外の権利なのかという問題もある。会社の背景にある自然人の存在を意識するのか，会社を別個独立の人権主体として考えるのかという問題である。この点について，ベロッティ判決レーンクィスト首席裁判官反対意見[43]，さらにはシティズン・ユナイテッド判決スティーブンス裁判官反対意見[44]は，会社が構成員から独立した人権の主体であることを否定している。一方で，ベロッティ判決パウエル裁判官法廷意見[45]やシティズン・ユナイテッド判決ケネディ裁判官法廷意見[46]は，会社が構成員から離れた独立の人権主体であると考えているようである。

しかし，繰り返しになるが，会社自体に口はない。思考力も良心もない。会社の言論という問題構成は，会社の代表者の考えを会社という媒体と資金を使って，会社の名で表明する自由があるのか，その自由は，会社内における少数意見者を犠牲にしてまでも保障しなければならないのかという問題である[47]。会社の言論とは，会社の執行機関が自らの考えを会社を通じて発信するものである以上，そこに会社自体の自己実現の価値を見出すことは論理的には不可能である。会社の言論は，決して人間にとって不可欠（essential）なものではあり得ない[48]。

A2)　思想の自由市場と会社の言論　　会社の言論が真理の発見に寄与す

---

42) Wayne Batchis,Citizens United and the Paradox of "Corporate Speech":From Freedom of Association to Freedom of The Association,36 N.Y.U.of Law and Social Change 5 (2012) は，結社の自由が個人の自由として観念されてきたにもかかわらず，シティズン・ユナイテッド判決は，結社による自由へと改変させてしまったことを厳しく批判する。

43) 435 U.S. 824.

44) 558 U.S. 365.

45) 435 U.S. 776.

46) 558 U.S. 348.

47) おそらく同様な問題意識に立つものとして，Carl E.Schneider,Free Speech and Corporate Fredom:A Comment on First Natioal Bank of Boston vs Bellotti,59 S. Cal. L. Rev. 1277,at1277-9 (1986). また，バッチスは，そもそも会社には「言論」行為を観念できないとする立場もある。会社に言論を観念できるとすれば，それ適当にプログラミングして，アウトプットされたものを言論と呼ぶのに等しいと述べる。Batchis,supra note 42.at 8.

48) Daniel J.H. Greenwood, Essential Speech: Why Corporate Speech Is Not Free, 83 Iowa L. Rev. 995 (1998).

ることはあるのか。否定的に考えるべきである[49]。会社の目的は利潤を追求することであって，社会に対して真理を語る義務はない。営利的言論法理が，虚偽や詐欺的な広告の規制をいまだ許し[50]，証券取引法が会社に一定の事実の公表を義務づけ，会社情報を強制的に開示させているのは，会社が真実を語らないことの裏返しである[51]。

　また，O.W. ホームズのいう「思想の自由市場」は神話の世界でのみ成立する空間であって[52]，現実世界を反映してはいないとの主張がある。「思想の自由市場」をまったく規制が許されない場としてとらえるような新古典派経済学的な見方は，経済学の世界でも過去のものとなっているというのである。それにもかかわらず，あらゆる言論を市場で戦わせるべきだとするのは，「頑固な信念に基づく（teaciously）」信念にしか過ぎないとの評価もある[53]。

　これを制度論的アプローチ（institutional turn）から説明するとどうなるか。言論の自由の担い手としての制度には，報道機関や大学，教会，各種政治団体のように，憲法上直接あるいは間接に憲法価値の実現が付託されている組織がある[54]。しかし，会社にはこのような価値の実現が期待されていない。

---

49）Batchis,supra note 42,at 45.

50）かつてエドウィン C. ベイカーは，市場の論理に支配された言論は第 1 修正によっては保護されないと述べた。利益追求の動機に駆られ，自由な討論に奉仕しない言論は第 1 修正が想定する言論ではないというのである。それは，会社の言論が結局のところ自己利益の拡大にのみ関心を寄せ，冷静な public discourse とはみなされないことを意味している。C.Edwin Baker,Human Liberty and Freedom of Speech（1989）. 同様な議論は，リチャード・ポストの Public discourse 理論にも見出すことができる。Robert C.Post,The Constitutional Status of Commercial Speech,48 UCLA L.Rev.1（2000）. これらの点については，拙稿・前掲注27）『表現の自由』51頁以下を参照願いたい。ただし，ベイカーは，営利目的の言論が会社だけに限られるとは考えていない。

51）Michael R. Siebecker, Corporate Speech, Securities Regulation, and an Institutional Approach to the First Amendment, 48 Wm. & Mary L. Rev. 613（2006）は，なぜ証券取引法上の情報開示が強制されなければならず，そのような義務づけが消極的表現の自由に違反しないのかを論証している。

52）Stanley Ingber, The Marketplace of Ideas: A Legitimizing Myth, 1984 DUKE L.J. 1, 2 n.2.

53）Joseph Blocher, Institutions in the Marketplace of Ideas, 57 DUKE L.J. 821 at 837（2008）. ただし，思想の自由市場論は，どちらかといえば情報の受け手に傾斜した理論であって，誰もが自由，平等に討論に参加できることを重く見る理論ではない。

また，政治や市民生活に対するその影響力は絶大であるから，これを一定の
コントロールの下に置く必要が生じる。他方で，会社の行う言論活動が市民
の意思決定に何らかの参考となることも十分あり得る。その限りで，会社の
言論に一定の保護を与えることも可能となる。会社に認められる言論の自由
は，「法的人格」から派生するものに限られると説明してもよい。

　A3）取締役の責任　会社の言論については，誰がいつ，どのように決
定し，実施するのかが問題となる。この点で，営利的言論の場合は，それが
利潤獲得活動と直結しているため，通常の経営判断で行うことに問題はない
であろう。ただし，営利的言論とは何かがはっきりしない点には注意が必要
である。かつて，自社の海外生産拠点で，現地の労働者を酷使し，ハラスメ
ントが横行しているとの報道に対して反論を行うことが営利的言論に当ては
まるのかが問われたケースがあった[55]。これが営利的言論に該当するなら
セントラルハドソンテストが適用され，虚偽の内容が規制されることになる
が，該当しないならこの制約を免れることになるため，営利的言論に当たる
かどうかが裁判の結論を決する意味をもつ。

　政治的事項や社会的関心事に対する言論活動はどうか[56]。これについて
は，通常の経営判断とは異なる意思決定手続きが必要であるとの見方もある。
少なくとも，あらかじめ株主に同意を求め，場合によっては反対株主に反論
の機会を与える必要があるというのである。この点で，合衆国の学説には，
会社の政治献金がこれほどまでに争われる時代背景として，株主権限の低下
と代表権限の強化があると指摘に注目したい[57]。かつてバーリとミーンズ
が描いた所有と経営の分離が，長い時間を経て会社の言論にも表れたという
べきであろうか。この点で，会社の利益に直接関係のない政治献金について
は，役員に慎重な姿勢を求める学説もあるが，逆に会社の利益と直接的関係
に立つ政治献金は，民主過程の廉直（integrity）さを損なうものと考えるべ

---

54）ここで制度（institution）と組織（organization）はとくに区別せず用いているが，
　　制度は組織が機能するための土壌あるいはルールであって，組織はそのうえで役割を
　　演じるプレーヤーであるとする考え方もある。Blocher,supra note 53 at 842.
55）Nike vs Kaseky,123 S. Ct. 2554（2003）.なお，拙稿・前掲27）『表現の自由』125頁
　　以下を参照願いた。
56）川口・前掲注2）9頁。
57）Karl M.F.Locckhart,A Corporate Democracy?:Freedom of Speech and the
　　SEC,104 va.L.Rev.1593,at 1600（2018）.

きではないだろうか。


B）　外在的視点

つぎに，外在的な視点から会社の言論を考えてみよう。

B1）　政治腐敗と会社の言論　　ジョージ・ソロスやウォーレン・バフェットのような大富豪なら，個人献金でも政治の方向性を変えるほどの力をもっているかもしれない。しかし，多くの市民はこのような立場にはない。献金や意見表明の機会は，投入できる資金量に依存するならば（ただし，SNS の発信が世の中を変えることは少なくない），表現の影響力を等しくするためには，個人献金者が団結するか，会社の言論を制限するほかない。問題は，マッカチオン判決法廷意見の中で，ロバーツ首席裁判官が述べるように，会社の言論を制約することが「他者の影響力を相対的に強めるために，ある者の政治参加を規制すること」[58]を意味するのか，そしてそのような措置は許されないのかにある。

アメリカの政治献金が苛烈な誹謗中傷合戦に用いられ，政治資金の集金力が大統領選挙を支配する状況となっていることが指摘されて久しい[59]。わが国の場合も，大法廷判決の後，ロッキード事件が起き，金権政治に対する批判が高まったことも思い出す必要がある。Ｊ．コーツは，腐敗防止のための政治資金規制が無効とされ続けると，アメリカ社会がロシア化すると警告する。政治資金を通じたレントシーキングが避けられないからである[60]。

自分のもつ資金は自分が使途を決定すべきであり，それを支持する政党や候補者にどれほど費やすかは自己決定の領域に属すると考えるなら，会社であれ個人であれ，政治献金規制はパターナリズムに基づく介入になってしまう。また，発言力のある著名な人物と一般市民が等しく政治に参加するには，連帯して資金を提供することにも合理性がある。したがって，一概に政治献金を禁止することには慎重な姿勢が求められる。

そのうえで，会社の政治献金に上限規制を設けたり，使途制限を課したり，

---

58）134S.Ct.1434.

59）さしあたり，参照，渡辺靖『アメリカン・デモクラシーの逆説』（岩波書店・2010年）48頁。

60）Coates,supra note 40,at 35.

さらには政治献金の出資プロセスを透明化することは，いずれも立法政策に委ねられるべきことであって，これらをもって憲法違反とすることはできない。会社の政治的自由は法の選択の中でのみ許されるからである。「思想の自由市場」が健全に作用するためには，言論に費やされる資金の規制が求められる。「言論には言論で対抗すべき（more speech）」との考え方も土俵そのものが等しく開かれていない限り機能しない。

B2）　対抗言論としての会社の言論　　一方，市民団体や消費者団体から行われる批判に対して，会社として応答する権利は認められてよいように思う。原子力発電所のケースでは，原発に対する理解を求め，その政策上の適切さを社会に発信することは認められてよい。わが国でよく行われる会社の謝罪会見と正反対に，経営方針を社会に伝え，一定の弁明を行う権利も言論の自由に含まれる。このような言論は，一般市民に対して会社の視点を提供するものであって，公的議論への素材を提供するからである。

言論空間における支配（domination）を避けるためには，会社の資金や影響力によるアジェンダセッティングや言論機会の（実際上の）制約から一人ひとりの参加を保障する必要がある。そのためには会社の言論は制約を受ける。もちろん，思想の自由市場への参入は妨げられてはならない。しかし，財力によって聞かれるべき意見や立場が駆逐されることにも警戒がいる[61]。民主過程における参加の自由と平等の要請の調和は，立法府に任せるべき問題である。

B3）　少数株主保護と会社の言論　　少数株主はどう保護されるか。少数株主保護は会社の内部問題にとどまり，国家が会社の言論を規制できるかという問題とは無関係と考えることもできようが，通常の経営判断では足りず，特別な保護が必要であって，そのための法規制は憲法に違反しないとする解釈に注目すべきである[62]。会社構成員の思想は多様であって，すべての見解に対して平等でなければならないとするのも難しいが，少なくとも，会社

---

61）Frederick Schauer,Judicial Review of the Device of Democracy,94 Colum. L.Rev.1326,at 1327（1994）.

62）Lucian A. Bebchuk and Robert J. Jackson, Jr.Corporate Political Speech: Who decides? 124 Har.L.Rev.83. harvardlowreview.org/print/vol-124/corporate-political-speech-who-decides/ わが国においても同様な意見がある。近藤光男「会社の寄付と取締役の善管注意義務（下）」旬刊商事法務1663号（2003年）13頁，19頁。

業務の廉直性を損なうような寄付については，役員の善管注意義務違反となる可能性がある。

　株式会社は，株式を譲渡すれば会社の決定に従わなくてもよいのではないかとの考え方もあろうが，これは会社の言論を考えるうえでは補助的な意味をもつにとどまる。株式を譲渡するコストは抽象的には判断できないし，「嫌ならやめればよい」という姿勢は，会社の社会的責任からは真逆の姿勢だからである。会社にとどまり，会社のあるべき姿を実現させようとする株主がいるからこそ，会社の社会的責任が実現できる。

　結局，外在的視点から見たとき，会社の言論で問われていることは，民主主義の中に巨大な富の集積センターをどう位置づけていくのかという問題，つまり民主主義の型の問題であるように思う[63]。合衆国最高裁のように，敵対的民主主義を極端まで追求していく方がよいのか，そうではなく，表現の自由を用いた私的利益の最大化を会社に許さない方途を選ぶのかの選択が求められているのではなかろうか。

## おわりに

　丸山先生のゼミから40年が経過した今，会社の言論をめぐる憲法問題がまったく新たなフェーズに入っていることを痛感する。先に述べた，GAFA のような，ある面では国家をしのぐ影響力と富の集積を有する企業体が多くの人類の生活に影響を及ぼし，あるいは支配力を行使する今日，会社の言論もまた，新たな検討が求められているのではなかろうか。そこでは，富による支配（domination）を避け，すべての市民がひとしく公共善とは何かを論じ合い，追求できる社会をいかに構想するかが求められているように思う。一部の敵対的民主主義を主張する憲法学者のように，国家は言論空間に指一つ触れてはならないと考えるならともかく，会社が政治に関わることそのものの是非を含めて考えなければならないことは多い。会社は，私たちに利益を提供するしくみとして，私たちが作り出した「制度」であるから，これを独り歩きさせることはできないのではなかろうか。

---

[63] その意味で，会社法性があって憲法秩序があるわけではなく，憲法秩序の中に会社を位置づけることが求められている。上村達男「企業法制と憲法学」戸波江二編『企業の憲法的基礎』（日本評論社・2010年）28頁。

244　第4部　会社の言論と営利的言論

**図　会社の言論とその考察ポイント**

| 内在的視点 | | | 外在的視点 |
|---|---|---|---|
| 会社の言論の性質 | 取締役の責任 | 少数株主保護 | 民主過程への影響<br>・政治腐敗防止<br>・政治過程の健全性 |

営利広告規制と情報パターナリズム

## はじめに

　憲法上営利広告の自由は保障されるのか，保障されているとして，その程度や範囲をどう考えるか，あるいは，その自由の性格をどうとらえるか。昭和36年判決[1]（きゅう師による適応症広告をめぐり争われた事件）以来，最高裁には正面から扱った判決はない。同判決においても営利広告規制は公共の福祉の観点から規制されるとされているに止まり，営利広告の憲法上の位置づけなどに関する問題が解明されているわけではない[2]。

　しかし，最近になり，最高裁においてもまた下級審においても営利広告規制が争点となった注目すべき判決が現れている。また，不当景品類及び不当表示防止法（以下「景表法」という）の改正や薬事法を改正した医薬品医療機器法（本稿では，改正前の法律に言及する場合は「旧薬事法」とする。）により，広告規制への関心が高まっている。

　たとえば，健康食品市場の拡大によって，さまざまな媒体を通じて多様な広告が展開されているが，そこで用いられる広告表現にはきわどいものもあり，消費者庁による措置命令を含む対応が増加しているという[3]。消費者契約法を用いて行われる認定消費者団体による広告の差止請求も，広告をめぐる議論を活性化させるものと考えられる。

　このような状況を前にして，本稿は，最近判示された注目すべき二つの判決を素材にして，広告の自由あるいは広告規制の正当化に関する論点を扱う。ついで，営利広告の自由に関して，新たな展開が見られる合衆国最高裁判所判例

---

1）最大判昭和36年2月15日刑集15巻2号347頁。
2）ただし，個別意見はこれら問題に対して正面から取り組んでいる。その理論水準は，今日においても目を見張るものがある。詳細については，拙稿「営利的な広告の自由」憲法判例百選〔第6版〕126頁参照。
3）日本経済新聞2017年7月10日朝刊。

246 第4部 会社の言論と営利的言論

を分析しながら，わが国への示唆を得たいと思う。そして，「情報パターナリズム」という概念を定めることによって，情報と日常的な意思決定のあり方を探ってみたいと考える。

# 1 広告をめぐる二つの事件

## (1) ディオバン事件における学術論文と広告

### ① 事件の概要

本件[4]は，スイスの大手製薬会社であるノバルティスファーマ社とその従業員が高血圧治療薬（アンジオテンシン受容体拮抗薬，商品名「ディオバン」）に関して大学病院の医師らによって実施された臨床試験のデータを改ざんし，同医薬品の効能または効果に関して虚偽記載をしたことが旧薬事法66条1項に違反するとして起訴された事件であった。

ところで，旧薬事法第66条1項は，次のように定めていた。

「何人も，医薬品，医薬部外品，化粧品，医療機器又は再生医療等製品の名称，製造方法，効能，効果又は性能に関して，明示的であると暗示的であるとを問わず，虚偽又は誇大な記事を広告し，記述し，又は流布してはならない」。

この事件の争点は，データの改ざんがあったかどうかという点とその改ざんが旧薬事法66条1項が禁止する「虚偽又は誇大な記事を広告し，記述し，又は流布」したかどうかにあった。東京地方裁判所は，データの改ざんがあったことは認めたものの，それが旧薬事法が禁止した「広告」には該当しないとして，被告会社および被告人に無罪を言い渡したのである。

東京地方裁判所は，旧薬事法66条1項の立法史を丹念にたどりながら，同項にいう「『記事』の広告，『記述』，『流布』は，いずれも広義の広告に含まれる行為の一つの態様を表現したものであると解することが相当である」と述べ，解釈上の争点を「広告」とは何かに集約させている。そこで，判決は，厚生省医薬安全局監視指導課長が平成10年に発出した「薬事法における医薬品等の広告の該当性」についてと題する通知を援用した被告会社の主張を容れて，広告

---

4）東京地判平成29年3月16日刑集75巻7号754頁（控訴審：東京高判平成30年11月19日刑集75巻7号874頁，上告審・最決令和3年6月28日〔上告棄却〕）。

に該当するかどうかに関する三条件を提示する。すなわち、①顧客を誘引する意図が明確であること、②特定医薬品等の商品名が明らかにされていること、③一般人が認知できる状態であることがすべて満たされたとき、これを広告とするとの解釈によりながら、本件雑誌広告が広告に該当するかどうかを判断している。

そして、「以上を踏まえると、本法66条1項の規制対象である広義の広告は、社会通念上の広告の範囲ないにあるもののうち、顧客を誘引するための手段として広く世間に告げ知らせる行為であり、『記事』の『広告』、『記述』及び『流布』は、それを三つの態様に書き分けたものであると解される。したがって、いずれも顧客を誘引するための手段としてなされるものであることを要し、記事の対象が医薬品であることに即していえば、その情報受領者の購入意欲（処方薬に関しては、医師の処方意欲を含む）を喚起・昂進させる手段としてなされるものであることを要すると解される」と述べている。

判決は、右3要件のうち、特定性と認知性についてはこれらを肯定したが、誘因性については、これを否定する判断を下した。すなわち、本件各論文は学術論文であり、「医学領域の学術論文に投稿し、掲載してもらうという行為は、研究成果の発表行為として理解されていると考えられる」というのである。そして、「このような学術論文を作成して学術雑誌に投稿し、掲載してもらうという行為は、それ自体が需用者の購入意欲ないし処方意欲を喚起・昂進させる手段としての性格を有するとはいい難いものである。本件各論文を作成して学術雑誌に投稿し、掲載してもらった行為も、本件各論文の内容がそれらを閲読した医師らによる医薬品の処方等の判断に影響を与え得るものであったにせよ、その雑誌の性格や、査読を経て採択され、掲載に至ったという経緯、論文の体裁、内容を客観的にみた場合には、上記の点で一般の学術論文の学術雑誌への掲載と異なるところはない」と述べている。

## ② 学術論文と広告

高血圧治療に広く用いられ、認知度も高い医薬品の臨床データが偽造された可能性があるという点において、ディオバン事件は社会に大きな衝撃を与えた。ある新聞報道が述べるように、「一般に、学術雑誌に良好な臨床データが掲載されれば、そのデータをもとに製薬会社は広告材料などを作り営業に使用する。当然、虚偽のデータを見て、多くの医師はディオバンが優れていると誤認したはず」[5]である。このことは東京地裁判決も認めるところではある。

しかし，争点は，学術論文が薬事法によって禁止される広告に該当するかであって，判決は，これを否定した。薬事法における広告規制の意義を認めながら，同法における広告を狭く解釈することで，規制対象から除外したのであった。判決は，この限定解釈の合理性を同法の立法史を遡りつつ論証している。また，同法に関する公定解釈に依拠しつつ，薬事法が禁止する広告であるためには「誘引性」が必要であるとした。そして，学術論文には，顧客を誘引する要素が欠けていると判断する。

問題は，処方薬の場合，製薬会社あるいは医薬品販売業者が広告によって訴求するのは一般消費者ではなく，医師や薬剤師である点である。これら専門職にとっては，医薬品の選択における学術論文の役割は，他の日用品の選択における広告と比肩する力があるともいえよう。また，この事件の場合，虚偽のデータは，医薬品として承認された使用目的（高血圧症の治療）に関するものではなく，その付随的な効能に関するものであった（脳血管疾患，心臓疾患）点も特徴的である。主たる目的に関する効果効能にさしたる差がなければ，付随する効果効能が優れた医薬品を選択するとの動機に訴えかけるのである。この意味においても，ディオバン事件は，処方薬の選択における学術論文の役割について，一般市民にも問題提起を行ったものといえようか。なお，本件は，検察側が控訴している。

## (2)　クロレラ広告事件と医薬品・健康食品情報の規制

### ①　事実と争点

他方，健康食品のチラシが広告における「勧誘性」が争点となった事例がある。京都市にある消費者団体Ｘが健康食品「クロレラ」を販売するＹに対して，Ｙが配布した広告の差し止めを求めたことに端を発している。Ｘは，Ｙの広告には，「クロレラ」が医薬品のような薬効があるかのごとく表示されているが，これは景表法にいう「優良誤認表示」に該当し，景表法10条1号[6]，または消費者契約法12条1項および同2項[7]に基づきＹの広告の差し止めを求めるというものであった。

---

5）日経産業新聞2017年3月17日。
6）景表法は，平成26年秋の臨時国会において改正され，課徴金制度の導入とともに，条文番号の整理が行われた。その結果，同10条は5条に改められているが，引用においては改正前の条文番号を用いた。

これに対して，Yは，「不当表示規制は営利的表現の自由を規制するものであるから，事業者の活動を不当に萎縮させないよう，限定的に解釈されなければならない」こと，また，優良誤認表示にいう「表示」とは，「一般消費者にどのような認識を与えるかにより判断すべきであるとしても，その判断に際しては，研究会チラシから看取できる情報のみを基礎にすべきである」から，「クロレラ」という原材料名を商品名に付けていることは，特定の商品を表示しているわけではなく，優良誤認表示や不実告知には該当しないと主張した。

### ②　京都地裁判決

　第一審京都地方裁判所は，Xの主張を認めて，Yの広告の差し止めを認めた（京都地判平成27年1月21日民集71巻1号17頁）。その理由はおおむね次のようであった。

　　「景表法による不当表示に対する規制は，商品を購入させるため不当な誘導を社会から排除し，一般消費者の適正な商品又は役務の選択を確保することを目的とするから，ある広告に，字面上，商品名が記載されていないとしても，その一事から当該広告は商品表示ではないとして規制対象か

---

7）消費者契約法第12条　適格消費者団体は，事業者，受託者等又は事業者の代理人若しくは受託者等の代理人（以下「事業者等」と総称する。）が，消費者契約の締結について勧誘をするに際し，不特定かつ多数の消費者に対して第4条第1項から第3項までに規定する行為（同条第2項に規定する行為にあっては，同項ただし書の場合に該当するものを除く。次項において同じ。）を現に行い又は行うおそれがあるときは，その事業者等に対し，当該行為の停止若しくは予防又は当該行為に供した物の廃棄若しくは除去その他の当該行為の停止若しくは予防に必要な措置をとることを請求することができる。ただし，民法及び商法以外の他の法律の規定によれば当該行為を理由として当該消費者契約を取り消すことができないときは，この限りでない。

2　適格消費者団体は，次の各号に掲げる者が，消費者契約の締結について勧誘をするに際し，不特定かつ多数の消費者に対して第4条第1項から第3項までに規定する行為を現に行い又は行うおそれがあるときは，当該各号に定める者に対し，当該各号に掲げる者に対する是正の指示又は教唆の停止その他の当該行為の停止又は予防に必要な措置をとることを請求することができる。この場合において，前項ただし書の規定を準用する。

一　受託者等　当該受託者等に対して委託（二以上の段階にわたる委託を含む。）をした事業者又は他の受託者等

二　事業者の代理人又は受託者等の代理人　当該代理人を自己の代理人とする事業者若しくは受託者等又はこれらの他の代理人

ら外すのは相当ではない。なぜなら，商品名を表示品広告であっても，多
数の消費者が当該広告で行われた不当な説明に誘導されて特定の商品購入
に至るという仕組みがある場合には，当該広告をも景表法の規制対象とし
なければ，景表法の規制目的を達成することが非常に困難となるからであ
る」。

　「（本件広告の場合）そこに記載された様々な効用に関心を抱いた顧客は
必然的に被告商品の購入を勧誘されるという仕組みが取られているのであ
るから……被告商品の品質に関する表示とみなければならないのである」。

　「不当表示規制の趣旨は，商品を購入させるための不当な誘導を社会か
ら排除し，一般消費者の適正な商品又は役務の選択を確保することにある
から，商品の内容について『実際のもの……よりも著しく優良であると誤
認される表示（景表法10条1号）をしたか否かは，業界の慣行や事業者の
認識ではなく，表示の受け手である一般消費者の認識により判断されるべ
きである……また，同法の『著しく』とは，当該表示の誇張の程度が，社
会一般に許容されている限度を超えて，一般消費者の商品選択に影響を与
える場合をいうと解される」。

　「わが国では，医薬品が，国民の保健衛生上極めて重要であることに鑑
み，医薬品の使用によってもたらされる国民の健康への積極的，消極的被
害を未然に防止し，その品質，有効性及び安全性を確保するため，薬事法
により，医薬品は品目ごとにその製造販売について厚生労働大臣の承認を
受けなければならず（14条1項），その承認をする際は，その品質，有効
性及び安全性に関する調査が行われ，申請に係る効能又は効果を有するか
否かを厳格に審査されている（14条2項，5項）。この承認を受けること
なく医薬品を製造販売することはできず（55条2項），これに違反した場
合には刑罰を科せられる（84条3号）さらに承認を受けていない医薬品に
つき，その名称，製造方法，効能，効果又は性能に関する広告をすること
はできず（68条），これに違反した場合にも刑罰が科せられる（85条5号）
……このように，わが国では，薬事法が制定された昭和35年以降，医薬品
は厳格に規制され，国による厳格な審査を経て承認を得なければ製造販売
することができず，承認を受けてない医薬品は医薬品的な効能効果を表示
することが刑罰をもって禁止されてきたのであるから，〔1〕医薬品的な
効能効果を表示する商品があれば，当該商品が当該効能を有することにつ

いて国の厳格な審査を経た医薬品であり，〔2〕通常の事業者であれば，承認を受けた医薬品でない商品について医薬品的な効能効果を表示して販売しないであろうという社会通念が形成されているというべきである。」

「そうすると，医薬品としての承認がなされていない商品について，医薬品的な効能効果が表示されている場合，当該商品は，一般消費者に対し，当該商品があたかも国により厳格に審査され承認を受けて製造販売されている医薬品であるとの誤認を引き起こすおそれがあるから，優良誤認表示にあたると認めるのが相当である。」

「（効能効果がないことの立証責任は原告XにあるとのYの主張に対して）クロレラ粒等の被告商品は，医薬品として製造販売するための承認を受けていない。したがって，研究会チラシが説明するような医薬品的な効能効果があろうがなかろうが，研究会チラシは，一般消費者に対し，当該効能効果が国による厳格な審査を経ているかのごとき誤認を発生させるおそれがあり，商品を購入させるための不当な勧誘となり，一般消費者の商品選択に不当な影響を与えるのである。したがって，医薬品的な効能効果を謳う商品の場合，景表法10条1号所定の優良誤認表示にあたるかどうかを判断するに際し，当該効能効果の有無を問うまでもないのであって，被告の当該主張は採用できない。」

　　京都地裁は，上のように述べ，Xの請求を認め，差し止めを容認した[8]。

### ③　大阪高裁判決

　控訴審大阪高等裁判所は[9]，Yにおいて問題となった広告の配布を取りやめていることを重視して，原判決を取り消した。同判決は，景表法10条1項に基づく差し止め請求に対しては，Yがチラシを一新したことを理由にその必要性を否定したが，消費者契約法12条1項に定められる「必要な措置」については

---

8）本判決に対する評釈としては以下のものがある。窪幸治「クロレラチラシ配布差止遺丘事件—京都地裁平成27年1月21日判決—」総合政策（岩手大学）17巻2号（2016年）241頁，大髙友一・志部淳之介「景品表示法に基づく差止訴訟判決」法律のひろば2015年6月号48頁，山口由紀子「健康食品の薬効を記載した新聞折込チラシの配布差止請求が容認された事例」現代消費者法29巻（2015年）89頁。

9）大阪高判平成28年2月25日民集71巻1号34頁。

252　第4部　会社の言論と営利的言論

次のように述べて，これを否定している[10]。

　　「消費者契約法が，消費者と業者との間の情報の質及び量並びに交渉力
　の格差に鑑み，事業者の一定の行為により消費者が誤認し又は困惑した場
　合についての契約の申込み又はその承諾の意思表示を取り消すことができ
　ることとすること等を目的とする法律であることに照らせば，規制の対象
　となる同法12条1項及び2項にいう『勧誘』には，事業者が不特定多数の
　消費者に向けて広く行う働きかけは含まれず，個別の消費者の契約締結意
　思の形成に影響を与える程度の働きかけを指すものと解される。そうする
　と，個別の者に向けた勧誘方法であれば規制すべき勧誘に含まれるが，不
　特定多数向けのもの等，客観的に見て特定の消費者に働きかけ，個別の契
　約締結の意思の形成に直接影響を与えているとは考えられないものについ
　ては，勧誘に含まれないと解するのが相当である。これを本件チラシにつ
　いてみると，研究会のチラシの配布は，新聞を購読する一般消費者に向け
　たチラシの配布であり，特定の消費者に働きかけたものではなく，個別の
　消費者の契約締結の意思の形成に直接影響を与える程度の働きかけという
　ことはできない。したがって，上記各項が規制する勧誘に当たるとは認め
　られない。」

#### ④　最高裁判決

　判決を不服としてXが上告した。最高裁（最判平成29年1月24日民集71巻1号
1頁）は上告を棄却したが，消費者契約法12条1項の解釈について，次のよう
に述べている。

　　「上記各規定にいう『勧誘』について法に定義規定は置かれていないと
　ころ，例えば，事業者が，その記載内容全体から判断して消費者が当該事
　業者の商品等の内容や取引条件その他これらの取引に関する事項を具体的
　に認識し得るような新聞広告により不特定多数の消費者に向けて働きかけ
　を行うときは，当該働きかけが個別の消費者の意思形成に直接影響を与え

---

10）本判決に対する批評として，本村健他「適格消費者団体による優良誤認表示の差止
　め請求について，差止めの必要性がないとして原判決を取り消した事例」旬刊商事法
　務2112号（2016年）59頁。

ることもあり得るから，事業者等が不特定多数の消費者に向けて働きかけ
を行う場合を上記各規定にいう『勧誘』に当たらないとしてその適用対象
から一律に外すことは，上記の法の趣旨目的に照らし相当とはいい難い。
したがって，事業者等による働きかけが不特定多数の消費者に向けられた
ものであったとしても，そのことから直ちにその働きかけが法12条1項及
び2項にいう『勧誘』に当たらないということはできないというべきであ
る。」

### ⑤　何のための広告規制か

#### (a)　優良誤認表示のとらえ方

　本判決は，適格消費者団体による差止請求が初めて争われた事例として注目
された[11]。このケースにおいては，被告Yは，自社の製品そのものを広告し
たわけではなく，クロレラ一般についての情報をチラシによって配布したに過
ぎなかった。したがって，それが景表法による差し止めの対象となり得るかど
うかがひとつの争点となった。この点について，第一審京都地方裁判所は，景
表法の目的解釈を用いて，商品名が明示されていない広告も優良誤認表示規制
の適用を受けるとの判断を示している。

　問題は，本件において，効能効果を表示した広告が優良誤認表示に当たると
いえるかどうかであるが，京都地裁は，医薬品に対する薬事法の承認制度に根
拠を求め，医薬品としての承認を受けていない商品は，その効能効果を表示す
ること自体が優良誤認表示に当たるとしたのである。したがって，実際にその
商品が表示された効能効果を有するか否かを問うことなく，あたかも医薬品の
ごとくに効能効果を広告すること自体が優良誤認表示に当たるとの立場をとっ
たといえよう。

　しかし，仮にクロレラが表示された効能効果を有していたとしたらどうであ
ろうか。「『一般消費者による自主的かつ合理的な商品等の選択を確保する』と
いう景表法の観点からは，本件商品に標榜されたとおりの効能・効果がある以
上，何ら問題がないという考え方も十分成り立ち得ると思われ」[12]るからであ
る。

---

11)　大髙・志部・前掲注8）52頁。
12)　大髙・志部・前掲注8）54頁。ただし，この論考は，京都地裁の考え方を「むしろ
　　適切といえる面もあるのではないか」と述べる。

254　第4部　会社の言論と営利的言論

このことと関連して，京都地裁判決は，商品が実際に優良誤認表示に当たるか否かの証明責任を実際上転換したと考えている。「一般的な主張立証責任の分配の考え方に従えば，当該表示が不当表示であるとして差止めを求める適格消費者団体において主張立証責任を負うべきものと考えるのが自然ではある」[13]が，同判決はこの立場をとらなかった。その結果，医薬品以外で商品の効能効果を表示する広告は，それが具体的な商品名を表示していなくとも差し止めの対象となり，効能効果がないことを証明するまでもなく，差し止められるとの解釈を採用したことになる。

もっとも，本件の場合，具体的な商品名を表示していないものの，表示されたクロレラに関する問い合わせ先の電話番号が明示されていたことから，実質的には商品が表示されていたと見ることも可能であって，京都地裁判決の射程は限定されていると見ることもできよう。ただし，その場合でも，具体的な商品名が明示された広告とは異なり，商品購入の意思形成への影響は間接的なものにとどまると考えることもできる。消費者契約法12条1項に定める「勧誘」に関してではあるものの，大阪高裁が問題にしたのもまさにこのような点であった。

(b)　消費者契約法12条1項にいう「勧誘」と営利表現の差止

この点に関する最高裁の立場は，必ずしも明らかではない。特定の購入層ではなく，一般的な情報の受け手（不特定多数の消費者）に対して働きかけを行う広告も消費者契約法12条1項の目的から考えて，「勧誘」に当たらないとして「その適用対象から一律に外すことは……相当ではない」との説示からすると，ケースバイケースで適用の可否を判断するとの姿勢が表明されたと考えるべきであろうか。

広告の差し止めの観点から見たとき，本件訴訟は，差止めの対象となった広告内容を今後使用しないとの姿勢を明らかにすれば，請求が棄却されるとの結論が明らかにされた。営利的な広告とはいえ，表現を差止めること自体，大きなインパクトを有するものであることから考えると，大阪高裁及び最高裁の姿勢には一定の合理性がある。

以上のように，薬事法（現薬機法）や景表法にいう「広告」とは何か，それ

---

13)　大髙・志部・前掲注8）54頁。

が「広告」以外の表現行為と異なる取扱いを受けるのはなぜか，そしてその扱いは妥当なのかについては，いまだ解明されていない問題が多い。そこで，以下アメリカ合衆国における営利的言論の現状をスケッチすることによって，わが国における営利広告規制のあり方に一定の問題提起を行うこととしたい。

# 2　合衆国最高裁判所における医薬品広告の自由

## (1)　アメリカ合衆国における営利的言論法理の展開と医薬品広告
### ①　前提としてのセントラルハドソンテスト

わが国と同様に，アメリカ合衆国においても医薬品販売は，食品医薬品局 (Federal Food and Drug Administration, FDA) の承認を必要とする[14]。これに伴い，医薬品の広告も他の領域に比べてより広範な規制権限に服してきたといえよう。FDA権限は，薬害訴訟や市民運動の興隆を受け，拡大の傾向を見せてきた[15]。一方で，1970年代半ば以降，合衆国最高裁判所においては，営利広告の自由に対する保障が大きなテーマとなってきた。ビゲロウ対ヴァージニア州事件[16]とヴァージニア薬事委員会事件[17]は，それまで第1修正の保証外とされてきた営利広告を表現の自由保障の領域に取り込んだのであった。この傾向は，1980年に判示されたセントラルハドソン判決[18]において，営利広告規制に対する合憲性審査基準の定立という形で結実する。

セントラルハドソンテストと称される合憲性判断基準[19]は，①広告される内容が違法な活動に関わるものでも，公衆を誤解させるものでもなければ，②主張される政府利益が本質的で，③その規制が政府利益を直接的に促進し，⑤政府利益を促進する以上に強力でないならば営利広告規制が許されるというも

---

14)　21 U.S.C.A § 355a.

15)　Aaron Kesselheim,Prospects for Rugulation of Off-Label Drug Protection in Area of Expanding Commercial Speech Protection,92 N.Ca.L.Rev.1539,at 1541-3 (2014).

16)　Vigelow v.s.Virginia,421 U.S.809 (1975).

17)　Virginia State Board of Pharmacy v.s.Virginia Citizens Consumer Council,425 U.S.784 (1976).

18)　Central Hudson Gas & Electric Corp.v.s.Public Service Commission of New York,447U.S.557 (1980).

19)　Id.at 566.

のであった。合衆国最高裁判所は，その後若干の紆余曲折は経たものの，基本的にセントラルハドソンテストを踏襲し，今日，その審査水準は相当に高く，虚偽もしくは誤解を招く広告のみを規制する法理へと変容したと考えられる[20]。つまり，真実の内容を誤解を招くような方法で広告するものでなければ，第一修正はその保護を及ぼすということになる。真実の広告を規制するには，相当高いハードルを越えなければならない。

## ② 真実の医薬品広告規制と営利的言論法理──ウエスタンステートメディカルセンター事件

### (a) 争点と法廷意見

医薬品を製造販売するにはFDAの承認を経なければならないが，すでに承認されている医薬品を混合して調剤する行為は，あらためて承認を受ける必要はない。ただし，いくつかの州では，混合薬の提供を患者の要求を受けた医師の処方箋に基づいてのみ調剤できる旨の規制を置いている。連邦議会は，このような方針を制定法にすべく，1997年に食品医薬品局近代化法（Food and Drug Administration Modenization Act of 1997, FDMA）を制定する際に混合薬の提供に関する規定を制定した。その際，混合薬については新薬同様の承認申請を要求しないが，その提供に関していくつかの条件を付したのである。その中に，「医薬品の混合については広告を行うことができず，または特定の医薬品を混合することについて販売促進をしてはならない」との規定を置いた[21]。これに対して，混合薬の調剤を専門にしている薬局または薬剤師のグループが広告禁止規定の合憲性を争ったのが，2002年に判示されたウエスタンステートメディカルセンター事件である[22]。

連邦政府は，「セントラルハドソンテストの第①項目の下で，FDMAの表現関連条項を擁護しようとしているのではなく……FDMAがセントラルハドソンテストの残りの項目を満たす主張しようと」[23]している点が興味深い。混合薬を調剤する行為自身は法律によって認められている以上，違法とはいえない。それゆえ，このケースでの争点は，真実の医薬品広告を規制することができる

---

20) この点について，拙稿『表現の自由　理論と解釈』（中央大学出版部・2014年）109頁以下参照。

21) §353a(c).

22) Thompson v.s.Western States Medical Center,533 U.S.357（2002）.

23) 533 U.S.368.

かどうかに集約される。

　同規制を正当化するために，連邦政府は，FDA による新薬承認手続の簡潔性（integrity）の利益を持ち出した。混合薬は新薬ではないが，混合することで新しい医薬品を作り出すことに似ているから，これを広告するには，FDA の承認を要するというのである[24]。これは重要な利益であって，広告規制はこの利益を直接促進するため，セントラルハドソンテスト第②項目を満足する[25]。そして，広告規制という手段を用いなければ，承認を経ていない混合薬が広範囲に出回ることになるから，混合薬広告を規制することはセントラルハドソンテスト第④項目を満たすと主張する[26]。

　しかし，合衆国最高裁判所は，この主張を認めなかった。法廷意見を述べるオコナ裁判官は，セントラルハドソンテスト第④項目について，政府は「当該言論規制が必要以上に強力でないことの主張に失敗している」と判断する[27]。すなわち，言論規制を用いる前に利用可能な目的達成手段があるとして，次のように述べる。

　　「混合薬を調剤することと大規模での医薬品製造を区別するような言論とは無関係な方法が利用可能である。第一に，政府は FDA が1992年以来，混合薬の調剤と製造を区別するために依拠してきた根拠を用いることもできるであろう。たとえば，混合医薬品の検査器具を販売目的で製造することを禁止する方法を用いることもできたし，薬剤師がすでに受け取った処方箋に対応するを超えて，前もって混合薬を調剤することを禁止することもできたであろう。」[28]

⒝　反対意見との応酬

　このような法廷意見に対して，ブライア裁判官は，薬務行政の専門技術性から，より敬譲的な審査，すなわち「合理性の基準」を適用すべきとの反対意見を述べている。混合薬の広告を広く認めてしまえば，それを本当に必要として

---

24)　533 U.S.370.
25)　Id..
26)　533 U.S.371.
27)　Id..
28)　533 U.S.372.

いる者以外にも購入意欲が沸いてくることになるというのである[29]。そして，医師に処方箋を書いてもらう際，広告が影響を与えているというデータをもとに，「連邦議会が（広告規制）より規制力の弱い方法で，安全という目的を有効に実現できたかといえば，疑問である」[30]との考え方を示したのである。しかし，オコンナ裁判官法廷意見は，反対意見の関心は「もし，混合薬に関する真実の情報が与えられたなら，人々が誤った判断をするというような危惧に他ならない」[31]と批判する。

　さらに，ブライア裁判官は，法廷意見が採用した違憲審査基準についても異論を展開する。すなわち，「むしろ合衆国最高裁判所は，より柔軟な審査方法を適用してきたのであって，規制の比例性（proportionality），規制と目的の関係，目的と手段の適合性を検討してきたのである。そうすることで，本裁判所は，営利的言論に対する規制が『本質的な政府利益』を『直接促進する』か，それは『必要以上に広汎ではない』かを問うてきたのである」[32]と述べる。これに対して，法廷意見は，セントラルハドソンテストの厳格さは合理性の基準より高いと述べている[33]。

(c)　カテゴリカルなアプローチと比例原則

　この判決において，合衆国最高裁判所が取ったスタンスは，1990年代半ば以来続く，情報規制に対する厳しい姿勢を継承していると考えてよい。真実の情報を規制することへの警戒といってもいいであろう。人々が誤った判断をすることを危惧して，真実の情報を遮断することは憲法に反する。混合薬を調剤すること自体が禁止されていないのなら，その行為を広告という形態で知らせる行為もまた禁止できないのである。これは，1961年判決奥野裁判官反対意見にも共通する視点であるといえる。

　営利的言論に対する審査基準についても，本判決は興味深い論点を提供している。セントラルハドソンテストの水準を高く設定することで，実質的に虚偽または誤解を招く広告のみの規制を許容するテストへと改変してきたのが最近の判例の流れであった。オコンナ裁判官法廷意見もこの流れに沿った判断をし

---

29) 533.U.S.379.
30) 533 U.S.387.
31) 533 U.S.374.
32) 533.U.S.388.
33) 355.U.S.374.

ている。一方で，ブライア裁判官反対意見は，セントラルハドソンテストを比例原則を体現したものと解釈する。

たしかに，セントラルハドソンテストは，比例原則を連想させる審査項目から構成されている。それは，利益衡量テストであり，グローバルモデルとしての比例原則とも類似している。しかし，合衆国最高裁判所は，どちらかといえば，この審査基準の利益衡量的な側面を軽視し，審査項目①を通過した（問題となる広告が虚偽でも誤解を招くものでもない）ならば，残りの項目を厳格に適用するというカテゴリカルな姿勢を明確にしてきている。オコンナ裁判官法廷意見とブライア裁判官反対意見の違いはこの姿勢にあるといえるであろう。

さらに，広告の真実性についても，この判決は興味深い論点を提供している。オコンナ裁判官法廷意見は，混合薬の調剤それ自体が違法でなければ，その行為を広告することもまた違法ではないとの立場をとる。一方，ブライア裁判官反対意見は，広告を認めてしまえば，FDA の新薬承認権限を実質的に骨抜きにしてしまうことを危惧している。これは，先に見たクロレラ判決において，広告の内容が真実かどうかを問題にするのではなく，医薬品としての承認を受けていない商品が効能効果を広告することを問題にしている姿勢とも共通する。広告内容の真実性は，実際にそれが真実かどうかによって決まるのではなく，真実性を担保する手続なり制度を利用しているかどうかで決まるという立場である。混合薬は，すでに承認されている医薬品を混合することによって処方される。それは，新たな承認は必要はないと見るべきか，それとも新しい医薬品と見るべきか。この評価の違いもまた，意見を分けた要素である。

真実の情報を遮断することができるのか，という問題は，本判決から10年を経過した後，新たな医療実務の中で争われることになる。次章では，この点をさらに検討しよう。

### ③ ディテール活動規制の合憲性——ソレル対 IMS ヘルス社判決[34]

#### (a) 事実と争点

製薬会社は，その医薬品を医師に供給する際，「ディテーリング（detailing）」と呼ばれるプロセスを経ている。薬局は，処方箋をデータ処理する際に「処方箋作成者を特定した情報（prescriber-identifying information）」を受け取り，その情報をデータ解析業者（data miners）に売る。データ解析業者は，処方箋作

---

34) Sorell v.s.IMS Health Inc.,564 U.S.552 (2011).

260　第4部　会社の言論と営利的言論

成者の行動について報告書を作成し,その報告書を製薬会社に提供する。「ディ
テイラー (detailers)」は製薬会社に雇われた者であるが, その報告書を用いて
製薬会社の販売戦略を策定し, 医師に対して医薬品の販売促進を行っている。
一方, ヴァーモント州処方薬秘密保持法 (Vermont's Prescription Confidensiality
Law) は, 処方箋作成者の同意なしに, 処方箋作成者を特定できる情報を薬局
や同様の機関が販売し, それらの機関が販売促進の目的で情報を開示し, 製薬
会社の販売戦略のために利用することを禁止する, との定めを置いている (Vt.
Stat.Ann.,Tit.18,§4631(d))。この禁止事項には, 「健康促進のための研究 (health
care reserch)」目的での使用などで用いる場合を除外するなど, 多くの適用除
外事項が定められていた。

　被上告人のヴァーモント州にあるデータ解析業者および自らのブランドを冠
して医薬品を製造している製薬会社の業界団体 (an association of brand-name
drug manifacturers) は, 州当局に対して宣言および差し止めを求める訴えを
提起した。その主張は, §4631(d)が, 第1修正表現の自由条項を侵害するとい
うものであった。連邦地方裁判所は, この訴えを退けたが, 第2巡回区裁判所
は, これを覆し, §4631(d)は憲法に違反して, 製薬会社とデータ解析業者に対
し, 十分な理由なく負担を課すものであると判示した。

### (b)　ケネディ裁判官法廷意見

　　「ヴァーモント州は, 本件規制が, 医療上のプライバシーを保護し, 医
　薬品の販売促進が患者や州の利益にはならないような処方箋作成につなが
　ることを少なくすると主張している。これらの利益は重要であると思われ
　る。しかし, 製薬会社が行う販売促進活動を手助けする言論は, 第1修正
　表現自由によって保護される表現の形態をとっている。結果として,
　ヴァーモント州法は『厳格な司法審査 (heightend judicial scrutiny)』に服
　する」[35]。
　　「その文面上, ヴァーモント州法は, 内容や話者に基づき, 処方箋作成
　者を特定できる情報の販売や情報開示, 使用を禁止するものである。同条
　項は, まず情報購入者の内容に大幅に基づいた適用除外を認めて, 情報の

---

35)　564 U.S.553.

有償提供を禁止する。たとえば，一定の教育上のコミュニケーションを行おうとする者は，その情報を購入することができる（§4631(e)(4)）。その基準は，情報を受ける話者が販売促進の目的でその情報を用いようとするときには情報開示を禁止することになる。結局，同条項の第2センテンスは，製薬会社が販売促進の目的のためにその情報を使用することを禁止している。かくして，同州法は，販売促進活動を不利に扱っている。それはすなわち，特定の内容を持つ言論を不利に扱っていることになる。それ以上に，同州法は，特定の話者，すなわち製薬会社を不利に扱っている……同法は，その文面上好ましからぬ話者が好ましからぬ言論を行うことに負担を課すものである。」

「第1修正は，政府が伝達メッセージに対して同意しないことを理由にして言論を規制するときは常に高められた審査（heightend scrutiny）を要求してきた……表面上は内容や話者に対して中立的な仮定的な規制であっても，その目的が言論を抑圧するであったり，表現に対する許されない負担となるものは，憲法に違反する。このことは営利的言論についても変わらない」

「州側は，本件言論が営利的なものにしか過ぎないことを理由にして，厳格な司法審査は不要であると主張する。保護される言論と経済活動や，より一般的に非表現的な行動との間には差があることは事実である。また，第1修正は公益や行動に対して付随的な規制を課すことを禁止していないことも事実である。それは，人種に基づいて雇用を行うことを禁止することによって，『白人の応募者に限る』というメッセージが禁止され，屋外での火気使用を禁止する条例が国旗の焼却を禁止することの理由である。だが，§4631(d)は，保護される言論に対する付随的な規制を課しているのに止まらない。文面上も運営上も，ヴァーモント州法は言論内容や話者が誰なのかに基づいて規制を課している。規制される言論が経済的な利益から生じているものであっても，それは多くの重要な言論に対する規制と変わることはない。ヴァーモント州法は，単に言論に対する効果を有するだけでなく，一定の内容に向けられ，特定の話者を狙い撃ちしている。」[36]

「さらにヴァーモント州は，§4631(d)が規制するのは，言論ではなく，

---

36) 564 U.S.566.

262　第4部　会社の言論と営利的言論

単に情報へのアクセスであると主張する。処方者が特定できる情報は法規
制に従って作成されていることから，一種の政府言論であると主張するの
である。[また]ヴァーモント州は，本件において厳格な審査は適用され
ないと主張している。売買や利益移転，処方箋作成者が特定できる情報は
行動であって，言論ではないという点がその理由である……[しかし]本
裁判所は，情報の作成と伝達は第1修正の意味における言論の範囲内にあ
ると判断する。結局のところ，事実とは多くの言論の出発点であって，人
間の知識を発展させたり，様々な問題に取り組むためにどうしても重要な
ものである。したがって，処方箋作成者が特定できる情報は，第1修正の
目的にとっての言論であるとする強力な主張が存在する」[37]。

　「仮に，ヴァーモント州は……説得力があり過ぎると考えた保護される
言論を規制するものである。同時に，州は，自分の考え方と一致するメッ
セージを持つ者には規制を課そうとしてはいない。これは州ができないこ
とである。控訴審裁判所判決を維持する。」[38]

### (c)　合法な活動に関する真実の情報の抑圧

　ソレル判決法廷意見の姿勢は，「行為それ自体は適法である以上，その行為
を広告する活動も違法となし得ない」と要約できるであろう。この姿勢には，
情報規制が各人の自己決定に介入し，自発的な選択を妨げかねないという危惧
が控えている。先に述べたウエスタンステートメディカルセンター事件法廷意
見の立場が本判決においても維持されていると考えてよい。

　ただし，本判決はウエスタンステートメディカルセンター事件と異なり，セ
ントラルハドソンテストの枠組みを用いていない。むしろ，職業や立場に焦点
を当てて，情報流通を制約するような規制を内容規制（話者規制）と見たとこ
ろに本判決の特徴がある。本来であれば，セントラルハドソンテストを適用し，
テスト①「広告される活動が合法的か，広告は虚偽若しくは誤解を招くような
ものではないか」を通過したならば，政府利益の本質さと規制利益と規制手段
の均衡に審査を移していく方法が通例であった。しかし，ソレル判決はこの手
順を踏まなかった。ディテール活動規制を内容規制（話者規制）と認定し，厳

---

37）564 U.S.570.

38）564 U.S.580.

格審査を適用したのである。これは，営利的言論法理を大幅に変更するものに他ならない[39]。それゆえ，今後営利的言論規制に対して，合衆国最高裁判所がどのような姿勢をとっていくのか，どのような審査基準を用いていくのかが注目される。

この点について，連邦控訴裁判所判決ではあるものの，ソレル判決を先例として，営利的言論規制の問題に取り組んだ興味深い判決が下されている。項を変えてこれを検討しよう。

### ④　ソレル判決の展開──合衆国対カロニア判決[40]

#### (a)　適用外使用とFDA規制

これまでに述べてきたように，アメリカ合衆国においては，わが国と同様，FDAの承認を受けなければ医薬品を製造販売することができない。承認に当たっては，当該医薬品の適応症についても明示する必要がある。すなわち，医薬品は，特定の効果効能についての医学的実証を経たものでなければならない。

しかし，医薬品の多くは，本来の適応症を超えて用いられることがある。そして，医師も本来の適用対象以外の症状に対して医薬品を処方することも認められている。適用外処方は違法ではない。では，特定の医薬品を本来の適用対象を超えて処方することを広告する行為はどうか。FDAはこれを認めていない[41]。医薬品を承認された目的以外で用いる広告は禁止されている。

カロニア判決は，中枢神経抑制薬ザイレム（Xyrem）について，目的外使用の販売促進を行ったことが不当表示（misblanding）に当たるとして，オルファン社（現在は吸収合併されジャズ製薬となっている）に販売促進担当として雇われたカロニアが起訴されたケースであった。

#### (b)　判決

多数意見を述べる第二巡回区控訴裁判所のチン裁判官は，ソレル判決を意識しながら，基礎の根拠となったFDCA不当表示（misbranding）条項の解釈とそれを受けた刑事訴追の合憲性という二段構えの審査を適用する[42]。

---

39) Thea Cohen,Notes,The First Amendment and The Regulation of Pharmaceutical Marketing：Challenges to The Constitutionality of The FDA's Interpretation of Food, Drug, and Cosmetics Act,49 Am.Crim.L.Rev.1945,at 1947 (2012).

40) United States v.s.Caronia,703 F.3rd 149 (2012).

41) Federal Food, Drug and Cosmetics Act,§§301(a),303(a)1.

42) 703 F.3d.164.

264 第4部 会社の言論と営利的言論

　まず，誤認表示条項の解釈については，第一にこれが目的外使用の販売促進を禁止するという点において内容規制であると判断する。政府が承認した使用と承認しない使用の間で区別をすることは，favored speech と disfavored speech の区別に匹敵するというのである[43]。第二に，この禁止は医薬品販売業者という話者を標的にした規制であるから，speaker based な規制であるとする。これは，ソレル判決がデータ処理業者に焦点を当てた規制であると判示したことと同じである。そして，「本件における第1修正に対する主張はソレル判決よりやむにやまれぬものでなければならない。なぜなら，本件ではより厳格な審査に服すべき刑事制裁が含まれているからである」と述べている[44]。

　つぎに，判決は，刑事制裁の合理性および必要性については，セントラルハドソンテストによることを明らかにしながら，同テストの四項目をそれぞれ審査する。

　まず，問題となる活動の合法性については，目的外使用それ自体は禁止されていない活動であることが述べられる[45]。また，政府の規制利益（医薬品の安全と公衆衛生）は実質的なものであると認定する。問題は，本件の刑事制裁がその目的を直接促進するか（審査項目③）と手段が狭く定められているか（審査項目④）であるが，判決は，いずれも否定する判断を下している。承認薬の目的外使用それ自体は禁止されていないのであるから，目的外使用を広告することを禁止するのは，「高度にパターナリスティックなやり方」であるというのである[46]。また，狭く定められているかについても，言論規制とは関わらないやり方があるはずであって，たとえば，目的外使用それ自体を制限するとか，目的外使用の上限を定める方法でも目的は実現できたはずであると述べる[47]。

　これらの点から，判決は，販売促進担当者を有罪とした原審を破棄し，連邦地裁に差し戻したのである[48]。

---

43) 703 F.3d.165.
44) Id..
45) 703 F.3d.166.
46) Id..
47) 703 F.3d.167-8.
48) なお，本判決には，リヴィングストン裁判官反対意見が展開されているが，ここでは省略する。また，FDA は上訴を見送ったため，本件は連邦控訴裁判所で確定した。

## (c) 内容規制とセントラルハドソンテスト——二段階の構成

本判決は、ソレル判決後初めて医薬品広告規制の合憲性審査が行われたケースとして注目された[49]。第二巡回区控訴裁判所が出した結論は、合衆国最高裁判所の姿勢と同じであったが、審査の枠組みとして、内容規制（話者規制）か否かという視点に加えて、規制方法の審査に当たってセントラルハドソンテストを用いたところに特徴がある。ソレル判決のように、一定の話者に焦点を当てた規制を話者規制として厳格審査を適用する方法もあったはずであるが、カロニア判決は、規制方法の審査をセントラルハドソンテストの枠組みで行ったのである。

ところで、セントラルハドソンテストの水準は、限りなく厳格審査に近い中間段階のレベルにあると考えられるが、医薬品の目的外使用に関する広告を内容規制と判断したのであれば、規制手段の審査も厳格審査における手段審査（必要最小限の規制）を適用すれば事足りたはずであった。しかし、判決はこの方法をとらずに、LRA の審査を適用したのである。この点は疑問が残る。ただ、ソレル判決が下された直後であり、控訴審裁判所としても合衆国最高裁の姿勢を考慮する必要があると認識しつつ、しかし、合衆国最高裁が長く用いてきたセントラルハドソンテストを適用して事案を解決する方が先例との関係で無難であったと見ることもできよう[50]。また、あえてセントラルハドソンテストを適用したのは、目的外使用それ自体は合法であり、合法な活動の真実の情報は規制できないとの結論を導くためであったと見ることもできよう[51]。ここでもまた、真実の情報を規制することが許されないパターナリズムに当たるとの強い姿勢を看取することができる。

では、合衆国におけるこのような姿勢からわれわれは何を学ぶべきなのであろうか。以下、冒頭に述べた二つの判決との関係で、営利的表現規制のあり方について考えてみたい。

---

49) Christpher Robertson,When Truth can not be Presumed:The Regulation of Drug Promotion under An Expanding First Amendment,94 B.U.K.Lev.545,552（2014）.

50) Id.at.555.

51) Cohen supra note at 1966.

## 3 営利的表現に対する憲法保障のあり方

### (1) 営利的言論保障の構造

#### ① 高橋和之教授の問題提起

##### (a) 話者の自由と聴者の自由

　高橋和之教授は，人権の正当化と人権制限の正当化の観点から，合衆国において営利広告が憲法上の保護を受けるに至った根拠を洗い直す。そして，それが「情報の受け手の利益」を援用することで初めて可能となった点を指摘する。しかし，人権は，一人ひとりが「自律的生を生きることにより自己の信じる価値を充実・発展させていくことが想定されているから……人権として憲法が保障するのは，あくまでも自律的生を生きる本人にとって不可欠の利益なのである」から，「その人権行使が他者の利益や公益に資するというような理由は，人権の正当化根拠にはなり得ない」[52]と述べる。つまり，営利的な広告が，話者の利益ではなく，受け手の利益を援用することで初めて憲法上の保護を受けるに至ったのであるならば，「人権」としては正当化され得ないと要約できよう。少なくとも，「日本国憲法の理解としては，人権は個人の自律的生に必要不可欠だから保障されているのであり，人権の正当化は，あくまでも人権主体の利益として構成されなければならない」[53]というのである。

　高橋教授が指摘するように，合衆国最高裁判所や合衆国の憲法理論において，営利広告の自由が憲法保障の領域に取り込まれるには，受け手の利益（消費者の利益）が大きな役割を演じてきた。ただ，高橋教授と同様な問題意識は，合衆国の憲法学説[54]においても早い段階から指摘されており，今日においてもなお，営利広告に対する憲法保障に異議を唱える学説として説得力を失っていない。

---

52) 高橋和之「人権論の論証構造─「人権の正当化」論と「人権制限の正当化」論(1)─」ジュリスト1421号（2011年）53頁。

53) 高橋和之「人権論の論証構造─「人権の正当化」論と「人権制限の正当化」論（3完）─」ジュリスト1423号（2011年）73頁。

54) 学説の状況を明快に整理するものとして，Nat Stern,In Defense of The Imprecice definition of Commercial Speech,58 ML.L.Rev.74-9.（1999）参照。また，拙稿・前掲注20）75頁以下参照。

第9章　営利広告規制と情報パターナリズム　　267

### ⒝　エドウィン・ベイカーと「自由」

　その代表は，故 C. エドウィン・ベイカー（C.Edwin Baker）[55]であって，営利広告への憲法保障を全面的に主張する M. レディッシュ（Martin H.Redish）[56]との間での論争がわれわれの記憶に刻まれている。ベイカーは，表現の自由が個人の自己実現を保障するためにあるとの前提から，市場に支配され，利益動機に導かれた営利的な言論は憲法保障を受けないと主張した。これに対して，レディッシュは，営利広告が情報の受け手の自己実現に奉仕するものであるとの立場に立ち，ベイカーを批判した。もちろん，ベイカーの視点は，人権の正当化根拠としての話者の権利にこだわるというより，何ものにもとらわれず，何ものにも支配されない状況で，自由に発話することこそが表現の「自由」であるとの考え方に貫かれたものである点で，高橋教授の指摘とは，若干関心を異にしているのは確かである。しかし，「表現」の自由を「話者」の自由として構成する点において，両者には共通の要素を見いだすことができる。

　ところが，表現の自由の正当化に当たっては，伝統的に，話者の自律や自己実現の観点だけでなく，民主主義への参加や真理の発見（あるいは合意），社会の安全弁など，それが果たす機能があわせて持ち出されてくることが通常であった。アレクサンダー・マイクルジョン（Alexander Mikelejohn）にしても，トマス・Ⅰ・エマソン（Thomas I. Emerson）にしても，むしろ表現の自由が果たす役割，機能，そしてその果実を持ち出すことによって，表現の自由を正当化してきたのではなかったか。「なぜ表現の自由が保障されなければならないか」を説明するために，「表現の自由を保障することでどのような利益が得られるか」あるいは「表現の自由を保障しなければどのような害悪がもたらされるのか」という点に訴えかけてきたとでもいうべきであろうか。いわば，表現の自由領域では，自由の機能から権利を正当化する論理が用いられてきたのである。

　問題は，人権の正当化そのものにかかわるため，高橋和之教授の問題提起に応えるには，より包括的な検討が必要となる。ただ，個々人の権利を保障し，個々人が被っている自由への侵害を回復させることを目的とするアメリカ型違憲審査制においても，個々人の権利侵害は，いわば「引き金（trigger）」であっ

---

55）C.Edwin Baker, Human Liberty and Freedom of Speech（1989）.

56）Martin H.Redish, Freedom of Expression（1984）.

て，「誰に憲法上の問題を提起させるのがふさわしいのか」という「きっかけ」がスタンディングの考え方の根底にあるとするならば[57]，権利の正当化と権利の機能が一体的にとらえられてきたこともあながち否定すべきではなかろう。そして，営利広告の自由の場合，情報の受け手の自己実現に焦点をあわせる形で，その保障が拡大されてきた歴史を見ることができる。

営利的な言論活動は，会社を中心とした話者の自由である。他方，この自由は，情報の受け手の合理的意思決定の自由を援用しながらその保障範囲や程度を拡大してきた。しかし，このことは別段特異なことではない。「真実の情報を伝える自由は規制できない。それは，情報の受け手の自己決定に資するからである」という論法は，営利情報であれ，政治的情報であれ妥当するからである。表現の自由の領域では，「真実」を媒介にして，話者と受け手が結びつく構造ができあがっている。高橋和之教授のように，「自律的生を生きる本人にとって不可欠の利益」を憲法上の人権ととらえるならば，表現が実現し，発見し，あるいは合意する真理は保障の正当化根拠とはなり得ないかもしれない。しかし，誰かが発信する情報を基にして自己実現を図ることこそが憲法保障の根拠であるとする，M. レディッシュのような立場に立てば，営利的言論に対する憲法保障を正当化することも困難ではない[58]。

### ② 真実の営利情報は規制できるか

#### (a) 情報パターナリズムへの警戒

合衆国最高裁判所における営利的言論規制の関心は，「真実の情報が与えられたなら，人々は誤った行動をする」という仮定に向けられている。これは，昭和36年大法廷において奥野裁判官反対意見が問題提起した「真実の情報を規制することの可否」に関わっている。受け手の行動を危惧して行う「情報パターナリズムに基づく規制」が正当化されるかどうかという問題である。

この点について，クラスマイヤーとレディッシュは，事の本質が営利的言論規制の問題を超え，自由な社会の前提に関わる問題を含んでいると指摘している。すなわち，「リベラルな民主社会においては，市民と政府の間に暗黙の内に社会契約が交わされ，政府が各市民の知的な尊厳（intellectual dignity）を無視するとき，崩壊する」[59]と述べるのである。とりわけ，レディッシュは，営

---

57) Mark Tushnet,Advanced Introduction to Comparative Constitutional Law,54 (2014).

58) Martin H.Redish,Freedom of Expression,55 (1984).

利的言論が全面的に保障されるべきであるとして，次のような主張を展開している[60]。

① 政府は，真実の表現が合法的な活動を伝えようとしていることについて，選別的に抑制するような方法をもって市民の合法的な活動を操作することはできない。

② 表現が自己利益に基づくものであっても，そのことがただちに表現を虚偽やミスリーディングであるとして，憲法保障から除外することにはならない。

③ 政府は，表現を規制する権限は行動を規制する権限を上回らない。

④ 政府は，何かを強要する（extortion）ような方法で，憲法上の保障を完全に受ける表現を人質に取る（hostage）ことはできない。

(b) 内容規制，主題規制，話者規制と営利的言論

ソレル判決は，ディテール活動規制を営利的言論規制とみなしながら，しかし，内容や話者に基づく規制として厳格な審査を適用した。このことから，本判決が営利－非営利の区別を実質的に廃棄した，あるいは廃棄に向けた第一歩を記したと見る学説も存在する[61]。たとえば，H.トムプソンは，「合衆国最高裁判所は……内容規制，話者規制という厳格審査の引き金となる考え方を営利的言論に適用することにより，その保障を引き上げた」[62]と述べている。そして，「営利的言論に対する内容規制や話者に基づく規制という考え方を導入したのであって，原理の大幅な変更があったことを示している」[63]と述べる。

セントラルハドソンテストは，一種の利益衡量審査であって，また比例原則の表現規制への適用という性格をもっていた。しかし，繰り返しになるが，この審査水準は年々高められてきた経緯がある。仮に，合衆国最高裁判所が営利

---

59) Coleen Klasmeier & Martin H.Redish,Off Label Prescription Advertising,the FDA and the First Amendment：A Case Study in the Values of Commecial Speech Protection,37 Am.J&med.315,351.

60) Id.at 350.

61) Hunter B.Thompson,Whither Central Hudson? Commercial Speech in the Wake of Sorell v.IMS Health,47 Colum.J.L & S.P.171,201（2013）.

62) Id.at 199.

63) Id.at 202.

的言論規制の領域でセントラルハドソンテストを用いないということであれば，1980年以来の重大な判例変更があったことになる。

　製薬会社や情報処理会社によるディテール活動を内容あるいは主題，もしくは話者に焦点をあわせた規制と見るならば，一般的に「会社が行う言論」もまた，話者規制に分類されることになる。それが営利的あるいは政治的な意味をもつかどうかを問題にすることなく，特定の話者，トピック，視点を規制するものはすべて厳格審査に服することになってしまう。合衆国最高裁判所が，このような方向に歩みを進めるかどうかは，今後の判例の展開を待って判断するほかないが，少なくともソレル判決は，言論規制に対する審査基準に方向性に大きな変革があることを予兆させるものとなっている。

　これは，同じく会社の言論である政治献金が問題となった事例についても当てはまる。合衆国最高裁判所は，政治献金に課せられた総額規制が第1修正に違反するとする判断を下している[64]。そこでもまた，厳格審査を施し，自由な表現空間に政府が介入することを嫌悪するような姿勢が示されているのである[65]。

### (c)　情報規制と厳格審査

　では，営利－非営利を問わず，なぜ特定の情報を規制することが厳格審査を要求するのであろうか。A.ウルフは，3つの視点を明らかにしている。すなわち，①特定情報の締め出しが主題規制に該当すること。「誰が」，「何を」にかかわる規制は厳格審査が必要であるという点。②言論の自由は真理共有の手段（device）であるというマイクルジョンの視点。③言論の重要性は利益動機とは関係がないというJ.ロックもしくは憲法起草者の視点である[66]。ウルフは，ソレル判決におけるディテール活動規制は特定の言論を包括的に規制するものであるから，厳格審査が適用されたとの解釈が明らかにされている[67]。

　もちろん，このようなソレル判決の市政に対しては批判的な論者もいる。たとえば，D.オレントリッヒャーは，医療や健康に関する分野では，薬務や医

---

64)　McCutcheon v.s FCC,134 U.S.1434（2014）.

65)　Id.at 1449-50. 拙稿「政治資金規制と司法審査の役割─McCutcheon 判決を読む」比較法雑誌49巻1号（2015年）1頁。

66)　Andrew J.Wolf,Detailing Commercial Speech:What Pharmaceutical Marketing Reveals About Bans on commercial Speech,21 W & Mary L.Rev.1291,1311-5（2013）.

67)　Id.at 1322.

務当局に広い裁量が認められてきたのは，製薬会社や医療機関と患者，消費者との間に情報の非対称性があるから，情報格差を埋める手立てが講じられるべきであって，広告規制はその一つであるという[68]。これは，ウエスタンステートメディカルセンター事件ブライア裁判官反対意見にも共通する考え方といえよう。

### ③ 営利的言論概念のゆらぎ

#### (a) 営利的言論とは何か

合衆国最高裁判所は，営利的言論の定義を何度か試みたことがあった。たとえば，「専ら話者と聴者の経済的利益にかかわる言論」（ヴァージニア薬事委員会事件）が営利的言論であるとされたことがあった。しかし，今日情報の送り手と受けての経済的利益（関心）やその伝達方法（媒体）は多様化している。ナット・スターンは，合衆国最高裁判所が営利的言論に正確な定義を与えてこられなかった過去を振り返りつつ，そこには「健全なプラグマティズムが控えている」ことを指摘する[69]。

この点は，先に引用したクロレラ広告事件最高裁判決が，不特定多数の者に向けて伝えられる「広告」でも消費者契約法12条１項にいう「勧誘」に該当する場合があるとしたことと似ている。特定の商品の購入を働きかけるものでも，特定の商品名を明示したものでもない「広告」は営利的言論なのであろうか。ディオバン事件におけるような専門雑誌に掲載された論文やレポートの形態をとるものはどうか[70]。利益動機が表現の価値を左右しないとするならば[71]，営利的言論と非営利的言論の区別は，つまるところあいまいなのではなかろうか。そして，このことがセントラルハドソンテストの役割が縮小している理由であるともいえる。

#### (b) 営利的言論のスペクトラム

したがって，営利的言論に正確な定義を与えるより，経済的利益に関わる表

---

68) David Orentlicher,The Commercial Speech Doctrine in Health Regulation:The Clash Between the Public Interest in a Robust First Amendment and the Public Interest in Effective Protection from Harm,37 Am.J.L.& Med.299,310 (2011).

69) Stern,supra note at 57.

70) わが国では，高血圧症に用いられるディオバンをめぐる雑誌論文の性格が争われたことがあった。

71) Klasmeier & Redish,at 350.

272　第4部　会社の言論と営利的言論

現活動には一定の範囲があることを認めた上で，各言論にふさわしい対応を考えていく方が生産的である。先に見たスターンは，営利的言論には，①事実を表示しない広告（Nonfactual advertisement），②会社のコメント（corporate commentary），③営利活動への批判（criticism of commercial practice），④カモフラージュされた販売促進活動（camoflaged promotion），⑤製品広告（product placement），⑥営利的言論と科学情報が合わさったもの（commercial speech and science），⑦その他の文脈の七種類が見て取れるという[72]。スターンは，これらの種類に即して対応が図られるべきだと主張する。

また，ジェニファー・ハーブストは，科学的な知見と営利性が分かちがたく結びついているような表現規制の合憲性審査には「高められた中間段階の審査基準（enhanced intermedeate scritiny）」が適用されるべきであるとしつつ，そのうち，科学的な要素が強い表現を規制するには厳格審査が必要となると主張する[73]。表現と結びついた営利性や表現の動機としての営利性は表現の価値を図るものさしではない。科学や医学論文における虚偽性や誇大性は，学界のルールにより判断され，処断されるのが本筋といえる。

この点から考えると，ディオバン事件は，「誘引性」を否定して，薬事法上の「広告」に該当しないという判断ではなく，医学雑誌の掲載された論文も「広告」となり得る可能性を認めた上で，「虚偽」もしくは「誇大」の認定を厳格に行う方法もあり得よう。ただし，営利性の有無や多少たりとも勧誘の要素が見いだせたなら，これを営利広告として規制対象とすることによって，表現の自由が浸食されるリスクも考慮しなければならない

レディッシュは，「真実の広告は規制できない」と断言する[74]。真実の広告が情報の受け手の行動に影響が与えることがあっても，その影響を危惧して行われる規制は許されないというのである[75]。今日，営利的言論規制の合憲性を審査するセントラルハドソンテストの水準は高く，営利－非営利の区別は，保護の水準においてほとんど差がないものと考えられている。両者の区別は，

---

72) Stern,at 119-127.

73) Jenifer L.Herbst,Off-Label "Promotion"May not be Merly Commercial Speech,88 Temp.L.Rev.43,74.

74) Id.at 344.

75) その意味で，この立論は，トライブの「情報伝達的インパクト論（communicative impact）」論に近い。Laurence H.Tribe,American Constitutional Law,993（1988）.

虚偽の営利広告が禁止できるという点に見いだせるのみとなっている。虚偽でもミスリーディングでもない営利的言論は，もはや規制できない。合衆国最高裁判所多数意見の根底にあるのは，このような考え方に他ならない。

## おわりに

　営利的な表現がより多くの規制を受けるのはなぜか，その規制はどこまで認められるのか，営利的な表現を規制する際の適切な判断方法は何かなど，わが国においては解明されていない問題は多い。それは，すべて昭和36年大法廷判決奥野裁判官反対意見に回帰する問題でもある。一方，消費者契約法による消費者団体の広告差止訴訟が活発になれば，営利広告をめぐる法律論にようやく光が当てられる状況になるともいえる。

　行為そのものは適法であるのに，その行為を広告することが規制されるのはなぜか。広告を禁止することで当該行為の頻度や程度を抑制することができるのなら，行為そのものを禁止しないのはなぜか。「正確な情報を与えたなら，人々が誤った判断をする」という危惧は，表現規制を正当化しない。これが，合衆国最高裁判所における判断の到達点であった。裏返せば，「虚偽の情報を流すことで人々に誤った判断を行わせる」ような表現は規制対象となる。

　薬機法にせよ，景表法にせよ，広告規制の目的は，虚偽情報の流通による誤った判断の防止に置かれているはずである。逆からいえば，適法行為について正確な情報を提供するような広告は禁止してはならない。この観点から考えたとき，過剰な広告規制が行われていないかもまた検討する必要がある。広告規制の対象は，違法な活動もしくは適法な行為に関する虚偽の情報の規制に限定されるべきである。

# 第5部

# 表現の自由と公共施設

# 第10章 都市公園利用権と集会規制

## 1 はじめに——最近の状況から

　公園や公民館，市民ホールなどの「公の施設」における利用申請が拒絶され
たとの報道を目にすることが多くなった。たとえば，ヘイトスピーチを繰り返
してきた団体に対して，川崎市が市の公園の使用を不許可とした事例[1]や松原
市が民主商工会主催の行事に対して，市の後援を受けていないことを理由に使
用を不許可とした事例がある[2]。川崎市の事例は，ヘイトスピーチ対策法施行
を背景にした不許可処分であったが，松原市の事例は，同市都市公園行為許可
審査基準の改正により，これまで行われてきた許可処分を初めて適用して不許
可とした事例であった[3]。

　都市公園は，市民に平穏や休息，自然との接触を提供する場であると同時に，
意見を伝え，思想を伝播させる場としても機能してきたはずである。アメリカ
の有名な判決にあるように，「その通りや公園の名前がどうであろうとも，こ
れらの施設は，公衆が使用するために信託されてきたものであって，集会や市
民間での思想の伝達や公の問題を議論するためにずっと用いられてきたもので
ある」[4]との性格は失わない。

　本稿では，都市公園の利用権について，とくに集会の自由との関連で論じる

---

1 ）東京新聞2016年 6 月 1 日 http://www.tokyo-np.co.jp/article/kanagawa/list/201606/
ck2016060102000165.html#print

2 ）http://minpokyo.pr.g./journal/2015/11/4235/

3 ）都市公園という文脈を離れると，公民館などで行われる憲法に関する市民集会に対
して，市町村が使用を拒む事例が増えてきていることも報道されている。朝日新聞
DIGITAL　2016年10月 8 日。

4 ）Haig vs CIO,307 U.S.496,515（1939）.

278 第5部 表現の自由と公共施設

ことを目的としている。まず，都市公園法などにおける都市公園の管理権と利用権の関係について論じ，その後，都市公園における集会規制の問題について考えたい。

# 2 都市公園管理権と利用権

## (1) 都市公園法における公園管理権と地方自治法

### ① 都市公園法と公園管理権

　都市公園をはじめとする公共施設については，地方自治法が包括的な根拠規定を置いている。同法は，住民の福祉の増進を目的として設置される施設を「公の施設」と呼び，その設置改廃については条例によるものと定めている（244条）。同法は，公園はもちろん，公の施設に対する自治体管理権の根拠規定となる。これに対して，国が設置する公共施設については同様の定めはなく，施設の種類ごとに管理権の根拠規定が置かれている。都市公園については，都市公園法が管理権の根拠規定となる（2条の3参照）。

　地方公共団体の場合は，自治法244条により，その管理について一定の制約が課されてる。すなわち，「普通地方公共団体は，正当な理由がない限り，住民が公の施設を利用することを拒んではなら」（2項）ず，「住民が公の施設を利用することについて，不当な差別的取り扱いをしてはならない」（3項）のである。地方公共団体が設置する公園は，都市公園法の適用を受けると同時に自治法244条の適用を受け，その管理権も一定の制約に付される。

### ② 都市公園法と自治体条例

　これとは別に，都市公園法は，地方公共団体が設置する公園に関して，条例によってその詳細を定めることを求めている（18条）。東京都を例にとると，東京都立公園条例が都立公園の設置や管理，使用についての許認可権限などを定めている。ただし，その基本的な部分は都市公園法を移し替えたものであるから，都市公園の管理権のありようについては，国と公共団体の間で大きな違いがあるわけではない。その結果，多くの公園条例は，都市公園法に倣い，一般的に制限される行為を列挙し，この制限を解除するための許可申請を利用者に求め，許可を受けた行為を許容するという方式を採用している。たとえば，

前記東京都条例においては，行為の制限として次のような条文が定められている。

**第16条** 都市公園内では，次の行為をしてはならない。ただし，第1号から第7号までについては，あらかじめ知事の許可を受けた場合は，この限りでない。

一 都市公園の原状を変更しまたは用途外に使用すること。

二 植物を採集しまたは損傷すること。

三 鳥獣魚貝の類を捕獲しまたは殺傷すること。

四 広告宣伝をすること。

五 指定した場所以外の場所へ車馬等を乗り入れまたはとめおくこと。

六 立入禁止区域に立ち入ること。

七 物品販売，業としての写真撮影その他営業行為をすること。

八 都市公園内の土地または物件を損壊すること。

九 ごみ，その他の汚物をすてること。

十 前各号のほか，都市公園の管理に支障がある行為をすること。

さらに，使用の制限として，「第17条　知事は，都市公園の管理のため必要があると認めるときは，都市公園の使用を制限することができる。」との規定が置かれている。

## (2) 公園管理権と公園利用権の法的性格
### ① 公園利用権の法的性格

そもそも管理権はどのような国家の権能に由来するのであろうか。というのは，都市公園法の適用を受けない公園については，その管理権の根拠を法律以前の権限に求めなければならず，管理権を導き出すそもそもの権限について考えておく必要があるからである。

この点について，伝統的な学説は，公園に対する所有権（公所有権）に管理権の根拠を求めてきたようである[5]。国家の所有権（あるいは所有権に比肩す

---

5）塩野宏『行政法Ⅲ〔第3版〕』（有斐閣・2006年）332頁。アメリカにおいても，公所有権の観念が公園管理権の根拠として長い間用いられてきた。Timothy Zick, Speech Out of Doors, 183（2009）.

280　第5部　表現の自由と公共施設

る権限）から管理権が導かれ，公園利用を制約する根拠とされてきた。つまり，公園を利用する国民なり住民なりの権利は，公園を設置したことから派生する利益としてしかとらえられてこなかった。その結果，いわゆる公共用物（一般の用に供される物）は自由使用が基本であるにしても，あらかじめ一定の行為を禁止し，申請によって禁止を解除するという許可使用が広く採用されることになる[6]。

### ②　都市公園法における使用許可の性格

都市公園法は，公園の占用（継続的に独占して使用すること）に関して許可が必要であると定めるが（6条1項），ここでいう「許可」とは「特許」を意味するものと解釈されてきた[7]。すなわち，その法的性格は「公物管理権者から，特別の使用権を設定されて公物を使用すること」[8]が許されるというのである。これは，都市公園の利用関係が国民あるいは住民の権利に対応したものというより，公園設置行為に伴う反射的な利益にすぎないとの解釈と符合する。地方自治法244条についても，住民が公の施設を利用する権利を保障したものではなく，地方公共団体が負う義務を定めたものにとどまるとの解釈が有力であった理由もここにある[9]。


## 3　公園管理権と集会規制


### (1)　公園管理権と裁量

#### ①　皇居前広場事件最高裁大法廷判決

ただし，都市公園法などに定められる許可が上のような性格をもつからといって，許可権の行使が自由裁量行為とされてきたわけではない。古く皇居前広場事件最高裁大法廷判決は，「勿論その利用の許否は，その利用が公共福祉用財産の，公共の用に供せられる目的に副うものである限り，管理権者の単な

---

6）塩野・前掲注5）344頁。

7）国土交通省都市局公園緑地・景観課監修『都市公園法解説〔改訂新版〕』（一般社団法人日本公園緑地協会・2014年）161頁。

8）塩野・前掲注5）345頁。

9）拙稿『表現の自由　理論と解釈』（中央大学出版部・2014年）255頁。

る自由裁量に属するものではなく，管理権者は，当該公共福祉用財産の種類に応じ，またその規模，施設を勘案し，その公共福祉用財産としての使命を十分達成せしめるよう適正にその管理権を行使すべきであり，若しその行使を誤り，国民の利用を妨げるにおいては，違法たるを免れない」と述べている[10]。

## ② 都市公園法12条1項2号

都市公園法12条2号は，集会のために都市公園を占用するには，公園管理者の許可を受けなければならないと定める。ここにいう「許可」も講学上の「特許」と解釈されてきたことは上に述べたとおりである。都市公園における集会は，憲法上の権利から派生したものではなく，公園を設置した行為から反射的に認められた利益であるとの解釈は，このような考え方を背景としている。

## ③ 地方自治法244条

しかし，地方公共団体が設置する公園については，自治法244条の制約を受けるため，その利用拒絶には正当な理由が必要であり，また利用に当たり，不当な差別的取扱いを行うことが禁止されている。それゆえ，管理権行使の適法性については，正当な理由の存否や不当な差別の存否が問われることになる。

この点について最高裁判所は，泉佐野市民会館事件[11]において，「公の秩序をみだすおそれがある場合」に使用不許可処分とすることを認めた同市条例の適用を「明らかに差し迫った危険の発生が具体的に予見される」場合に限るとする姿勢を明らかにしている。また，上尾市公会堂事件[12]は，「同法244条に定める普通地方公共団体の公の施設として，本件会館のような集会の自由に供される公の施設が設けられている場合，住民等はその施設の設置目的に反しない限りその利用を原則的に認められることになるので，管理者が正当な理由もないのにその利用を拒否するときは，憲法の保障する集会の自由の不当な制限につながる」と述べていることからすると，地方自治法244条は憲法上の集会の自由を実現する規定であると解釈することができる[13]。ただし，問題は，い

---

10) 最大判昭和28年12月23日民集7巻13号1561頁。解説は多いが，さしあたり，大久保規子「皇居外苑の使用許可」行政判例百選I〔第7版〕132頁等参照。

11) 最判平成7年3月7日民集49巻3号687頁。この判決に関する評釈は多いが，さしあたり，川岸令和「公物管理権と集会の自由」憲法の争点〔第5版〕138頁など参照。

12) 最判平成8年3月15日。この判決を詳細に検討する最近の論文として，佐々木弘道「公の集会施設における『集会の自由』保障・考」『現代立憲主義の諸相（下）』（有斐閣・2013年）365頁参照。

13) 拙稿・前掲注9）273頁。

かなる場合に，集会目的での利用申請を不許可としてよいのか，すなわち「正当な理由」の存否にある。そして，この「正当な理由」は，公民館などの施設と公園では同様に考えてよいかが問われることになる。

## (2) 都市公園における集会規制の問題

### ① 東京地裁平成14年8月28日判決[14]

　都市公園における使用不許可処分（一部許可処分）に適用した例がある。事案は，防災訓練が治安出動訓練であるとして，これに反対する集会を行うため，原告である学生団体が被告江東区が設置する公園の使用許可を申請したところ，被告が占用許可時間を30分に限定して，しかも集会目的ではなく，デモ隊の出発目的として許可したというものであった。東京地裁は，時間の限定は適法な処分であるが，集会目的での占用を認めなかったことには違法があるとして，原告の請求（損害賠償請求）を認めた。

　この判決の中で，原告は，公園の特殊性（施設の開放性，近隣住民の日常利用を目的としていること，規模など）を理由として，公民館などに適用される法理が排除されると主張した。しかし，判決は，区立公園であっても，それが地方自治法244条にいう「公の施設」に該当する以上，使用不許可処分に際しては正当な理由が必要であること，不当な差別の禁止が求められることを前提にして，集会目的での占用を認めなかったことを違法として，次のように述べている。

　「その施設における集会の開催が必要かつ合理的な範囲で制限を受けることがあるといわなければならない（が），そして，この制限が必要かつ合理的なものとして肯認されるかどうかは，基本的には，基本的人権としての集会の自由の重要性と，当該集会が開かれることによって侵害されることのある他の基本的人権の内容や侵害発生の危険性の程度等を較量して決せられるべきであるものである。したがって，本件条例8条に基づく本件各処分も，本件各公園の種類，規模，構造，設備等を勘案の上，本件各申請が本件各公園の利用として不相当とされる事由がある場合，あるいは，これを不相当とする事由はないものの上記のような較量によって必要かつ合理的なものとして肯認される場合には，集会の自由を不当に侵害するものではなく，したがって憲法21条に違反す

---

14）判例時報1806号54頁。

るものではない。」

### ② 都市公園の特殊性と裁量統制

東京地裁判決は，都市公園における集会の許否は利益衡量によってその適法性を判断するという手法を採用した。ただし，その際，判旨からは明確に読み取れないものの，集会の目的や内容，主張内容は考慮要素に含まれていない点にも注意が必要である。仮に，許認可における判断過程に集会の内容（集会におけるテーマや見解など）が含まれていたなら，それは端的に「正当な理由」を欠き，「不当な差別の禁止」に違反するというべきである。パブリックフォーラムの考え方[15]を援用するまでもなく，そのような理由に基づく利用拒否は自治法244条に違反する。すなわち，都市公園における集会の内容や目的は，許可権限行使において原則的に「考慮すべきではない」事項であるといわざるを得ない

一方，公園は公民館とは異なり，出入りすることが容易であり，また多数の市民の利用と競合する可能性をどう考慮すべきなのかについて，同判決は明確に述べるところはない。この問題を考えるには，現代社会において公園での集会の自由がいかなる意義をもつのかを解明することが必要である[16]。

## 4　現代社会における集会の自由の位置づけ

### (1)　集会の自由はなぜ今日においても重要か

#### ①　ネット社会と表現手段

インターネットが普及し，私たちは，SNSを代表とする様々な表現手段をすでに手に入れている。その結果，今日，集会やビラ配り，立て看板や街宣活動がもつ表現効果は相対的に低下している。また，集会以外に有効な表現方法がある以上は，公園を用いなくても代替表現手段は十分に確保されていると考えることにも合理性がある。この点で，表現手段の多様化が逆に公園における

---

15) パブリックフォーラムにおける表現規制は，内容中立的なものでなくてはならず，重要な政府利益に奉仕し，代替表現手段を残していることを条件に許される。参照，拙稿・前掲注9）181頁。

16) 内野正幸「集会をどこでするか」松井茂記編著『スターバックスでラテを飲みながら憲法を考える』（有斐閣・2016年）154頁。

284 第5部 表現の自由と公共施設

集会の制約要因として現れることにも注意が必要である。

### ② なぜ集会に自由なのか

だが，それにもかかわらず，集会の自由は今日においてもその重要性を失っていない[17]。以下，この点を明らかにしよう。

まず，「その場所」で行われることに意味がある集会の存在があげられる。その場所に結びついた記憶や歴史がその集会に意味を与える。その場所に「刻印された（inscription）」意味と結びつくことで初めて意味をなす表現というものがある。

次に，ネット上での表現とは異なり，集会は見たくない者，聴きたくない者にも否応なしに伝わるという性格をもっている。その意味で，公園における集会は，他の利用者がそこにいるからこそ意味をもつ。ネット上では，自分とは意見を同じくしない主張や敵対するイデオロギーを無視することは容易である。しかし，公園における集会は，時に不快で，時に反感を引きおこすけれども，それゆえに多様な人々にメッセージを伝えることができる。

さらに，集会は人目にさらされる状況で行われるため，誰が（どのような団体が）いかなる主張を行っているのかを公衆の目にさらすことになる。公然と政府を批判し，異議を申し立てる権利は，民主主義の透明性にとっても欠かすことができない要素である。民主主義の透明性とは，政府の意思決定の透明性だけでなく，政府批判の透明性によっても支えられる。代替表現手段の利用可能性が高まり，その効果が集会を遙かに凌駕するとしても，公園における集会の重要性は失われないのである。

憲法が集会という表現形態をあえて保障していることの意味は何であろうか。言論は，内容と伝達方法の保障を要求し，結社は人が集まる行為を恒常的に保障する。集会は，それに必要な空間の利用権まで保障していると考える余地がある[18]。公園占用申請に対する許否処分の適法性は，このような諸点を考慮してなされるべきであり，占用不許可処分の適法性審査における判断の前提として，公園における集会の重要性を考慮すべきであると考える。

---

17）Zick, supra note 5.at 13-19.
18）伊藤正己『憲法〔第3版〕』（弘文堂・1995年）297頁。

## (2) 都市公園管理権と集会規制

### ① 都市公園占用許可処分における適法性判断

　もっとも，集会の自由の重要性を前提にしても，個別の占用申請に関する可否が自動的に決められるわけではない。先に述べた東京地裁判決が言う「本件各公園の種類，規模，構造，設備等を勘案の上，本件各申請が本件各公園の利用として不相当とされる事由がある場合，あるいは，これを不相当とする事由はないものの上記のような較量によって必要かつ合理的なものとして肯認される場合」とはどのような場合を指すのかを明らかにする必要がある。

### ② 占用許可における判断要素

　第一に，公園の種類や規模，構造設備等が集会の規模と不釣り合いな場合は，占用申請を拒むこともできよう。これらは，集会の目的や内容とは無関係な物理的制約に関わる事項であるから，これらを理由として占用申請を拒否しても原則として違法とはならない。しかし，集会の内容や見解が管理者にとって望ましくないということを理由とする占用許否は許されまい。表向きには物理的な理由を掲げ，その内実として内容や見解を理由とする拒否処分も同様である。この判断は，裁判所が拒否理由を立ち入って検討することで容易に明らかにできる。

　第二に，占用申請が競合した場合には，単純に抽選とすることも許される。この点で，競合する集会の規模や実績を考慮して，管理者において裁量により占用許可を行うべきであるとの主張を退けた事例が注目される[19]。

　第三に，その公園の場所と結びつくことで特定のメッセージを送ることができるような集会は，そのメッセージを理由として占用を拒むことはできない。逆に，その公園設置の趣旨や目的を否定する集会に対しては，これを拒んでも違法とはならないであろう。たとえば，特定の理念や歴史を記憶にとどめたり，特定の人物を顕彰するために設置された公園において，これら歴史や理念，人物を否定する集会を催すことは，公園設置の趣旨に反するものと考えられる。（このような公園は，その設置行為自体が設置者のメッセージであり，一種の政府言論でもあると考えられよう。もっとも，このような公園はきわめて例が限られる）。この場合は，代替集会場所を斡旋することも考えられよう。

---

19) 東京地判平成15年2月10日判例タイムズ1121号272頁。

286　第5部　表現の自由と公共施設

# 5　おわりに──その他の問題

## ⑴　集会の自由との対立利益──利益衡量に当たって──

　わが国において，公園は「公衆が使用するために信託されてきたものであって，集会や市民間での思想の伝達や公の問題を議論するためにずっと用いられてきたものである」との意識が管理権の前提とされてきたかといえば，いささか疑問である。これを克服するため，パブリックフォーラムの考え方を援用して，管理権行使における裁量を統制しようとの試みもあるが，十分成功しているとも言いがたい[20]。むしろ，少なくとも地方公共団体が設置する公園においては，地方自治法244条を手がかりにして，管理権に制約を課す方法がとられてきたことには合理性があるというべきである。そして，上尾市公会堂事件最高裁判決が説示するように，自治法244条は集会の自由を具体化したものと解釈すべきである。

　ただ，都市公園においては，集会と対立する利益は数多く存在する。たとえば，公園の美観や静穏の権利や利用者の安全に関わる利益を公園管理者は無視できない。これらは，集会に対する制約事由として，利益衡量の中で考慮される。集会の自由と対立する利益を衡量する際，憲法上の集会の自由を制約してもなお，保持すべき利益とは何か，その利益は占用の拒否以外には保持できないのかを慎重に考慮しなければならない。

　この点で，先に触れた東京地裁平成14年8月28日判決は，集会目的での占用申請に対して，時間の限定を条件として付け加えたことが注目される。集会を認めるか認めないかの二者択一的判断ではなく，可能な限り認めることを前提に，対立利益との調整の観点から，時間や場所，方法についての条件を付加することは広く認められてもよい（都市公園法8条が広く許可に条件を付けることを認めている趣旨は，このように理解することもできるのではあるまいか）[21]。

---

20）もっとも，アメリカでもこの考え方が普遍的に通用してきたわけではなく，またパブリックフォーラムの考え方も必ずしも支配的であり続けたわけではない。

21）国土交通省都市局公園緑地・景観課監修・前掲注7）200頁。

## (2)　都市公園における集会拒否処分と救済の問題

　集会目的での占用申請が拒絶された場合，申請者は国家賠償請求のかたちをとらざるを得ない。不許可処分の効力を争うには，タイミングの壁が立ちはだかっているからである。そのため，施設管理者は，施設の利用を許可して受ける批判より，安心して国家賠償請求に応じる道を選ぶ傾向があった[22]。しかし，これでは，集会の自由を保障した憲法の意味が活かされない。

　この点，教育センター講堂に対する使用不許可処分につき，その効力の停止が認められた事例[23]やシンフォニーホールの使用不許可処分につき，仮の救済の申し立てが認められた事例[24]があることが注目される。今後，集会拒否処分に対する法的救済のあり方について示唆を与える事例であるといえる。

## (3)　結語

　これらの点から考えると，冒頭で紹介した川崎市の事例では，はたして全面的な不許可処分が相当であったか。松原市の事例では，集会に対する検閲と見ることもできるのではなかろうか。今一度，都市公園における集会の自由の重要性が鑑みられるべきである。

---

22)　集会に対する不許可処分が争われた事例の多くが第一審で確定していることについて，拙稿・前掲注9）270頁。

23)　名古屋地決平成15年1月10日判例タイムズ1141号160頁。

24)　岡山地決平成19年10月5日判例時報1994号26頁。

| 第11章 | # 公用財産と集会規制 |
|---|---|
| | **―金沢市庁舎前広場事件を素材にして―** |

## はじめに

　本稿では，公用財産の管理権と集会の自由が対立する憲法論について考える[1]。とくに，地方公共団体が設置管理している公用財産上で，集会の自由がいかなる程度保障されるのかを論じることにしたい。そのため，まず，この問題に対する従来の考え方を整理し，最高裁の姿勢を明らかにする。ついで，金沢市庁舎前広場事件最高裁判決を素材にして，この論点を深掘りしたいと思う。

## 1　公共用財産‐公用財産二分論と集会規制に対する判断の枠組み

### (1)　公共用財産（公の施設）と公用財産の区別

#### ①　伝統的二分論

　伝統的な行政法理論では，行政主体と行政客体が分けられる。行政主体は，行政目的を達成するため，行政手段を駆使する。行政手段は，人的手段（公務員）と物的手段（公物）に分けられる。このうち，公物は，公用物と公共用物に二分される。行政作用は，これらシンメトリーの中で営まれると考えられてきた[2]。

　ここで取り上げる公用物は，「直接に，国または地方公共団体の使用に供さ

---

1 ）この問題について，一般的には，木下智史「集会の場所の保障をめぐる事例」毛利透・木下智史・小山剛・棟居快行『憲法訴訟の実践と理論』判例時報2408号臨時増刊（2019年）23頁参照。また，比較法的な検討を行うものとして，上村貞美「集会の地涌と集会に対する妨害に対して」寺田友子・平岡久・駒林良則・小早川義則編『現代の行政紛争（小高剛先生古稀祝賀）』（成文堂・2004年）281頁も参照。

2 ）田中二郎『新版　行政法（中）〔全訂第 2 版〕』（弘文堂・1976年）298頁。

290　第 5 部　表現の自由と公共施設

れる有体物」を指す。「官公庁舎のように，行政そのものの用に供されるもの」[3] とも「行政目的を遂行するための手段として行政主体が利用する」[4] ものとも定義される。営造物ともいわれる。公用物は，公共用物とは異なり，国民や住民の利用に供することを目的として設置されたものではない。この点について，国有財産法は，次のような定めを置いている。

> **第 3 条**　国有財産は，行政財産と普通財産とに分類する。
> 　2　行政財産とは，次に掲げる種類の財産をいう。
> 　　一　公用財産　国において国の事務，事業又はその職員（国家公務員宿舎法（昭和24年法律第117号）第 2 条第 2 号の職員をいう。）の住居の用に供し，又は供するものと決定したもの
> 　　二　公共用財産　国において直接公共の用に供し，又は供するものと決定したもの
> 　（以下略）

　また，地方自治法は，238条 1 項本文において公有財産とは何かを規定し，同各号で，これを具体的に列挙している。同時に，244条において「公の施設」に関する定めを置くことで，この二分法を確認している。

　国有財産法が定める公共用財産については，同法13条が「公園又は広場として公共の用に供し，又は供するものと決定した公共用財産について，その用途を廃止し，若しくは変更し，又は公共用財産以外の行政財産としようとするときは，国会の議決を経なければならない。」と定めている。また，地方自治法244条の 2 第 1 項は，「普通地方公共団体は，法律又はこれに基づく政令に特別の定めがあるものを除くほか，公の施設の設置及びその管理に関する事項は，条例でこれを定めなければならない。」と定めている。いずれも，公共用財産の管理における民主的統制を求める点で共通している。

　一方，公共財産の利用者である国民もしくは住民についてはどうか。「公共財産利用権」のような資格を定めた規定はあるのだろうか。地方自治法244条

---

　3 ）田中・前掲注 2 ）300頁。塩野宏『行政法Ⅲ〔第 4 版〕行政組織法』（有斐閣・2012年）361頁。
　4 ）宇賀克也『行政法概説Ⅲ　行政組織法／公務員法／公物法〔第 5 版〕』（有斐閣・2019年）553頁。

には，有名な条文が置かれている。すなわち，

　　2　普通地方公共団体（次条第3項に規定する指定管理者を含む。次項において同じ。）は，正当な理由がない限り，住民が公の施設を利用することを拒んではならない。
　　3　普通地方公共団体は，住民が公の施設を利用することについて，不当な差別的取扱いをしてはならない。

　一方，国有財産法には，地方自治法244条2項3項に該当する条文は存在しない。また，地方自治法244条2項，3項も地方公共団体に課される義務規定であって，法文上は，住民の施設利用権を直接認めているわけではない（反射的利益か？）。
　以上の点が，公用物，公共用物における利用の自由を考える前提となる。

### ②　公の施設における利用許否とその審査

#### (a)　泉佐野市民会館事件最高裁判決[5]

　地方自治法が定める「公の施設」に該当すれば，上記条文が適用されるため，施設の利用に関わる問題は，法律解釈の問題に解消される。「正当な理由」の存否，「不当な差別的取扱い」の有無が問われることになる。「正当な理由」は，公の施設設置管理条例における利用許可条件の判断，たとえば，「公の秩序をみだすおそれのがある場合」の認定でも用いられる。この点で，泉佐野市民会館事件最高裁判決が重要な意味をもっている。最高裁は，集会のための利用申請に対する許否処分を行うに際しては，「単に危険な事態を生ずる蓋然性があるというだけでは足りず，明らかな差し迫った危険の発生が具体的に予見されることが必要である」と述べた。この表現は，合衆国最高裁判所判例にいう「明白かつ現在の危険テスト」を彷彿とさせる。その後，公の施設の利用拒否については，密度の高い審査が施されるとの理解が共有されている[6]。

#### (b)　国の公共用財産の場合

　では，国の公共用財産における利用許否についてはどうか。都市公園法12条は，「国の設置に係る都市公園において次の各号に掲げる行為をしようとする

---

　5）最判平成7年3月7日民集49巻3号687頁。
　6）本判決については，おびただしい数の評釈があるが，さしあたり，金澤孝「集会の自由と市民会館の使用不許可」憲法判例百選Ⅰ〔第7版〕175頁などを参照。

ときは，国土交通省令で定めるところにより，公園管理者の許可を受けなければならない。」との規定を置き，

一　物品を販売し，又は頒布すること。

二　競技会，集会，展示会その他これらに類する催しのために都市公園の全部又は一部を独占して利用すること。

を掲げている。これを受け，たとえば，国営昭和記念公園手引きには，以下のような条項が定められている[7]。

① 営利を目的とした物品の販売又は頒布（客引き等の営業行為を含む）

② 公園利用に直接関係のない集会・催し

③ 営利のみを目的とする等著しく公共性に欠け，又は排他的な集会・催し

④ 公共性に欠ける募金又は署名活動

⑤ 公園利用又は公園管理に関係のない調査

　（国土交通省の施策に関するものは除く）

⑥ 休園日又は開園時間外の利用

　（ロケーションの場合で公園の PR 効果が高いと認められるものを除く）

⑦ 土日祝日に車輌を利用する行催事

　（車輌を利用することが行催事の実施に不可欠で他の利用者の安全と快適性が損なわれないと認められる場合を除く）

⑧ 次の項目に該当し明らかに公園利用の快適性を損なうもの

• 公園施設の損傷又は汚損

• 公園の風致又は美観の侵害

• 他の利用者に危害を与え又は不便を生じさせること

⑨ 上記の他，公園事務所長が公園の利用又は管理上から不都合と認めるもの

　これらに該当する場合，利用申請に対する不許可処分が行われる。しかし，その具体的な認定の水準は明らかではない。あるいは，皇居前広場事件最高裁大法廷判決がいう，以下のような傍論が今日でも当てはまるのかもしれない。

---

7）国営昭和記念公園行催事開催の手引き https://www.showakinen-koen.jp/wp-content/uploads/2022/04/riyouannai_showakinenpark-1.pdf

「国民が同公園に集合しその広場を利用することは，一応同公園が公共
の用に供せられている目的に副う使用の範囲内のことであり，唯本件のよ
うにそれが集会又は示威行進のためにするものである場合に，同公園の管
理上の必要から，これを厚生大臣の許可にかからしめたものであるから，
その許否は管理権者の単なる自由裁量に委ねられた趣旨と解すべきでなく，
管理権者たる厚生大臣は，皇居外苑の公共福祉用財産たる性質に鑑み，ま
た，皇居外苑の規模と施設とを勘案し，その公園としての使命を十分達成
せしめるよう考慮を払つた上，その許否を決しなければならないのであ
る」（最大判昭28年12月23日民集 7 巻13号1561頁）。

　国の設置管理による公園での国民の利用権は認められていない。また，公園
における集会・示威活動は，その本来の使用目的とは異なるとの理解が示唆さ
れている。だが，その使用許諾は，管理者の完全な裁量に委ねられてはいない
点に注目しておきたい。

### ③　公用財産の利用と集会の自由

#### (a)　パブリックフォーラム理論の意義と限界

　公用財産については，目的外使用の問題として一般的に議論が行われてきた。
学校や県庁，市役所庁舎の敷地は公共用財産ではないため，以上に述べた判断
枠組みは適用されない。では，これらに対する使用申請（ここでは集会のため
の使用申請）に対しては，設置管理者の自由な裁量が妥当するのであろうか。
　表現の自由（ここでは集会の自由であるが）を重んじる憲法学説からすると，
いかに自由裁量的な判断を封じ込めるかが課題となる。その際，用いられてき
た理論が「パブリックフォーラム」の考え方であった。かつて，伊藤正己裁判
官は，次のように述べたことがあった[8]。

　「一般公衆が自由に出入りできる場所は，それぞれその本来の利用目的
を備えているが，それは同時に，表現のための場として役立つことが少な
くない。道路，公園，広場などは，その例である。これを「パブリック・

---

8 ）最判昭和59年 1 月23日刑集38巻12号3026頁。パブリックフォーラム理論についても，
　　研究は枚挙にいとまがない。比較的新しいものとして，紙谷雅子「パブリック・
　　フォーラム―21世紀と『パブリック・フォーラム』の法理」山本龍彦・大林啓吾編
　　『違憲審査基準―アメリカ憲法判例の現在―』（弘文堂・2018年）125頁以下参照。

フォーラム」と呼ぶことができよう。このパブリック・フォーラムが表現の場所として用いられるときには，所有権や，本来の利用目的のための管理権に基づく制約を受けざるをえないとしても，その機能にかんがみ，表現の自由の保障を可能な限り配慮する必要があると考えられる。」

ここで伊藤補足意見が挙げている場は，「道路，公園，広場」などであるから，市役所庁舎や学校施設は当てはまらない。アメリカの憲法理論からすると，「道路，公園，広場」などは，伝統的パブリックフォーラムに該当する。しかし，市役所庁舎や学校施設は，「非パブリックフォーラム」か，せいぜい「限定されたパブリックフォーラム」に当てはまるかどうかが問われるに過ぎない。

したがって，「伝統的パブリックフォーラム」に当てはまらない公用財産上での集会規制を考えるに当たっては，問題となる市庁舎や学校施設が，その使用実態からして，「限定されたパブリックフォーラム」になったとの規範的判断がなされ得るかどうかが焦点となる。

これには，二とおりの道筋が考えられる。第一に，当該非パブリックフォーラムにおける，利用実態の把握によって，「指定されたパブリックフォーラム」化が進み，多くの利用者においてもそのような理解が共有されていると解釈することである。第二に，地方公共団体の場合，「公の施設」として，条例化されていない施設でも，自治法244条2項，3項の要請が及ぶ施設はある，と考えることである。これらは相互に排他的な議論ではない。

(b) 最高裁平成18年2月7日判決[9]

この点で注目されるのは，教員団体が研修のために学校施設の利用申請をしたところ，教育委員会がこれを拒否したケースにおいて，最高裁が示した以下のような判断である。

「学校施設は，一般公衆の共同使用に供することを主たる目的とする道路や公民館等の施設とは異なり，本来学校教育の目的に使用すべきものとして設置され，それ以外の目的に使用することを基本的に制限されている（学校施設令1条，3条）ことからすれば，学校施設の目的外使用を許可するか否かは，原則として，管理者の裁量にゆだねられているものと解する

9）最判平成18年2月7日民集60巻2号401頁。

のが相当である。すなわち，学校教育上支障があれば使用を許可すること
ができないことは明らかであるが，そのような支障がないからといって当
然に許可しなくてはならないものではなく，行政財産である学校施設の目
的及び用途と目的外使用の目的，態様等との関係に配慮した合理的な裁量
判断により使用許可をしないこともできるものである。

この裁量判断に当たって考慮すべき「学校教育上の支障とは，物理的支障に
限らず，教育的配慮の観点から，児童，生徒に対し精神的悪影響を与え，学校
の教育方針にもとることとなる場合も含まれ，現在の具体的な支障だけでなく，
将来における教育上の支障が生ずるおそれが明白に認められる場合も含まれ
る」という。「また，管理者の裁量判断は，許可申請に係る使用の日時，場所，
目的及び態様，使用者の範囲，使用の必要性の程度，許可をするに当たっての
支障又は許可をした場合の弊害若しくは影響の内容及び程度，代替施設確保の
困難性など許可をしないことによる申請者側の不都合又は影響の内容及び程度
等の諸般の事情を総合考慮してされるものであ」るという。
　同判決では，このような前提に立って，問題となった研究集会の性質やこれ
までの開催実績，さらに，研究集会が行われた際に予想された，右翼の妨害行
動やそれに伴う生徒への影響も間接的なものにとどまる点などを指摘して，利
用申請に対する許否処分が違法であるとの判断がなされている[10]。
　この判決は，学校施設の目的外使用に対する一般的な判断枠組みを示してい
る点で重要な意味をもつ。また，公用物の目的外使用とはいえ，その使用許諾
が管理者の自由な裁量に委ねられているわけではないとした点で，注目すべき
判断であった。言い換えると，公共物を集会などの表現行為に使用させるかど
うかは，利益衡量によって決まるとした点が注目に値する[11]。

---

10) 本判決に関する評釈として，以下のものを参照した。本多滝夫「公立学校施設の目
　的外使用不許可処分と司法審査」平成19年度重要判例解説39頁，土田伸也「学校施設
　使用許可と考慮要素の審査」行政判例百選Ⅰ〔第7版〕148頁，岡田正則「『公の施
　設』の目的外使用許可における裁量の限界」法学セミナー2006年10月号116頁，山本
　隆司「判例から探求する行政法　行政裁量(1)」法学教室359号（2010年）114頁，川神
　裕「公立学校施設の目的外使用の許否の判断と管理者の裁量権」判例解説『最高裁判
　所判例解説民事篇　平成18年度（上）』237頁注14（法曹会・2009年）。
11) その限りで，公用物と公共用物の区別は相対化する。本多・前掲注10) 40頁。

## 296　第5部　表現の自由と公共施設

### ③　実定法主義

　公共用物である「公の施設」の利用については，地方自治法244条2項，3項があるところであって，泉佐野市民会館事件最高裁判決の法理が適用される。公用物についても，その許否処分は，管理者の自由な裁量に任されているわけではない。集会規制の場面では，この両者の区別は，利益衡量における厳格さの違い，審査密度の違いとして理解することもできる。ただし，公用物の利用関係においては，設置管理者の裁量が前提となっており，その判断に当たって，憲法上の権利である表現の自由への考慮がことさらになされることが求められているわけではない[12]。

　公共用物である「公の施設」においても，地方自治法244条2項，3項があってはじめて，設置管理者の裁量が制約されると考えられている。「先に憲法ありき」の発想ではない。これは，国民の公共施設利用権の発想が未発達であったことを表している。このことは，国有財産，公有財産については，まずは国家の包括的管理権があり，その具体的な行使が法によって定められ，法によって統制されているとの性格が色濃く反映されている。公共用物に対する自由使用の原則も自然権的に考えられてきたわけではなく，実定法的に考えられてきた。この点で，わが国には，パブリックフォーラム理論を導入する基礎が欠けていると考えることも，あながち不当な見方ではない。

### ④　公用物－公共用物二分論の相対化

　公用物，公共用物の区別は，実定法の定めによる。それは，立法者（国会，地方議会）の意思に委ねられる。したがって，実態としては公共用物として機能している公用物でも，あくまで公用物としての扱いしか受けない，との結論が導き出される。この結論に修正を施すなら，(a)法規定の仕方（地方公共団体の場合，公の施設の設置管理条例を制定する）は目安であって，公用物の公共用物的使用を排除するわけではない，との解釈に与するか，(b)法の定めにかかわらず，使用実態からして公用物が公共用物化することがあり得ると解釈するか，さらには，(c)公共施設にもさまざまな用途があり，その性格を一律に決め

---

12)　ただし，佐々木弘道「公の集会施設における『集会の自由』保障・考」長谷部恭男・安西文雄・宍戸常寿・林知更編『現代立憲主義の諸相（高橋和之先生古稀記念）』（有斐閣・2013年）335頁は，泉佐野市民会館事件最高裁判決を詳細に分析しつつ，最高裁が「憲法21条の規範内容が先にあってそれを安定的に展開させるための法律規定として法244条を引き合いに出してきた」との理解を明らかにしている。

第11章　公用財産と集会規制　297

ることはできないと解釈するほかない。後に見る，金沢市庁舎前広場事件最高裁判決における，宇賀裁判官反対意見は，この点を示唆している[13]。

　このような法解釈における現実を踏まえるなら，むしろ，パブリックフォーラム理論のような概括的論理ではなく，「場所」の性格を個別具体的な検討により見定める方向に一日の長があるように思われる。

### ⑤　裁量統制

　平成18年判決において，とくに注目すべきは，施設管理者の裁量を統制する姿勢ではなかろうか。これは，施設のカテゴリーから自動的に無制約な裁量を導き出す従来の方法を転換するものであって，学説においても高く評価されたところである[14]。本判決は，公用財産の利用申請に対する許否処分に際して，管理者に広い裁量が認められると述べながら，利用許否処分に際して考慮されるべき事項について，踏み込んだ審査を行っている[15]。すなわち，本判決では，場所のカテゴリーを設定し，その区別から自動的に結論を導き出す手法はとられていない。裁量統制に対する，近時の最高裁の傾向が反映されていると見るべきである。これは，特筆すべき判断であると思われる。

　このような前提を踏まえつつ，つぎに金沢市庁舎前広場事件最高裁判決を分析する。

# 2　金沢市庁舎前広場事件最高裁判決

## (1)　判決の分析

### ①　事実の概要と争点

　本件は，原告が，平成29年5月3日に金沢市庁舎前広場（以下「本件広場」という）を使用して憲法施行70周年集会（以下「本件集会」という）を開催することを目的として，金沢市長に対して庁舎等行為許可申請（以下「本件申

---

13)　宇賀・前掲注4)554頁参照。

14)　本多・前掲注10)40頁，土田・前掲注10)149頁。

15)　本多・前掲注10)は，「目的外使用にかかる判例の法理に類するものを考慮事項として設定し，これを裁判所の考慮事項とすることで，裁量権に対する審査密度を高め，結論において目的内使用と目的外使用の区別を相対的なものにとどめた」と表している。土田・前掲注10)も同様な点を指摘している。

請」という）を行ったところ，金沢市長が，同年 4 月14日，金沢市庁舎等管理規則（以下「本件規則」という） 5 条12号，14号に定める禁止行為に該当するとして，本件申請を不許可処分（以下「本件不許可処分」という）としたことが，職務上の義務に反してなされた違憲，違法な行為であると主張して，被告金沢市に対して損害賠償を求めた，国家賠償訴訟である[16]。

ところで，本件規則 2 条によると，「庁舎等とは，被告の事務又は事業の用に供する建物及びその附属施設並びにこれらの敷地（直接公共の用に供するものを除く。）で，市長の管理に属するものをいう。」と定められていた。また，管理者については， 3 条 1 項に「庁舎等の管理を行わせるため，庁舎管理者を置く」とあり，同 2 項で「庁舎管理者は，本庁舎にあっては総務局長を，本庁舎以外の庁舎等にあっては当該庁舎等を管理する施設等の長をもって充てる」とされていた[17]。

これらの規定を前提にして，本件で問題となった規則は， 5 条各号に掲げられる，以下の規定であった。

何人も，庁舎等において，次に掲げる行為をしてはならない。
1．物品の販売，寄附の募集，署名を求める行為その他これに類する行為
2．拡声器を使用する等けん騒な状態を作り出す行為
3．旗，のぼり，プラカード，立看板等を持ち込む行為
4．ちらし，ポスターその他の文書又は図面の掲示又は配布
5．テントその他の仮設工作物等の設置
6．立入りを禁止している区域に立ち入る行為
7．火薬類，発火性又は引火性の物，毒物及び劇物，銃砲及び刀剣類等の危険物の持込み又はたき火等火災発生の原因となるおそれのある行為
8．所定の場所以外の場所における喫煙及び爆発又は引火のおそれのある場

---

16) 金沢地判令和 2 年 9 月18日民集77巻 2 号320頁。

17) 本判決に対する判例解説として，桧垣信次「市役所前広場を利用した集会に対する不許可処分が合憲とされた事例」新・判例 Watch28巻（2014年 4 月）憲法735頁，本判決に対する意見書をもとにした，市川正人「公共施設における集会の自由に関する一考察—金沢市庁舎前広場訴訟を素材に—」立命館法学373号（2017年） 1 頁，長内祐樹「市庁前広場における集会開催不許可処分に係る国賠請求事件—金沢市庁舎前広場事件金沢地裁令和 2 年 9 月18日判決について—」自治総研512号（2021年）50頁。

所における火気の使用
9. 清潔保持を妨げ, 又は美観を損なう行為
10. 職員に対する面会の強要又は押売
11. 座込み, 立ちふさがり, 練り歩きその他通行を妨げ, 又は妨げるおそれのある行為
12. 特定の政策, 主義又は意見に賛成し, 又は反対する目的で個人又は団体で威力又は気勢を他に示す等の示威行為
13. 泥酔, 粗野若しくは乱暴な言動等により, 他人に迷惑を及ぼし, 若しくは著しい嫌悪の情を抱かせ, 又は職員の職務を妨害する行為
14. 前各号に掲げるもののほか, 庁舎管理者が庁舎等の管理上支障があると認める行為

また, 本件規則 6 条 1 項には, 次のような例外規定などが置かれていた。

本件規則 5 条の規定にかかわらず, 庁舎管理者は, 同条 1 号から 7 号までに掲げる行為について, 被告の事務又は事業に密接に関連する等特別な理由があり, かつ, 庁舎等の管理上特に支障がないと認めるときは, 当該行為を許可することができる。

### ② 金沢地裁判決

第一審金沢地方裁判所は, 本件広場を「庁舎」と認定する。すなわち,「被告の事務又は事業を執行するため直接使用することをその本来の目的とする「公用」財産 (地方自治法238条 4 項, 国有財産法 3 条 2 項参照) であると解するのが相当である。」と述べている。

その上で,「集会の自由といえどもあらゆる場面に無制限に保障されなければならないものではなく, 公共の福祉による必要かつ合理的な制限を受けることがあるのはいうまでもない。また, 集会の自由は,「公の施設」ではない公用財産を集会のために使用する請求権まで当然に保障するものではない。このような集会の自由に対する制限が必要かつ合理的なものとして是認されるかどうかは, 制限が必要とされる程度と, 制限される自由の内容及び性質, これに加えられる具体的制限の態様及び程度等を較量して決めるのが相当である (最高裁昭和58年 6 月22日大法廷判決・民集37巻 5 号793頁, 同平成 4 年 7 月 1 日大法廷判決・民集46巻 5 号437頁参照)」と述べている。

300　第5部　表現の自由と公共施設

　このような観点から，まず本件規則の目的について，「『庁舎等』の敷地内で同号に定めるような示威行為が行われた場合には，被告が特定の政策，主義又は意見に賛成し，又は反対しているような外観が形成され，当該外観を直接又は間接に見聞する来庁者や隣接する歩道の通行人等において，被告が地方公共団体としての中立性を欠いているのではないかという疑念を生ずるおそれがあり，ひいては被告の事務又は事業の円滑な遂行が妨げられるおそれがあるため，これをあらかじめ防止することにあると解される。」と述べる。そして，その結果，「一度上記疑念が生じてしまうと，被告において当該疑念を完全に払拭することは相当困難であることに照らすと，被告の事務又は事業の円滑な遂行が妨げられるおそれは，当該行為の当日やその前後にとどまらず，将来にわたって持続する可能性もあり得るというべきであって，これによる弊害は決して小さいものではない。」として，制約目的の正当性が認められるのである。

　ついで，制約される権利の性質や制約の程度については，「『庁舎等』敷地内における行為の許否についてはその基準の策定も含めて庁舎管理権を有する金沢市長の合理的な裁量に委ねられており，当然に集会のための使用を請求できる権利が憲法上保障されているとは解されないことからすれば，同号における表現及び集会の自由に対する制限が公共の福祉による必要かつ合理的な制限として許容されるか否かは，規制手段と規制目的との間に合理的な関連性があるか否かにより判断するのが相当である」として，表現規制に対する一般的な審査を適用する旨を明らかにした。その概要は以下のとおりである。

⑺　本件広場を含む「庁舎等」の敷地内において，被告の中立性を疑わせ，被告の事務又は事業の円滑な遂行を妨げるおそれを生じさせる性質の示威行為を禁止する必要性自体は十分認められるところ，本件規則5条12号に基づき，被告が特定の政策，主義又は意見に賛成し，又は反対しているような外観が形成されるおそれのある示威行為を禁止することにより，被告の中立性の確保及び被告の事務又は事業の円滑な遂行という目的が達せられる一方，そのようなおそれのない表現行為までは制限されない。

⑻　次に，他の採り得る手段との関係をみると，被告の中立性に疑念を抱き得る者は不特定多数の者であって一度生じた疑念を被告において完全に払拭することは相当困難であるという，本件広場を含む「庁舎等」の敷地内における示威行為を許可した場合に生じる弊害の性質上，事後的な措置を

講ずることによっては前記の目的を十分に達することはできない。また，本件広場を含む「庁舎等」の敷地内における示威行為を見聞する者の受け止め方及び上記疑念を抱く程度は千差万別であるから，表現行為又は集会自体の目的を阻害しないよう配慮しつつ，被告の中立性に疑念が生じることをも回避することができるような条件を付した上で表現行為又は集会を許可することも，現実的には困難であるといわざるを得ない。

㋒　他方，本件規則5条12号の目的は，本件広場を含む「庁舎等」の敷地内において「示威行為」が行われることによって被告が地方公共団体としての中立性を欠いているのではないかという疑念を生ずるおそれを防止することにあり，表現行為や集会等での意見表明そのものの制約を目的とするものではない。また，同号は，あくまでも本件規則所定の「庁舎等」の敷地内という限定された場所における「示威行為」にあたる表現行為又は集会を規制するにとどまり，住民の福祉を増進する目的をもってその利用に供するための「公の施設」（地方自治法244条1項）その他の代替施設において表現行為又は集会を行うことまで禁止するものではない。

　以上の検討を踏まえると，本件規則5条12号は，規制目的との関係で合理的な関連性があるというべきである。

### ②　名古屋高裁判決

　これに対して，原告は控訴した。控訴審名古屋高裁判決は，大略以下のように述べて，控訴を棄却した[18]。

　　「本件広場は，あくまで公用財産である……よって，控訴人らの上記主張は，金沢市長の裁量権の範囲についての判断を左右しない……控訴人らは，原審が，示威行為によって，被控訴人が地方公共団体としての中立性を欠いているのではないかという疑念を生ずる恐れがあるとしたことについて……同判断は経験則に反するものである旨主張する。本件広場が金沢市庁舎の敷地の一部であり，構造上もそのような外観を有することからすれば，控訴人らが本件広場で主義・主張を発することによって，来庁者や通行人において，被控訴人が控訴人らの立場に賛同して金沢市庁舎の敷地

---

18)　名古屋高判令和3年9月8日民集77巻2号377頁。

302　第5部　表現の自由と公共施設

の一部である本件広場を提供しているとの誤解を抱く恐れがあることは否定できないから，これと同旨の原審の判断は相当であり，その判断に経験則違反は認められない。」

「金沢市長は，本件集会についての許可申請の際の聴取り調査において，控訴人ら自身が，憲法を守っていく立場から，政治に対する批判や問題提起はあると考えられる旨回答していることを踏まえて，本件集会が本件規則5条12号及び14号に該当すると判断し本件不許可処分をしているのであるから，本件集会が特定の政策，主義又は意見への賛成・反対の目的を有するものとはいえないという控訴人らの上記主張は採用することができない。

### ③　最高裁判決

最高裁は，以下のように判示して，原告の訴えを退けている[19]。

#### (a)　法廷意見

最高裁は，まず「憲法21条1項の保障する集会の自由は，民主主義社会における重要な基本的人権の一つとして特に尊重されなければならないものであるが，公共の福祉による必要かつ合理的な制限を受けることがあるのはいうまでもない。そして，このような自由に対する制限が必要かつ合理的なものとして是認されるかどうかは，制限が必要とされる程度と，制限される自由の内容及び性質，これに加えられる具体的制限の態様及び程度等を較量して決めるのが相当である（最高裁昭和61年（行ツ）第11号平成4年7月1日大法廷判決・民集46巻5号437頁等参照）」として，表現規制に対する一般的な審査姿勢を明らかにする。その上で，当該施設の性格については，市側の主張をほぼそのまま認めつつ，以下のような認定をしている。

(a)「本件規定を含む本件規則は，金沢市長の庁舎管理権に基づき制定されているものであるところ，普通地方公共団体の庁舎（その建物の敷地を含む。以下同じ。）は，公務の用に供される過程において，住民等により利用される場面も想定され，そのことを踏まえた上で維持管理がされるべ

---

19) 最判令和5年2月21日民集77巻2号273頁。現段階での判例評釈として，判評・巻美矢紀・法学教室513号（2023年）113頁。

きものである。もっとも，普通地方公共団体の庁舎は，飽くまでも主に公務の用に供するための施設であって，その点において，主に一般公衆の共同使用に供するための施設である道路や公園等の施設とは異なる。このような普通地方公共団体の庁舎の性格を踏まえ，上記(ア)の観点（具体的較量・筆者註）から較量するに，公務の中核を担う庁舎等において，政治的な対立がみられる論点について集会等が開催され，威力又は気勢を他に示すなどして特定の政策等を訴える示威行為が行われると，金沢市長が庁舎等をそうした示威行為のための利用に供したという外形的な状況を通じて，あたかも被上告人が特定の立場の者を利しているかのような外観が生じ，これにより外見上の政治的中立性に疑義が生じて行政に対する住民の信頼が損なわれ，ひいては公務の円滑な遂行が確保されなくなるという支障が生じ得る。本件規定は，上記支障を生じさせないことを目的とするものであって，その目的は合理的であり正当である。」

(b)「また，上記支障は庁舎等において上記のような示威行為が行われるという状況それ自体により生じ得る以上，当該示威行為を前提とした何らかの条件の付加や被上告人による事後的な弁明等の手段により，上記支障が生じないようにすることは性質上困難である。他方で，本件規定により禁止されるのは，飽くまでも公務の用に供される庁舎等において所定の示威行為を行うことに限定されているのであって，他の場所，特に，集会等の用に供することが本来の目的に含まれている公の施設（地方自治法244条1項，2項参照）等を利用することまで妨げられるものではないから，本件規定による集会の自由に対する制限の程度は限定的であるといえる。」

#### (b) 宇賀裁判官反対意見

これに対して，宇賀克也裁判官は，以下のような反対意見を述べている。

まず，同裁判官は，本件広場の改修工事やそれに伴い施された規則改正の跡を丹念にたどっている。そして，

「本件広場が，市庁舎「内」の広場ではなく，市庁舎「前」の広場であり，庁舎に隣接しているとはいえ，壁や塀で囲われているわけではなく，南北約60m，東西約50mの平らな空間であり，「広場」という名称であることからもうかがえるように，本件広場は，原判決がいうように来庁者及

び職員の往来に供されることも予定された施設であるとはいえ，そのこと
を主たる目的とする施設であるとは考えられない。こうしたことからすれ
ば，本件広場が，公共用物としての性格を失ったなどとは到底いえない。
したがって，本件広場は，本件規則2条の「庁舎等」に含まれず，公の施
設として地方自治法244条の規定の適用を受けるか，又は公の施設に準ず
る施設として，同条の類推適用を受けると解すべきと考えられる。」

と述べている。ただし，本件広場については，公の施設としての要件である，
設置管理条例は制定されていない。この点について宇賀反対意見は，「公の施
設であるか否かは，設置者の主観的意思のみで定まるものではなく，当該施設
の構造やその実際の利用状況も踏まえて判断されるべきであるから，上記のよ
うな条例が制定されていないことにより判断が左右されるべきものではない。」
との考え方を示している。
　宇賀反対意見において注目すべきは，以下の説示ではなかろうか。ここでは，
公の施設と表現の自由に関する画期的な意見が明らかにされている。

　　「原判決は，公用物と公共用物の二分法をとり，本件広場は，公用物で
　ある庁舎等の一部であるから，公共用物である公の施設に当たらない旨判
　示している。しかし，ここでは，仮に本件広場が広い意味での庁舎に含ま
　れるとしても，本件広場を公共用物と解することが可能であり，上記(ア)の
　検討は左右されないことを指摘しておきたい。そもそも，公用物と公共用
　物の区別は，常に截然とできるわけではない。一口に庁舎といっても，宮
　内庁の庁舎のように国民が訪れることがほとんどないものから，住民票の
　写しや戸籍の謄抄本などを発行する市区町村の出張所のように広く住民が
　利用するものまで様々である。また，公立学校は公共用物に分類されるこ
　とが多いが，学校施設は，当該学校の生徒に対する教育のためのものであ
　り，当該学校の教職員又は生徒以外の者が自由に利用できるわけではない
　ので，道路や公園のように何人でも自由に利用できる公共用物とは性格を
　大きく異にする。このように，公用物や公共用物の性格にはグラデーショ
　ンがあり，単純な二分法を解釈論上の道具概念として用いることには疑問
　がある。」

第11章　公用財産と集会規制　　305

## (2)　最高裁判決の特徴と問題点

### ①　伝統的二分論への回帰

　最高裁判決は，伝統的な公共用財産－公用財産二分論に依拠しながら，本件施設を公用財産に分類する。そのことから，本件施設の利用については，設置者の広範な裁量を導き出す。そして，公用財産を集会のために供するか否かは，最高裁が一般的に用いている利益衡量により決せられるとする。

　だが，最高裁の論理は，一般的な利益衡量の下で場所の性格を考慮するというのではない。むしろ，集会のように供する施設ではない公用財産を目的外使用させるかどうかという考慮が行われているに過ぎない。この点で，先に見た，平成18年２月７日判決とは対照的な姿勢が打ち出されている。このため，同判決で見られた審査密度の高さは，本判決では見ることができない。水準としては，低位の審査が行われたと見るべきではなかろうか。

　本判決法廷意見は，原告が主張したような事実を一切考慮していない。これまでの利用実績や許可の実績を判断材料から外し，あるいは軽視して，金沢市側の主張を容れている。この点で，本件施設の根拠となる規定を丹念にたどって，この本質が公共用施設に近接していると判断した，宇賀裁判官反対意見と対照的である。結論先にありきだったのであろう。

### ②　行政の政治的中立性と内容による不許可処分

　法廷意見でひときわ目を引くのは，行政の政治的中立性について判断した件である。法廷意見は，金沢市の主張を全面的に採用して，公用財産を集会に供することが，「金沢市長が庁舎等をそうした示威行為のための利用に供したという外形的な状況を通じて，あたかも被上告人が特定の立場の者を利しているかのような外観が生じ，これにより外見上の政治的中立性に疑義が生じて行政に対する住民の信頼が損なわれ，ひいては公務の円滑な遂行が確保されなくなるという支障が生じ得る」と述べている。

　令和２年11月25日最高裁大法廷判決と本判決を分けたのは，集会の場所であったともいえる。建物内で行われたか，外で行われたかが重要な要素として判断を左右した。本判決で，法廷意見が中立性にこだわったのは，市役所庁舎前広場は，多くの利用者が往来し，当該集会を目にすることができる状況であった。これは，建物内で行われる比較的閉鎖的な集会とは異なる。市とは考え方を共有しない団体が市役所庁舎近くの広場で集会を行う場合，市がこれを容認しているととらえられると，市に対する苦情が寄せられる，ということな

306　第5部　表現の自由と公共施設

のであろう。

　しかし，この論理にもにわかに与することはできない。小学校の校舎を特定
団体の研究集会に提供することに対しても，住民からの批判や苦情を避けられ
ないからである。それゆえに，一見強引とも思えるような論理の運びが採用さ
れ，本件施設が市庁舎の一部であるとの認定の下で，市庁舎の一部を本件団体
に使用させることによって，行政の円滑な遂行が「確保されなくなるという支
障」が「生じ得る」との結論が導き出されたのではなかろうか。泉佐野市民会
館事件最高裁判決や上尾市公会堂事件最高裁判決で採用された，比較的厳格な
審査は，本件施設では適用されない。これもまた，シンプルな二分論的思考の
帰結であるともいえようが[20]，施設管理者の当該団体への嫌悪感を垣間見る
ことができ，釈然としない気分になる。

### ③　見解に基づく場所規制

　最高裁の判断は，当該団体の見解に対する嫌悪から，公共用財産－公用財産
二分論を徹底させ，本件集会の「内容（ここでは見解）」によって，不許可処
分を下すことができたのである[21]。非パブリックフォーラムでは，内容規制
も許されると判断されたともいえるであろう。

　中立性の維持を理由にして，集会の利用を拒むことは，内容に基づく不許可
処分に相当する。しかし，この論理を採用すると，市は内容を吟味する無限の
ループに入り込む。公用財産上での表現は一種の政府言論であって，内容によ
る差別は認められるというのであれば，話は別である[22]。しかし，そのよう
な論理はとられていない。また，本件市役所前広場は集会のために利用させる
性格のものではない，というのであれば筋は通る。

　これらの理屈がとれなかったのは，これまで，原告を含めた団体の集会に対
して，この場所を提供してきた事実が否定できなかったためではないか。おそ

---

20)　山崎友也「集会の自由と公用物管理権―金沢市庁舎前広場事件を素材に―」金沢法
　　学64巻1号（2021年）115頁は，本件規則が掲げる不許可事由「行政の円滑な遂行」
　　に行政の政治的中立性を読み込むのは無理がある旨を指摘する。同稿が指摘するとお
　　り，これは規定の「拡大解釈」といわれても仕方ない。

21)　山崎・前掲注20) 117頁は，本件で問題となった規定を「見解を根拠にした不合理
　　な取り扱いを許容する意見の規定と解される」と述べている。市川・前掲注17) 29頁
　　もまた，本件規定を内容規制であると判断している。

22)　ただし，本件で，施設管理者が当該広場を管理者自身の表現活動に利用してきたと
　　の認定はない。それゆえ，これを政府言論のための場であると考えることは難しい。

らく，宇賀裁判官反対意見が指摘するように，本件広場は，すでに公の施設化し，準パブリックフォーラム化していたと見るべきではなかろうか。

ついで，法廷意見は，「他の場所，特に，集会等の用に供することが本来の目的に含まれている公の施設（地方自治法244条１項，２項参照）等を利用することまで妨げられるものではないから，本件規定による集会の自由に対する制限の程度は限定的であるといえる」と述べる。

しかし，代替表現場所は，いかなる場合にも可能性としては存在する。たとえば，「本件集会を市の郊外にあるアリーナで実施してはどうか」と提案されても，集会の意図や目的，効果が同様に達成されるわけではない。「ともかくも話させておけばよい」との姿勢が見え隠れして，寂寞たる気持ちになる。代替手段（alternative channel of communication）の存在は，十分（ample）で現実的であることが求められる[23]。

また，合衆国最高裁判所の判例理論では，代替表現手段の存否は，内容中立規制のトラックで審査されることになっているが，本件のように，見解に基づく不許可処分が争点となっているケースでは，論点とすることが妥当なのかについても釈然としない。代替表現手段・場所があるのなら，見解による差別を行ってもよいことにならないだろうか。これは，むしろ，公用財産であれば，見解によって使用を拒むこともできると判断したに等しくないだろうか。もちろん，場所の性格を考慮すべき場面はある。場所そのものがメッセージをもつようなケースでは，この場所を政府言論の場として，見解規制が許される事もあり得よう。また，ヘイトスピーチやわいせつ表現を許容しなければならないわけではない。けれども，本件広場は，このような場所には該当しない。

### むすび

ネット表現が主流の時代に，デモや集会を行う意味はあるのだろうか。これを歴史的使命を終えたものとみなし，本件のような紛争それ自体に対して消極的に評価する向きもあるかもしれない。しかし，ネットの表現は，見たい人に見たい情報だけを提供するという性格がある。しかも，表現主体は匿名であることが許されているから，マスメディアのような職業倫理が課されているわけでもない。

---

23) 拙稿『表現の自由　理論と解釈』（中央大学出版部・2014年）218頁。

リアルな集会やデモ行進は，そうではない。誰がどのような目的で，いかなる見解を述べているのかが可視化される[24]。本件では，憲法を守るという見解が否応なく市役所の利用者に伝わってしまう。顕名で，自己の責任に基づいて，自らの信念を述べる行為は，民主制にとって支柱の一つであることに変わりがない。逆説的にいえば，リアルな集会が引き起こす軋轢こそが憲法上の価値なのではなかろうか。その意味で，本件最高裁判決は，紋切り型で，結論先行的な判断であるとみなされてもやむを得ない。

---

24) 拙稿「都市公園利用権と集会規制」都市問題2016年12月号94頁参照。

# 索　引

## 事 項 索 引

### ■英　数

Buckley vs Valeo 判決 ……………………70

common law method ………………………27

compelling …………………………………214

NAACP（全米有色人種地位向上協会）……26

public discourse ……………………………98

SNS …………………………………126, 283

Ultra Vires 法理 …………………………231

Viewpoint …………………………………43

Viewpoint Discrimination ………………24

### ■あ　行

アファーマティブアクション ……………17

あぶり出し（smoke out）……………54, 95

アンケート …………………………………193

意思決定の正当性 …………………………229

委縮 …………………………………………176

泉佐野市民会館事件 ………………………281

一般的行為自由権説的 ……………………210

意図（intention）…………………………51

入れ墨 ………………………………………194

インターネット ……………………………283

陰謀論 …………………………………50, 57

営利的言論 …………28, 185, 235, 269, 271

公の施設 ………………………………282, 291

公の施設設置管理条例 ……………………291

押しつけ ……………………………………44

オブライエン（O'Brien）判決 ………27, 53, 63

### ■か　行

外在的視点 ……………………………237, 241

会社の権利能力 ……………………………225

学術論文 ……………………………………247

過大包摂や過小包摂 ………………………51

価値の植え付け（inculcation）…………176

価値の低い言論（law value speech, less protected speech）………………………7, 27

合衆国憲法第 1 修正 ………………………18

カテゴリー …………………………9, 10, 27

カテゴリカルなアプローチ ………………258

株主代表訴訟 ………………………………222

間接的，付随的な制約 ……………………11

間接的・付随的規制 ………………………51

間接的な制約 ………………………………189

観点 …………………………………………24

管理権 ………………………………………279

関連性テスト（germaness test）……157, 184

議員辞職勧告決議 ……………………105, 124

議会 …………………………………………111

議会裁量権 …………………………………114

規制類型論 …………………………………4

君が代 ………………………………………189

　　――の伴奏 ……………………………187

君が代斉唱事件最高裁判決 ………………12

君が代伴奏拒否事件 ………………………187

客観的事実 …………………………………187

強制加入 ……………………………………157

強制言論 ……………………………………172

強制言論法理（compelled speech theory）……………………………………149

行政の政治的中立性 ………………………305

行政法理論 …………………………………289

禁止 …………………………………………43

国有財産法 …………………………………290

国公法102条 1 項 …………………………12

愚民思想 ……………………………………130

敬意 …………………………………………189

景表法 ………………………………………249

敬礼強制 ……………………………………213

ゲームのルール ……………………………191

検閲 …………………………………6, 10, 139

310 事項索引

見解規制（観点規制と訳す者）⋯⋯⋯⋯6
見解に基づく差別⋯⋯⋯⋯⋯⋯45, 51
見解に基づく差別禁止原則（法理）⋯⋯24, 46
見解に基づく場所規制⋯⋯⋯⋯⋯306
厳格審査⋯⋯⋯⋯⋯⋯5, 51, 183, 262
限定解釈⋯⋯⋯⋯⋯⋯⋯⋯⋯⋯⋯14
憲法上許されない条件（unconstitutional condision）⋯⋯⋯⋯⋯⋯⋯⋯⋯⋯160
言論には言論で対抗すべき（more speech）⋯⋯⋯⋯⋯⋯⋯⋯⋯⋯242
公園管理権⋯⋯⋯⋯⋯⋯⋯⋯⋯⋯278
公共用財産－公用財産二分論に依拠⋯305
公共用物⋯⋯⋯⋯⋯⋯⋯⋯⋯⋯⋯289
広告規制の正当化⋯⋯⋯⋯⋯⋯⋯245
広告の自由⋯⋯⋯⋯⋯⋯⋯⋯⋯⋯245
公職選挙法（公選法）129条⋯⋯⋯130
構成員の権利侵害⋯⋯⋯⋯⋯⋯⋯226
公用物⋯⋯⋯⋯⋯⋯⋯⋯⋯⋯⋯⋯289
公論（public discourse）⋯⋯⋯⋯⋯9
　――の確保⋯⋯⋯⋯⋯⋯⋯⋯⋯48
誤帰属⋯⋯⋯⋯⋯⋯⋯⋯⋯⋯⋯⋯178
個人情報保護条例⋯⋯⋯⋯⋯205, 216
個人の自律⋯⋯⋯⋯⋯⋯⋯⋯⋯⋯175
個人の尊厳⋯⋯⋯⋯⋯⋯⋯⋯⋯⋯229
個別的審査制⋯⋯⋯⋯⋯⋯⋯⋯⋯20
コミュニティースタンダード⋯⋯⋯28

■さ　行

在外国民選挙権訴訟⋯⋯⋯⋯⋯⋯134
裁量統制⋯⋯⋯⋯⋯⋯⋯⋯⋯⋯⋯297
差別情報等⋯⋯⋯⋯⋯⋯⋯⋯⋯⋯195
猿払事件⋯⋯⋯⋯⋯⋯⋯⋯⋯⋯⋯12
猿払事件最高裁判決⋯⋯⋯⋯⋯⋯11
参入規制⋯⋯⋯⋯⋯⋯⋯⋯⋯⋯⋯141
時間・場所・方法の規制⋯⋯⋯⋯⋯6
自己決定権⋯⋯⋯⋯⋯⋯⋯⋯⋯⋯197
自己実現（self-development）⋯⋯176
事前運動⋯⋯⋯⋯⋯⋯⋯⋯⋯⋯⋯144
自然人⋯⋯⋯⋯⋯⋯⋯⋯⋯⋯⋯⋯227
事前の政治活動⋯⋯⋯⋯⋯⋯⋯⋯140
思想⋯⋯⋯⋯⋯⋯⋯⋯⋯⋯⋯⋯⋯187

思想の自由市場⋯⋯⋯⋯⋯⋯⋯⋯238
思想の自由市場論⋯⋯⋯⋯⋯⋯⋯8
思想良心の自由⋯⋯⋯⋯⋯⋯⋯⋯186
自治法244条⋯⋯⋯⋯⋯⋯⋯⋯⋯278
執行機関⋯⋯⋯⋯⋯⋯⋯⋯⋯⋯⋯111
実定法主義⋯⋯⋯⋯⋯⋯⋯⋯⋯⋯296
視点⋯⋯⋯⋯⋯⋯⋯⋯⋯⋯⋯⋯⋯24
社会的実在⋯⋯⋯⋯⋯⋯221, 224, 236
社会の多様性（ダイバーシティ）⋯126
集会の自由⋯⋯⋯⋯⋯⋯⋯⋯⋯⋯281
住民自治⋯⋯⋯⋯⋯⋯⋯⋯⋯⋯⋯111
住民自治の原理⋯⋯⋯⋯⋯⋯⋯⋯115
主題（subject matter）⋯⋯⋯⋯⋯6
主題規制⋯⋯⋯⋯⋯⋯⋯⋯⋯⋯⋯269
消極的言論の自由（negative speech right）⋯⋯⋯⋯⋯⋯⋯⋯194, 214
証拠法則⋯⋯⋯⋯⋯⋯⋯⋯⋯⋯⋯51
消費者契約法⋯⋯⋯⋯⋯⋯⋯⋯⋯252
情報の総混合量（total mix of information）⋯⋯⋯⋯⋯⋯⋯⋯⋯178
職業倫理⋯⋯⋯⋯⋯⋯⋯⋯⋯⋯⋯307
食品医薬品局（Federal Food and Drug Administration, FDA）⋯⋯⋯⋯255
職務命令⋯⋯⋯⋯⋯⋯⋯⋯⋯189, 209
所有と支配⋯⋯⋯⋯⋯⋯⋯⋯⋯⋯233
自律権⋯⋯⋯⋯⋯⋯⋯⋯⋯⋯⋯⋯106
人格⋯⋯⋯⋯⋯⋯⋯⋯⋯⋯⋯⋯⋯227
人格的利益説⋯⋯⋯⋯⋯⋯⋯⋯⋯208
人権の享有主体性⋯⋯⋯⋯⋯⋯⋯222
審査基準論⋯⋯⋯⋯⋯⋯⋯⋯⋯⋯3
人種，民族又は犯罪歴⋯⋯⋯⋯⋯208
心理学的人格⋯⋯⋯⋯⋯⋯⋯⋯⋯228
政治過程論（political process）⋯138
政治献金⋯⋯⋯⋯⋯⋯⋯⋯⋯⋯⋯69
政治献金規制⋯⋯⋯⋯⋯⋯⋯69, 226
政治的影響力⋯⋯⋯⋯⋯⋯⋯⋯⋯83
政治的行為⋯⋯⋯⋯⋯⋯⋯⋯⋯⋯13
政治プロセスの廉直さ（integrity）⋯89
星条旗⋯⋯⋯⋯⋯⋯⋯⋯⋯⋯⋯⋯213
制度⋯⋯⋯⋯⋯⋯⋯⋯⋯⋯⋯⋯⋯243
正当性（legitimacy）⋯⋯⋯⋯⋯⋯47

| | | | |
|---|---|---|---|
| 正当な理由 | 283 | 道徳的人格 | 228 |
| 政府言論 | 183 | 特別権力関係理論 | 209, 217 |
| 世界観 | 189 | 都市公園法 | 278 |

絶対的保障 150, 214
善管注意義務違反 223
選挙運動規制 130
選挙運動の準備行為 144
選挙運動のルール 133
センシティブな情報 196
戦闘的な言辞 28
セントラルハドソンテスト 28, 232, 256, 259, 265, 269
占用許可 285
相当程度厳格な審査（more strict） 55
ゾーニング規制 6, 53

## ■た　行

代替手段（alternative channel of communication） 307
代替的指標（proxy） 52
団体自治 111
知的な一貫性（coherence） 175
地方自治の本旨 110
中間段階の審査 5, 7
忠実義務 223
中絶 172
懲戒 209
懲戒権行使 213
懲戒事由 194
庁舎 299
懲罰 105
懲罰権 105
直接的規制 51
沈黙の自由（right to keep silent） 149, 173, 215
ディテール活動規制 259
適応症 263
敵対的第1修正の法理（The Adversary First Amendment） 55
動機（motives） 51
同性愛 172

## ■な　行

内在的視点 237
内心 173, 182
内心作用 150
内心の自由（freedom of conscience） 149
内部規律－一般市民法秩序二元論 108, 115
内容規制 23, 262, 269
内容中立規制 6, 23, 140

## ■は　行

ハードケース 64
バーネット判決 29
排除 43
パターナリスティック 264
パターナリズム 143, 241
話さない自由（right not to speak） 173
パブリックフォーラム 25, 286, 293
パブリックフォーラム理論 296
反結社思想（セクトに対する警戒感） 231
反射的な利益 280
反パターナリズム 49
反論権 175
引き金（trigger） 20
ピケッティング規制 29
必要最小限度の制約 188
日の丸 189
非パブリックフォーラム 294
表現しない自由（right not to speak） 149
表現の時間や場所，方法に制約を課す 6
表現の自由の優越的地位論（preferred position） 138
品位（decency） 56
　　――を欠く表現 28
フェイクニュース 50, 57
フェデラリスト 91
副次的効果 6
付随的規制 184

312　事項索引

付随的制約·····························190
腐敗（corruption）··················89
部分社会論·······················108, 115
プライバシー···········149, 184, 193, 197
プライバシー情報·····················216
プライバシー中核情報················203
ブラウン判決·························5
ブランデンバーグテスト··············28
ヘイトスピーチ·················277, 307
ヘイトスピーチ規制···········17, 31, 57
弁護士会·····························157
包括的支配権·························213
法人（団体）·························227
法的人格（person morale）····227, 228, 240
補完性原理···························106
保護されない言論····················48
保護される言論（protected speech）····27

■ま　行

民主主義の要請······················175
民への蔑視···························130
明白かつ現在の危険··················15
明白かつ現在の危険テスト···········291
名誉棄損·······················7, 28, 184
免責特権·····························119

目的外使用···························295
目的手段審査·························203
目的の範囲内の行為··················224
モズレイ判決·························4

■や　行

八幡製鉄事件最高裁大法廷判決·········69, 221
優良誤認表示·························253
緩やかな審査基準····················183
よど号乗っ取り事件··················15

■ら　行

利益衡量·························14, 295
礼節（civility）·····················56
歴史観·······························189
レントシーキング····················241
レントン市条例判決··················63

■わ　行

歪曲·································176
わいせつ····························7
わいせつ表現·························307
話者規制·····························269
話者の差別···························79

## 人名索引

### ■あ 行

芦部信喜 ……………………………… 8, 10
アラン ……………………………………… 54
アリート ………………………………… 32, 38
伊藤正己 ……………………………………… 133
宇賀克也 ……………………………………… 303
エマソン ………………………………… 231, 267
エルフォード …………………………………… 47
大隅健一 ……………………………………… 225

### ■か 行

カースト ……………………………………… 25
ギールケ ……………………………………… 227
ギンズバーグ ………………………………… 34
ケイガン ……………………………… 34, 37, 51
ケネディ …………………………… 34, 72, 75, 154
ケンジ・ヨシノ ……………………………… 18

### ■さ 行

サリバン ……………………………………… 92
市川正人 ……………………………………… 8
ジャクソン …………………………………… 152
スータ ………………………………………… 154
スカリア …………………………… 31, 62, 72, 154
スティーブンス ………………… 17, 76, 94, 154
ストラウス …………………………………… 96
ソトマイヨール ……………………………… 34
ソロス ………………………………………… 241

### ■た 行

高橋和之 ……………………………………… 266
タシュネット ………………………………… 20
千葉勝美 ……………………………………… 14
デューイ ……………………………………… 94
ドウォーキン ………………………………… 48
トーマス ………………… 28, 36, 72, 87, 154, 167

### ■な 行

長尾一紘 ……………………………… 137, 142

### ■は 行

バーカー ……………………………………… 227
パウエル ……………………………………… 233
長谷部恭男 …………………………………… 8
バフェット …………………………………… 241
フィス ………………………………………… 94
ブライア ……………………… 17, 39, 88, 170, 234
ブラック ……………………………………… 56
フランクファーター ………………………… 26
ブレナン ……………………………………… 30
ベイカー ……………………………………… 267
ホームズ ……………………………………… 8
ポスト ……………………………………… 48, 98

### ■ま 行

マーシャル ………………………………… 5, 25
マイクルジョン …………………… 47, 231, 267
松井茂記 ……………………………………… 4
松田二郎 ……………………………………… 224
ミル …………………………………………… 49
メイトランド ………………………………… 227
メンデス ……………………………………… 21
毛利透 ………………………………………… 8

### ■ら 行

ライト ………………………………………… 93
ルソー ………………………………………… 146
レーンクィスト ……………………………… 154
レッシーグ …………………………………… 97
レディッシュ ……………… 46, 48, 55, 267, 272
ロバーツ …………………………………… 38, 60

### ■わ 行

ワインスタイン ……………………………… 48

## ■著者紹介

### 橋本 基弘（はしもと　もとひろ）

1959年生まれ
1982年　中央大学法学部法律学科卒業
1989年　中央大学大学院法学研究科博士課程単位取得（博士（法学））
1991年　高知女子大学（現高知県立大学）専任講師，1992年同助教授，2002年同教授
2004年　中央大学法学部教授，2009年10月～2013年11月　同法学部長，学校法人中央大学理事，2014年11月～2017年10月　中央大学副学長，2017年11月～2020年5月　学校法人中央大学常任理事，2021年5月～現在　中央大学副学長
1998年10月～2004年3月　高知県公文書開示審査会委員，2004年4月～2020年3月　日野市情報公開・個人情報保護審査会委員（会長），2014年9月～現在　八王子市個人情報保護審議会委員（会長）等歴任

〔主な著作〕

『憲法の基礎』（北樹出版，2000年），『近代憲法における団体と個人』（不磨書房，2004年），『プチゼミ憲法1［人権］』（法学書院，2005年），『よくわかる地方自治法』（編著，ミネルヴァ書房，2009年），『新・判例ハンドブック憲法』（共著，日本評論社，2003年），『憲法［第5版］』（共著，不磨書房，2014年），『表現の自由　理論と解釈』（中央大学出版部，2014年），『日本国憲法を学ぶ（第3版）』（中央経済社，2023年）など。

## 表現規制と違憲審査の法理
Freedom of Speech, Judicial Review and Democracy

2025年2月20日　第1版第1刷発行

| | | |
|---|---|---|
| 著　者 | 橋　本　基　弘 | |
| 発行者 | 山　本　　　継 | |
| 発行所 | ㈱中央経済社 | |
| 発売元 | ㈱中央経済グループ<br>パブリッシング | |

〒101-0051　東京都千代田区神田神保町1-35
電　話　03(3293)3371（編集代表）
　　　　 03(3293)3381（営業代表）
https://www.chuokeizai.co.jp

©2025
Printed in Japan

印刷／東光整版印刷㈱
製本／誠　製　本　㈱

＊頁の「欠落」や「順序違い」などがありましたらお取り替えいたしますので発売元までご送付ください。（送料小社負担）

ISBN978-4-502-50911-7 C3032

JCOPY〈出版者著作権管理機構委託出版物〉本書を無断で複写複製（コピー）することは，著作権法上の例外を除き，禁じられています。本書をコピーされる場合は事前に出版者著作権管理機構（JCOPY）の許諾を受けてください。
　JCOPY〈https://www.jcopy.or.jp　eメール：info@jcopy.or.jp〉

〈書籍紹介〉

# CSR・ESGへの法からの 多面的接近
## ―企業と環境・社会―

野田　博 著

A5判・236頁・ハードカバー

◆

# 日本国憲法を学ぶ〔第3版〕

橋本　基弘 著

A5判・384頁・ソフトカバー

◆

# 法学入門〔第4版〕

永井 和之・森　光 編

A5判・244頁・ソフトカバー

中央経済社